犯罪・非行の社会学

常識をとらえなおす視座
〔補訂版〕

岡邊　健 編

有斐閣ブックス

は し が き

　犯罪についてじっくり考えてみたい方，社会学という学問に興味を抱いている方，社会の中での自らの仕事の位置づけを再確認したい犯罪・非行関連の実務家の方，非行という問題を通して子ども・若者について考えてみたい教育関係者の方——少し欲張りに思われるかもしれないが，それらすべての方々に向けて，この本は編まれている。学生の方も一般の方も，社会学・犯罪学の初学者の方も中級者の方も，犯罪・非行に縁のある方もない（と思っている）方も，本書を読めば「さらに知りたい」「もっと読みたい」という欲求が沸いてくること請け合いである。もしあなたが，自分は犯罪・非行など縁がないと思っているなら，本書を読むことで，おそらくその考えは変わることだろう。

　ところで，犯罪・非行の社会学を勉強するための環境は，残念ながら日本では貧弱である。現在市販されている日本語で書かれた犯罪社会学の教科書・概説書は，片手で数えられてしまう。これに比べて，たとえば世界の犯罪研究の中心であるアメリカでは，版を重ねているものだけでも，両手でカウントできる範囲をはるかに上回る種類の criminology（犯罪学）のテキストブックがある。ちなみに，criminology は直訳すれば犯罪学であるが，特にアメリカの場合，criminology の中核は社会学的犯罪学（すなわち日本でいう犯罪社会学）である。「彼我の差を埋めるため」というのはおこがましいし，焼け石に水であることは自覚しているが，とにかく犯罪社会学の日本語の教科書が求められているのは確かである。本書が企画された背景には，そのような事情がある。

　教科書は，無味乾燥で退屈な書物の代名詞のようなところが，一昔前はあった。今でも，分野によってはそういう側面が濃厚に残っているだろう。膨大な情報量，正確無比な記述を売りにする教科書を，編者は否定するものではない。ただ一方で，情報量をやや絞り込み，読みやすさを重視した教科書も，世の中には必要とされていると思う。このような考えのもと，本書を編むにあたってもっとも気をつけたことは，できるだけ読みやすい文章にするということである。もちろん，読みやすさと内容の易しさが等号で結ばれるとは限らない。入門書とはいえ，小学生でも読めるかと言われれば，それは無理な注文だ。ただ，難しい中身こそ読みやすく書かれるべきであるというのが，編者の基本的な考

え方である。その考え方を体現すべく，執筆者の皆さんには何度も推敲をお願いした。成功しているか否かは，読者の皆さんの評価に俟ちたい。

　本書のもうひとつの特徴は，執筆陣の顔ぶれである。社会科学の研究者の世界では，不惑を迎えてもなお「若手研究者」と呼ばれることが珍しくない。その意味では，本書の執筆者は，編者を含めて全員が若手だ。あえて若手のみで構成したのである。戸惑いや不安がなかったといえば，嘘になる。しかし，執筆前の2012年夏の会合で，今回の出版への並々ならぬ意気込みを口々に語っていただいたことで，編者の不安は吹き飛んだ。むしろ若手だからこそ，主要な読み手になるであろう大学生の目線に立って本作りができるのではないかと，ポジティブに考えられるようになったのだ。執筆者は，いずれも気鋭の研究者であり，それぞれの領域で十数年にわたり地道に研究を積み重ねてきている。その成果が各章で遺憾なく発揮されていると思う。執筆者の皆さんに，この場を借りて深謝申し上げたい。

　本書では，読みやすさ，使いやすさを考慮して，いくつかの工夫をこらしている。

　まず，章立ては14章としたが，これは大学の半期（週1回，2単位）の授業でテキストとして使用することを念頭に置いている。もちろん1章に2コマをかければ，4単位の授業にも活用できるだろう。なお，コラムでは，本文中で主題的に採り上げなかったものの無視することのできないトピックを扱っている。

　各章の冒頭では，重要な概念を「KEY WORDS」として提示している。また各章に登場する語句から重要なものをピックアップして，巻末の「用語解説」で説明を付した。これらにより読者は，犯罪・非行の社会学における主要概念や重要語句を，比較的容易に概観することができるだろう。社会学系の大学院へ進学を希望する方の試験対策にも役立つと思われる。

　学習・研究を深めるために，各章末に「考えてみよう！」と「Book Guide」を配した。「考えてみよう！」では，当該章の内容をふまえた論点がいくつか示されている。いずれの問いも，唯一の正解があるわけではない。大学の演習形式の授業や自主ゼミなどで，議論のヒントとしてご活用いただきたい。独学で読み進める場合には，理解度を試すための演習問題として用いることができ

るだろう。「Book Guide」では，各章の内容をより深めるために適した文献を紹介している。いずれも折り紙付きの文献である。ぜひとも書店や図書館で手にとっていただきたい。なお，「Book Guide」とは別に，各章で引用した文献のリストは，巻末に一括して掲載している。書誌情報の記載法は，原則として日本社会学会が刊行している専門誌『社会学評論』のスタイルに準拠したが，部分的に異なるところもある。

　巻末には先述の「用語解説」のほか「犯罪・非行に関する公式統計および研究に関わる主要ウェブサイト」をまとめている。卒業論文の執筆を控えた大学生など，犯罪・非行に関する研究をする方がぜひとも知っておくべきウェブサイトである。

　本書の刊行に先だち，いくつかの章の草稿について，東京大学非行研究会（非行研）のメンバーの皆さんに，重要なコメントをいただいた。ここに記して感謝申し上げる次第である。編集の櫻井堂雄氏，四竈佑介氏には，企画段階から終始お世話になりっぱなしであった。先述した読みやすさを高めるための工夫には，おふたりのアイデアが活かされている。当初の予定より刊行がずれ込んでしまったが，原稿完成まで粘り強く見守っていただいた。心よりお礼申し上げたい。

補訂版への追記　初版刊行から 6 年が経過し，法律その他の制度変更などにより，社会の実状にそぐわない記述がやや多くなってきたことが，気がかりであった。幸いこのたび，補訂版を刊行する機会を得たので，古さを感じさせる記述を一新し，図表についても，本文の記述に照らして最新データを反映させたほうがベターな部分には差し替えを行った。結果，すべての章に多かれ少なかれ修正が加えられることとなった。初版の「はしがき」で「編者を含めて全員が若手」と記したが，全執筆者が 40 歳以上となった今，この記述も要訂正であることを，蛇足ながら付け加えておきたい。編集の四竈佑介氏に今回も大いに助けられた。記して感謝申し上げる。

2020 年 8 月

岡邊　健

執筆者紹介

＊岡 邊　健（おかべ たけし）　　　　　　　　　　　　　〔1章・3章・7章〕

　1975 年生まれ。東京大学大学院教育学研究科博士後期課程中退。

　現在，京都大学大学院教育学研究科教授。博士（社会学）。

　主著に，『現代日本の少年非行──その発生態様と関連要因に関する実証的研究』現代人文社，2013 年。『犯罪学リテラシー』法律文化社，2017 年（岡本英生・松原英世との共著）。『犯罪・非行からの離脱（デジスタンス）』ちとせプレス，2021 年（編著）。

仲野由佳理（なかの ゆかり）　　　　　　　　　　　　　　　　〔2章〕

　1979 年生まれ。東京学芸大学大学院連合学校教育学研究科単位取得退学。

　現在，日本大学非常勤講師。博士（教育学）。

　主著に，「援助交際──『援助交際』体験者のナラティヴ」本田由紀編『若者の労働と生活世界』大月書店，2007 年。「女子少年院における少年の『変容』へのナラティヴ・アプローチ──語りのリソースとプロットの変化に着目して」『犯罪社会学研究』33，2008 年。「『援助交際』体験者の逸脱キャリア」『教育社会学研究』87，2010 年。

丸 山 泰 弘（まるやま やすひろ）　　　　　　　　　　　　　　〔4章〕

　1980 年生まれ。龍谷大学大学院法学研究科博士後期課程修了。

　現在，立正大学法学部教授。博士（法学）。

　主著に，「刑事司法における薬物依存者の強制的処遇について」『龍谷大学矯正・保護研究センター研究年報』5，2007 年。「薬物使用者に対する刑の一部の執行猶予制度──刑の個別化と一部猶予」『立正法学論集』46（1・2），2013 年。『刑事司法における薬物依存治療プログラムの意義──「回復」をめぐる権利と義務』日本評論社，2015 年。

作田誠一郎（さくた せいいちろう）　　　　　　　　　　　　　　〔5章〕

　1974 年生まれ。山口大学大学院東アジア研究科博士課程修了。

　現在，佛教大学社会学部教授。博士（学術）。

　主著に，『近代日本の少年非行史──「不良少年」観に関する歴史社会学的研究』学文社，2018 年。「非行少年と教師の関わり」原清治・山内乾史編『教育社会学』ミネルヴァ書房，2019 年。『いじめと規範意識の社会学──調査からみた規範意識の特徴と変化』ミネルヴァ書房，2020 年。

田 中 智 仁 (たなか ともひと)　　　　　　　　　　　　　〔6章〕

　1982 年生まれ。東洋大学大学院社会学研究科博士後期課程修了。

　現在，仙台大学体育学部准教授。博士（社会学）。

　主著に，『警備業の社会学──「安全神話崩壊」の不安とリスクに対するコントロール』明石書店，2009 年。『警備業の分析視角──「安全・安心な社会」と社会学』明石書店，2012 年。『社会病理学の足跡と再構成』学文社，2019 年（日本社会病理学会監修，朝田佳尚との共編）。

齊 藤 知 範 (さいとう とものり)　　　　　　　　　　　　　〔8章〕

　1978 年生まれ。東京大学大学院教育学研究科博士後期課程中退。

　現在，科学警察研究所犯罪行動科学部犯罪予防研究室主任研究官。博士（教育学）。

　主著に，「逸脱・少年非行に関する社会学理論の説明図式」岩井八郎・近藤博之編『現代教育社会学』有斐閣，2010 年。「一般緊張理論の観点から見た高齢者犯罪──東京都における高齢者の万引きの研究」『犯罪社会学研究』43，2018 年。「出所後の成人の性的再犯に影響する要因の検討──公的記録を用いた生存分析からの考察」『犯罪社会学研究』43，2018 年（山根由子との共著）。

上 田 光 明 (うえだ みつあき)　　　　　　　　　　　　　〔9章〕

　1973 年生まれ。京都府立大学大学院福祉社会学研究科研究指導単位取得退学。

　現在，日本大学国際関係学部教授。博士（福祉社会学）。

　主著に，「犯罪学におけるコントロール理論の最近の展開と主な論争点の検討」『犯罪社会学研究』32，2007 年。「General Theory of Crime におけるセルフコントロールの尺度化──ボンド理論との整合性は確保できるか」『犯罪社会学研究』34，2009 年（尾山滋・津富宏との共著）。"A Test of Hirschi's Redefined Control Theory in the Far East." J. Olesen and B. Costello eds. *Fifty Years of Causes of Delinquency: The Criminology of Travis Hirschi*, Routledge, 2019（津富宏との共著）。

山 口 　 毅 (やまぐち たかし)　　　　　　　　　　　　　〔10章〕

　1968 年生まれ。東京大学大学院教育学研究科博士後期課程単位取得退学。

　現在，帝京大学文学部准教授。博士（教育学）。

　主著に，「『正常性の構築』としての排除」『年報社会学論集』19，2006 年。「『コミュニケーションスキル』は人生を豊かにするか──覆い隠される排除の論理」『現代と保育』72，2008 年。「少年の演技と『自己』への信頼──＜演技＞はどのように把握され対処されるのか」広田照幸・古賀正義・伊藤茂樹編『現代日本の少年院教育』名古屋大学出版会，2012 年。

平井秀幸（ひらい ひでゆき） 〔11章・14章〕

　1978年生まれ。東京大学大学院教育学研究科博士後期課程修了。

　現在，立命館大学産業社会学部准教授。博士（教育学）。

　主著に，「薬物依存からの『回復』をどう理解するか」ダルク研究会編著（南保輔・平井秀幸責任編集）『ダルクの日々——薬物依存者たちの生活と人生』知玄舎，2013年。『刑務所処遇の社会学——認知行動療法・新自由主義的規律・統治性』世織書房，2015年。『刑事司法における薬物処遇の社会学——「犯罪者／アディクト」と薬物の統治』（ドーン・ムーア著・平井秀幸訳）現代人文社，2015年。

柴田　守（しばた まもる） 〔12章・Column 11〕

　1977年生まれ。専修大学大学院法学研究科博士後期課程修了。

　現在，獨協大学法学部教授。博士（法学）。

　主著に，『被害者法令ハンドブック』中央法規出版，2009年（共編著）。「少年司法システムの構造変革と修復的司法論の役割」西村春夫ほか編『修復的正義の今日・明日——後期モダニティにおける新しい人間観の可能性』成文堂，2010年。「批判的被害者学からみた改正性刑法の評価と今後の課題—— 3年後を目処とした検討に向けて」『被害者学研究』28，2018年。

朝田佳尚（あさだ よしたか） 〔13章〕

　1978年生まれ。京都大学大学院文学研究科博士後期課程修了。

　現在，京都府立大学公共政策学部准教授。博士（文学）。

　主著に，『監視カメラと閉鎖する共同体——敵対性と排除の社会学』慶應義塾大学出版会，2019年。「自己撞着化する監視社会」『世界』921，2019年。『社会病理学の足跡と再構成』学文社，2019年（日本社会病理学会監修，田中智仁との共編）。

目　次

第 Ⅰ 部　犯罪・非行の社会学へのいざない

Column 一覧

第 I 部

犯罪・非行の社会学への
いざない

第 1 章

犯罪に機能がある？
犯罪・非行の社会学の考え方と理論展開

🔍 KEY WORDS	▶犯罪化　▶非犯罪化　▶犯罪の機能　▶反省的考察

　19世紀末から20世紀初頭にかけて，イタリアで活躍したロンブローゾは，犯罪学の祖といわれることがある。彼によれば，犯罪者になる人は生まれつき決まっており，そのような人は，独特の身体的特徴を有しているという。上のイラストは，彼の書いた書籍のなかに出てくるもので，彼の考える典型的な犯罪者の姿である。このイラストを見て，「なるほど，こんな顔をしている人を見たら注意しなければ」などと考える人は，おそらくいないであろう。もちろん，ロンブローゾの考え方は，現代の視点からみれば，荒唐無稽である。にもかかわらず，たしかに彼は，犯罪学の祖と呼ばれている。それはなぜなのだろうか。

　本章ではまず，犯罪・非行の社会学の特徴を概観する。それに続いて，社会学的な犯罪研究が花開く19世紀末に至るまでの犯罪研究の動きをみてみたい。そのうえで，犯罪社会学の初期の展開を確認し，本書の第Ⅱ部各章の「予告編」として，犯罪・非行の社会学の今日までの流れを，俯瞰的に眺めてみよう。

1 犯罪の社会学的定義

　2013年6月，衝撃的なニュースが世界を駆けめぐった。アメリカ国家安全保障局が，極秘裏に市民の電子メールやネット電話などの情報を，大量に収集していたことがわかったのだ。この実態を暴露したのは，アメリカ中央情報局（CIA）の元職員エドワード・スノーデン（E. Snowden）であった。彼は，一連の報道の後，自分が情報源であることを滞在先の香港で明らかにした。2013年7月8日付の『読売新聞』社説によれば，「個人のプライバシーが侵害されるのを見て，『良心が許さなかった』と，告発の動機を語っている」という。

　ほどなくしてスノーデンは，スパイ防止法違反などの容疑で，アメリカの司法当局から訴追された。場合によっては，死刑や終身刑が科されることもある重罪である。ここで，ぜひあなたにも考えてもらいたい。彼の行為は，死刑や終身刑にも匹敵するほどの重罪といえるだろうか。それとも，権力の不正に果敢に立ち向かう彼の行為は，賞賛に値するだろうか。

　アメリカのキニピアック大学が行なった興味深い世論調査の結果がある（Brown 2013a, 2013b）。それによれば，スノーデンは，国家の裏切り者（traitor）か，それとも不正の告発者（whistle-blower）かとの質問に，有権者の34％が前者，55％が後者と回答している（無回答が11％）。本国アメリカでも，彼の行為を国家に背く悪事とはみなさない人の方が多いということである。現在のアメリカでは，テロ対策という名目があったとしても，個人情報の不正な収集は許されないという考え方が，一定の支持を集めているといえそうだ。

　犯罪・非行とは何かを社会学的に考えるうえで，上記の事例は示唆に富んでいる。スノーデンの行為を犯罪とみるべきか否かは，いちがいにはいえない。犯罪という概念は，相対的なものなのである。あるいは，文脈依存的といってもよいだろう。

　次のようにもいえる。スノーデンの今回の暴露を，誰ひとりとして犯罪であると考えなければ，この行為は犯罪にはなりえない。反対に，大多数の人間が犯罪だとみなせば，間違いなく犯罪ということになる。なにやら禅問答めいているが，要するに犯罪の社会学的定義とは，「社会の大多数の人々が犯罪だとみ

なすような行為」なのである。

　一方，犯罪には法学的な定義もある。「刑罰法令の構成要件に該当する違法かつ有責な行為」というものだ。詳細は第4章を参照してほしいが，要するに，ある人が刑法などの法律に規定された行為を行なった際，その行為を行なう正当な理由がなく，かつ年齢などの諸条件に照らして，その人が行為の責任を取ること

制限速度はどれだけ守られている？

ができる場合に，その行為は法学的に犯罪となるということである。

　犯罪の社会学的定義と法学的定義が，結果的に重なっていることは多い。なぜなら，そもそも刑法などの刑罰法令の多くは，基本的には「社会の大多数の人々が犯罪だとみなすような行為」を条文の形で表現したものだからである。

　しかし，両者が重ならない場合もある。第一に，多くの人が犯罪とみなしていなくとも，刑罰法令上は明確に犯罪とされる行為が存在する。たとえば，時速40kmの制限速度が設けられた見通しのよい道路を，あなたが時速50kmで走行していたとする。この道路で警察の速度取締りが行なわれれば，あなたは道路交通法違反に問われることになるかもしれない。他方で，10kmの速度オーバーを犯罪であると意識している人は少ないだろう。このように，法律が定める犯罪と，人々の意識のうえでの犯罪が乖離していることは，少なくない。

　第二に，ある刑罰法令の構成要件に該当するか否かが不明瞭なケースは，枚挙にいとまがない。わいせつ物の扱いをめぐる事例で考えるのが，わかりやすいだろう。2002年，ある成人向け漫画がわいせつ物に当たるとして，出版社の社長が逮捕された事件があった（松文館事件）。一審，二審で有罪判決が出された後，2007年に最高裁判所が上告を棄却し，社長の罰金刑が確定した。一審判決は，「本件漫画本のような露骨で過激な性表現物を許容するような健全な社会通念が形成されているなどと解する余地はない」と断言し，その「健全な社会通念」の判断は，「裁判所に委ねられた法解釈ないし法的価値判断というべきである」とした。

　しかし，今日，性表現への厳格な法的規制を求める声は，必ずしも高いとはいえないであろう。また，わいせつか否かの判断をもっぱら裁判所が行なうこ

とに違和感を覚える人も，少なくないだろう。この事例は，裁判の判決をもって法学的にはわいせつ図画頒布罪の構成要件に該当すると確定したわけだが，社会の大多数の人々がこの裁判官と同じ判断をするとは限らない。「何をもって犯罪があったとみなすか」をめぐって，言い換えれば，刑罰法令の解釈をめぐって，警察，検察，裁判所などの公的機関と一般市民との間には，ずれが生じうるのである。

　第三に，多くの人が犯罪とみなしているにもかかわらず，法学的には犯罪とはされない場合がある。たとえば日本においては，14歳未満の少年が刑罰法令に触れる行為をしても，その行為は法学的には犯罪とはみなされない。「十四歳に満たない者の行為は，罰しない」という刑法第41条の規定があるためである。また，心神喪失の状態にある人の行為は，「心神喪失者の行為は，罰しない」という刑法第39条第1項の規定により，同じく犯罪とはみなされない。心神喪失とは，精神障害等のために物事の是非や善悪を認識する能力が失われた状態のことである。ちなみに，心神喪失を理由に検察が不起訴処分（裁判所に訴えを起こさない処分）とした人の数は，2018年には453人いた（『検察統計年報』による）。これらの法学的には犯罪とみなされない行為も，社会学的には犯罪のカテゴリーに入りうるのである。

2　犯罪・非行への社会学的アプローチの特徴

　犯罪や非行というのは，きわめて複雑な現象である。私たちは，できるだけ多面的にこれらをとらえる必要があるだろう。犯罪・非行を対象とする学問分野には，大きく分けて，法学的（刑事政策的）なアプローチ，行動科学（人間行動を科学的に探究する学問の総称）的なアプローチの2つがある。後者はさらにいくつかに分類でき，社会学的なアプローチ以外に，犯罪心理学，犯罪精神医学，犯罪生物学などが挙げられる。犯罪心理学は，主として個人のパーソナリティや近親者との関係（親子関係，きょうだい関係など）に着目する。犯罪精神医学は，犯罪心理学と近接する学問領域であり，精神医学の観点から犯罪の原因を追究している。犯罪生物学は，神経伝達物質の分泌量や脳の機能などの生物学的側面から，犯罪行動の説明を試みる。では，社会学的アプローチの特徴

はどこにあるのだろうか。順にみてい
こう。

■ 犯罪概念の自明性への懐疑

第一の特徴として，社会学的アプ
ローチにおいては「犯罪という概念を
当たり前のものとみなさない」点が挙
げられる。犯罪心理学，犯罪精神医学，
犯罪生物学においては，犯罪という概
念自体が問われることは，まずない。これらの学問が扱うのは，基本的に「疑
いの余地もなく犯罪であるとみなされている行為」であり，たとえば先述の
スノーデンの行為は，考察の対象にはなりにくい。それに対して，社会学におい
ては，ある行為が犯罪であるとみなされるか否かそれ自体が，重要な考察対象
となる。スノーデンの行為のように，犯罪であるか否かをめぐって意見の対立
が生じるような状況は，社会学的には研究の対象となりうるのだ。

ストーカーを例に挙げて考えてみよう。ストーカーとは，好意を持った相手
に対して，しつこく交際を迫ったり，贈り物を受け取るよう要求したり，何度
も電話をかけたりする行為（ストーキング）を行なう人のことである。日本で
は 2000 年に，ストーカー規制法が施行され，こうした行為が刑罰の対象とさ
れた。しかし，ストーキングは，なにも現代に特有の現象ではないだろう。こ
の種の行為は，時代を遡れば，異性への一途な思いの表現とみなされることも
少なくなかったであろうし，場合によっては賞賛すらされていたかもしれない。
その行為が，現代では犯罪であるとみなされるようになったのである。

反対に，以前は犯罪であったものが，あるときを境に犯罪でなくなることも
ある。日本の現行の刑法は，第73条からはじまる第2編において，窃盗，傷
害，殺人などの各種の犯罪とそれらに科される刑罰を定めている。実は，その
第2編の冒頭部分，条文でいうと第73条から第76条の部分には，「削除」と
書かれている（写真参照）。種明かしをすると，ここにはかつて，皇室に対する
罪が規定されていた。大逆罪（皇室に危害を加えるか加えようとすること）には死
刑が，不敬罪（皇室に不敬の行為を行なうこと）には懲役刑が科されていたので
ある。これらの条文は，戦後に削除されて，現在に至っている。

「刑法 第2編 罪」の冒頭

第二編　罪
第一章　削除（皇室に対する罪）（昭和二二法二二四）
第七三条から第七六条まで　削除

第二章　内乱に関する罪
（内乱）
第七七条①　国の統治機構を破壊し，又はその領土において国権を排除して権力を行使し，その他憲法の定めた統治の基本秩序を壊乱することを目的として暴動をした者は，内乱の罪とし，次の区別に従って処断する。
一　首謀者は，死刑又は無期禁錮に処する。
二　謀議に参与し，又は群衆を指揮した者は無期又は三年以上の禁錮に処し，その他諸般の職務に従事した者は一年以上十年以下の禁錮に処する。
三　付和随行し，その他単に暴動に参加した者は，三年以下の禁錮に処する。
②　前項の罪の未遂は，罰する。ただし，同項第三号に規定する者については，この限りでない。
〔参照〕〈裁〉一六歳以下暴行・死刑又は無期→少五，四六 ❷未遂→四三，四四〈教〉嘱・せん動→破防三八 ❷公訴時効→刑訴二五〇②〈数〉四〈本罪の勾留期間〉→刑訴二〇八の二

何をもって犯罪とみなすかは，時代によって変化するだけでなく，文化や社会によっても大きく異なる。一例を挙げれば，主として宗教的な理由から，同性愛行為を犯罪とみなす文化は，現在でも多くの地域に存在している。およそ70カ国が，現在も同性愛行為を違法としており，イランやサウジアラビアのように，最高刑を死刑としている国もあるのだ（Mendos 2019）。アメリカの一部の州に残っていた同性愛行為を取り締まる法律が，連邦最高裁判所で憲法違反と判断されたのは，2003年のことである。

　イランでは，姦通罪にも死刑が科されうる。姦通罪とは，不貞行為を罰する法律である。「浮気で死刑になるなんて」と苦笑いする人もいるかもしれない。しかしながら，韓国には2015年まで姦通罪の規定があったし，日本でもかつては姦通が犯罪とされていた。まったく異世界の話とはいえないのだ。1947年に削除された刑法第183条の条文は，「有夫ノ婦姦通シタルトキハ二年以下ノ懲役ニ處ス」であった。女性の不貞行為が犯罪とされ，男性のそれは犯罪にはならなかったということである。

　それまで犯罪とはされていなかった行為が犯罪とみなされるようになることを，犯罪社会学では「犯罪化」と呼ぶ。ある行為が犯罪であるとみなされている状態を，「○○が犯罪化されている」と表現することもある。犯罪化がもっとも明白にみられるのは，犯罪を規定する法律が新たに作られる場合である。先に挙げたストーカー規制法は，その典型的な例である。また，法律上は犯罪であっても，社会的に黙認されたり，軽い処分で済まされたりしている行為は少なくないが，このような行為が，ある時点から厳しい取締りや重い刑罰の対象になることがある。このような変化も，犯罪化の一形態といってよい。

　犯罪化の反対は「非犯罪化」である。皇室に対する罪の削除は，もっとも可視的な非犯罪化の例である。取締りがゆるめられたり，刑罰や処分が科されなくなったりすることも，非犯罪化に含まれる。たとえば，日本の刑法では堕胎は犯罪とされているが，事実上それは非犯罪化されている。

　法律はあくまで人間が作るものであり，当たり前に存在するわけではない。先述の通り，それは基本的には社会の多数派の考え方が反映されたものであるが，法の制定は，特定の時代や文化の文脈のなかで，何らかの理由や事情に基づいて行なわれるのが普通である。場合によっては，多数派とはいえない特定の人たちの利害によって，法の改廃や運用がなされることもありうる。法の制

定や運用の状況，そしてその背景にある社会的・政治的・文化的な要素を探究することにより，犯罪とは何かを根源的に問おうとする点は，社会学的アプローチの大きな特徴である。

■ 社会的反作用への着目

　第一の特徴と関連して，第二に社会的反作用に着目する点が挙げられる。

　社会学の祖のひとりであり，犯罪現象への社会学的アプローチを基礎づけた社会学者としても知られるデュルケム（É. Durkheim）の有名な言葉がある。「われわれは，それを犯罪だから非難するのではなくて，われわれがそれを非難するから犯罪なのである」というものだ（Durkheim〔1893〕1960=1971: 82）。私たちが犯罪について考える際，通常，犯罪という実体が先に存在していて，その犯罪に手を染めた人が周囲の人から非難を受けると考える。しかし，デュルケムは，順番が逆であると述べる。ある場面で人々が非難するような事態が生じたとき，はじめてその行為は犯罪となるということだ。つまり，犯罪という行為そのものに，あらかじめ何らかの意味があるわけではなく，人々の反応があってはじめてその行為の意味が確定すると，デュルケムは考えたのである。

　犯罪社会学以外の諸学においては，基本的に「疑いの余地もなく犯罪であるとみなされている行為」が対象になると，先に述べた。この件についてデュルケムの主張をふまえて補足すると，「疑いの余地もなく犯罪であるとみなされている行為」と「疑いの余地もなく犯罪である行為」は，同義でない。そもそも後者のような行為は，存在しないのである。たとえば殺人という犯罪は前者に該当すると考えられるが，後者に該当するとはいえない。戦争において敵兵を殺す行為は，非難されない。それどころかそれは賞賛される行為である。胎児を殺す行為，すなわち堕胎が日本で非犯罪化されていることは，すでに述べた。要するに，人を殺すという行為そのものが，ただちに犯罪に当たるわけではなく，人を殺すという行為に非難のまなざしが注がれることで，その行為ははじめて犯罪になるのである。

　ある行為に対する周囲の反応のことを，社会学では社会的反作用と呼ぶ。第10章で論じるラベリング論は，社会的反作用を軸に組み立てられた理論である。社会的反作用を重視する考え方は，ラベリング論が知られるようになって以降，犯罪への社会学的アプローチにおいて不可欠なものとなった。しかしこ

のような考え方の源流は，デュルケムの上記の発想にあったといえる。

　社会的反作用は，周囲の人々からだけでなく，公的機関によっても加えられる。社会的反作用に着目することは，とりもなおさず犯罪統制のあり方に着目するということでもある。前節で述べたスノーデンのケースであれば，彼を訴追するアメリカの司法当局の動き，あるいはその当局の動きを世論がどのように受け止めるかが，社会学的には大きな関心の的となる。

■ 個人還元論への批判

　社会学的アプローチの第三の特徴は，犯罪の原因を特定の個人に備わった要素に求めること（個人還元論）に，懐疑的な見方をとる点である。

　デュルケムが提起した，「社会的事実」という概念がある（Durkheim 1895=1978）。社会的事実とは，個人の外にあって，個人の行動や考え方を拘束するしくみのことである。たとえば，法律，慣習，流行，世論などはすべて社会的事実だ。彼は，社会的事実こそが社会学独自の研究対象であり，これをモノのように客観的に観察し考察すべきであると説いた。たとえば自殺という現象は，自殺を図った本人の内面・心理の観点から説明されがちである。しかしデュルケムは，自殺に関する統計などを丹念に分析し，むしろ自殺を考えるうえで注目すべきなのは，人間を取り巻く社会的要因（宗教，居住環境，経済情勢など）であると主張した。社会学的な犯罪観のベースには，デュルケムのこうした発想が埋め込まれているのである。

　デュルケムの主張は，社会現象の説明において心理的な過程を排除しすぎているきらいがあるのは確かである。しかし，犯罪の原因は犯罪者個人にあるという見解が支配的であった 19 世紀末に，このような考え方を批判し，社会が犯罪を生み出しているとの主張を行なったのは，画期的だった。

　現代においても，犯罪の原因を個人に還元する見方は根強く残存している。なにより「犯罪者個人の刑事責任を問い，刑罰を通じて強制的に本人を矯正する」という刑事司法システムの構造そのものが，基本的には個人還元論をベースに成り立っているといえる。現代の犯罪社会学は，心理過程も犯罪を考えるうえで重要な要素であることを基本的に認めつつも，犯罪の原因をもっぱら個人に帰責することには，批判的である。ただしその批判的なスタンスの徹底度には，論者によって濃淡がある。もっともラディカルな批判は，批判的犯罪学

の諸学派によってなされている（第11章参照）。

■犯罪の潜在的機能という視点

　犯罪に機能があると考えるのも，社会学的なアプローチの大きな特徴であろう。第7章などで登場する社会学者マートン（R. K. Merton）は，ある事象がその背後に隠された機能を有している場合に，その機能を「潜在的機能」と呼んだ。

　犯罪に潜在的機能があるという指摘は，複数の側面から可能である。第一に，デュルケムの述べた論点がある。犯罪者が現れることによって，人々はこぞって彼への非難を行なう。この非難によって，人々の連帯意識が呼び起こされ，これにより人々の結びつきが強まり，その集団は安定的に存続することができるというものだ。デュルケムは，社会の存続のためには，犯罪が必要とされていると述べたのである。

　第二に，バーガー（P. L. Berger）とルックマン（T. Luckmann）が指摘したように，犯罪者の存在は，社会のなかにおける善悪の境界を維持する機能も持っている。犯罪者が出現して，彼への非難が生じることで，人々は何が犯罪となり何が犯罪とはならないかをそのつど確認することができるのだ。

　第三に，これもデュルケムが提起した点であるが，**逸脱行動**（犯罪や非行はその下位概念である）は，「きたるべき道徳の予兆」（Durkheim 1895=1978: 159）という意味を持つことがある。次の時代では当たり前となる道徳や規範が，逸脱行動により先行的に現出する場合があるということだ。鮎川（2006）の例示によれば，イギリスのピューリタン革命，アメリカの独立戦争，フランス革命は，いずれも逸脱行動がもとになって，結果として大きな社会的変革がもたらされた例である。たしかに革命は，それが成功しなければ国家の転覆を企てる重大犯罪にほかならない。

　より卑近な例としては，前節で触れた道路の制限速度と出版物のわいせつ性をめぐる問題が挙げられる。前者については，たとえばある道路で，大多数の人が法に違反して10kmオーバーで自動車を走らせていて，そのうえ事故が何も起こっていないのであれば，法律の方を実態に近づける動きが出てきても不思議はない。事実，警察庁は2009年度からの3年間で，2000以上の区間の最高速度を引き上げたと発表している。後者の例では，わいせつ図画頒布罪に

問われるか否かが微妙な事例が少しずつ積み重なるなかで，法的な意味でのわいせつ性の基準が徐々に変化してきたのは確かであろう。日本でもかつては，わいせつ性の高い文芸作品が取締りの対象になっていたが，もはやそれは遠い過去の話である。

■ 反省的考察

アメリカの社会学者ミルズ（C. W. Mills）はかつて，犯罪などの社会問題を研究対象にする学問（当時は，「社会病理学」と呼ばれていた）に対して，根源的な批判を行なった。学者たちは，中流階級でプロテスタントの白人，すなわち現行の社会体制に順応している自分たちの立場から，体制にそぐわないものに社会病理という判定を下し，それらに一方的に矯正や教化を施そうとしている。彼の批判の概要はこのようなものである（Mills 1943=1971）。

私たちは，身につけている文化的・社会的な常識や，自分の持っている価値観に照らして，犯罪や非行を考えてしまいがちである。しかし，前述の通り，犯罪という概念は絶対的なものではない。犯罪や非行について社会学的に考える際には，自分の身につけている価値観がいかなるものであるかを強く意識する必要がある。

もちろん，完全に中立的・客観的な立場に立つというのは，原理的に不可能である。むしろ自らの立場性や価値基準を隠すことなく明示することが，研究者の責務であると主張する者もいる（第11章参照）。少なくとも犯罪・非行の社会学に携わる研究者のなかには，自分はこう考えるが，まったく別の見方もできるかもしれないという具合に，謙虚な姿勢で反省的考察を行なう志向性が広く共有されている。このような研究に対する反省的な構えもまた，犯罪・非行への社会学的アプローチの大きな特徴といえるだろう。

3 社会学的犯罪研究の前史

犯罪・非行について社会学的なパースペクティブからの研究がなされるようになるのは，デュルケムが活躍した19世紀末以降のことである。しかし，犯罪についての学問，すなわち今日「犯罪学」と呼ばれる学問の歴史は，18世

紀にまで遡ることができる。本節では，社会学的犯罪研究の前史として位置づ
けられる，18世紀から19世紀にかけての学問の流れをみていこう。ひとつは，
ベッカリーア（C. B. Beccaria）とベンサム（J. Bentham）に代表される古典派で
あり，もうひとつはロンブローゾ（C. Lombroso）を中心とする実証主義の展開
である。

■古典派
　古典派の犯罪学は，ヨーロッパが今日でいうところの近代社会へと脱皮をと
げる過程で生まれた。教会と封建領主が支配する中世の体制（アンシャン・レ
ジーム）下においては，犯罪への対処という側面でも，今の時代から振り返れ
ば，無原則で強権的なやり方がまかり通っていた。たとえば，犯罪者に与えら
れる刑罰は，事実上，裁判官の裁量だけで決められていたのだ。また，死刑も
含めて残虐な刑罰が，見せしめとしてなされるのが普通であった。
　このような恣意的な法執行や刑罰の非人道性を批判したのが，イタリアの思
想家，ベッカリーアである。彼は，1764年に刊行した『犯罪と刑罰』のなかで，
以下のような主張を行なった。第一に，司法手続きは法に従って適正に行なわ
れなければならない。第二に，刑罰はあらかじめ法に定め，法に従って執行し
なければならない，第三に，刑罰はさらなる犯罪を防止するための手段であり，
犯罪の重さに比例した刑罰を科すべきである。これらの主張は，現代からみれ
ばどれも当たり前の原則のように思われるかもしれないが，当時としてはきわ
めて革新的な主張であり，激しい議論を巻き起こした。
　古典派のもうひとりの主役は，イギリスの経済学者ベンサムである。「最大
多数の最大幸福」という言葉に要約される功利主義の考え方を体系化した人物
だ。一望監視型の監獄パノプティコンの考案者としても知られている
（Column 13参照）。彼の主張は，次の通りである。第一に，人間は刑罰という
苦痛を最小限にしようと行動する。第二に，犯罪で得られる快楽（利益）より
も刑罰の苦痛（損失）の方が大きいと考えれば，犯罪はなされない。それゆえ，
科される刑罰をあらかじめ示すことは重要であり，その刑罰が，犯罪による快
楽を上回る程度の苦痛を与えるものであれば，犯罪は防止できる。第三に，害
悪をもたらさない犯罪を罰することや，有効性のない刑罰，重すぎる刑罰は不
当である。ベンサムはこのような主張に基づいて，刑罰制度の改正に注力した。

その後，ヨーロッパ各国の司法制度は，19世紀半ばにかけて，彼らの主張に沿った形で改正されていく。さらにいえば，現代の刑事司法システムも，基本的に古典派が確立した人間観を前提に組み立てられているといえるだろう。人間を「合理的な判断と自由意志に基づき行動する存在」ととらえる見方である。犯罪者は自らの意志により犯罪を行なうことを選択したのだから，刑罰を設けることで犯罪を行なわない選択をさせることも可能であるとする古典派の思想は，そのような人間観のもとに成立していたのだ。

なお，このような古典派の犯罪学の発想は，1980年代に台頭した合理的選択理論（第6章・第9章参照）へと引き継がれている。

■実証主義

実証主義という考え方は，19世紀前半に活躍したフランスの哲学者で，社会学の祖としても知られるコント（A. Comte）の議論に由来する。コントは，人間の思考が神学的段階，形而上学的段階，実証主義的段階の順に変化するとした。ある事象を説明するのに，神学的段階では神様が用いられ，形而上学的段階では論理（哲学）が用いられ，実証主義的段階では，観察と実験（科学）が用いられる。実証主義とは，経験的事実によってこそ正しい認識が可能であるとする学問的立場のことである。

実証主義の犯罪学が登場するのは，19世紀後半のことであるが，その萌芽は，18世紀から19世紀前半に多くみられる。とりわけ重要なのは，骨相学と犯罪統計学の発展である。18世紀末以降に展開された骨相学は，頭蓋骨の形などの身体的特徴と性格や行動との関係を探る学問であり，オーストリアの解剖医ガル（F. J. Gall）が発展させたことで知られている。

一方，犯罪統計学は，ベルギーのケトレー（A. Quételet），フランスのゲリー（A. -M. Guerry）などが進展させた学問領域である。1830年前後にヨーロッパのいくつかの国で整備の進んだ犯罪に関する公式統計に基づいて，彼らは，年齢や性別，教育，人口構成などが犯罪の発生に与える影響を分析した。各種犯罪の地域ごとの分布を示す地図を作成したことから，地図学派（cartographic school）と呼ばれることもある。

実証主義の犯罪学が展開された背景には，19世紀後半の社会事情があった。ヨーロッパのとりわけ都市部における，窃盗などの犯罪の統計上の急増である。

産業革命以降の急速な工業化と都市化の進行は，失業や貧困にあえぐ人々を大量にもたらし，社会は不安定さを増していった。このような状況のなかで，古典派の主張する刑罰制度に懐疑の目が向けられるようになったのだ。そもそも古典派の議論は，根拠のない空理空論ではないのかといった批判である。

そのような批判をいち早く展開したのが，ロンブローゾである。イタリアの医師であったロンブローゾは，実証主義の祖であると同時に，犯罪学の祖とも呼ばれる。彼は，刑務所，軍隊，精神病院などで，死体も含めて数多くの人間の体を計測し，得られたデータに基づいて，犯罪者に特有の身体的特徴があると主張した。

1876 年に著された彼の主著『犯罪人論』の主な内容は，次の通りである。第一に，犯罪者に共通する特徴として，突き出ているアゴやほお骨，大きな唇，長い腕，異常な歯並びなどがある。第二に，これらの特徴を持った人間は，生まれつき犯罪者になることを運命づけられた「生来性犯罪人」である（**生来性犯罪人説**）。第三に，彼らは進化が不十分であるか退化をした個体であり，そのため脳が未発達で，近代の社会規範に従った行動がとれない。これらのうち第三の点については，ダーウィン（C. Darwin）の唱えた進化論（自然選択説）の影響を受けたことは明らかである。

もちろん，生来性犯罪人説の主張内容は，現代からいえば非科学的であり，とても受け入れられるものではない。この説が否定されたのは，20 世紀に入ってまもなくのことであった。にもかかわらずロンブローゾは，犯罪学の祖，実証主義の祖と呼ばれている。それは，彼があくまで観察や計測，すなわち経験的事実をベースに犯罪者の実像に迫ろうとした最初の人物であり，実証主義に徹する彼の研究スタイルが，その後の犯罪学のあり方を決定づけたからであろう。彼が蒔いた犯罪研究の種は，その後，犯罪者の諸側面に焦点を当てる多種多様な研究を生み出したのである。

実証主義の犯罪学の範疇に含められる研究者としては，ほかにも，フェリ（E. Ferri），ガロファロ（R. Garofalo）などが挙げられる。特に，ロンブローゾの弟子であったフェリは，生来性犯罪人説を擁護しつつも，犯罪の発生における社会的要因に関する考察を深めたことで知られている。重要なのは，彼らが共通して，個人の合理的な判断や自由意志を超えた力によって犯罪が引き起こされていると考え，その力の源を経験的事実によって析出しようとした点である。

4　犯罪・非行の社会学の今日までの展開

　犯罪・非行問題への社会学的な研究は，19世紀末に始まる。以下では，今日に至るまでの社会学的理論の展開を略解する。図1-1に，前節と本節の内容を図解したので，本文の理解の助けとしてほしい。なお，本節は，第Ⅱ部のいわば「予告編」でもある。詳細は，各章を参照してほしい。

■フランス環境学派

　ロンブローゾやフェリなどから成る**イタリア犯罪人類学派**に，真っ向から対抗した勢力が，19世紀末に登場した**フランス環境学派**（リヨン環境学派とも呼ばれる）である。法医学者ラカサーニュ（A. Lacassagne）がその中心的人物であり，**模倣説**で知られるタルド（G. Tarde）もこの学派に属していた。環境学派という名称からもわかるように，彼らは犯罪者個人の要因よりも，その人の周囲の環境要因，とりわけ経済状態を重視した。その意味で，フランス環境学派は，犯罪問題への社会学的アプローチの先駆といえよう。

■デュルケムの犯罪論

　すでに言及したように，犯罪・非行の社会学を特徴づける考え方の多くには，社会学の祖として知られるデュルケムの主張が色濃く反映している。ここでは，さらに2点にわたって，後の犯罪研究に影響を与えたデュルケムの理論を紹介しておきたい。

　ひとつは，**犯罪常態説**である。これは，一定量の犯罪の存在は健全な社会にとって不可欠であり，犯罪がまったくないような社会は異常であるという考え方である。聖者の集う修道院では，俗人であれば許されるような軽微な規則違反行為が，犯罪として扱われるだろうと，デュルケムは述べる。犯罪のまったくない社会があるとすれば，それは，個人の一挙手一投足が完全に統制された不健全な社会ということになるのだ。

　もうひとつは，**アノミー論**である。デュルケムによるアノミーの定義は，人間の欲望に規制が及ばなくなった状態（無規制状態）である。人間は生来的に欲

図 1 - 1 犯罪・非行の社会学の理論展開 (前史を含む)

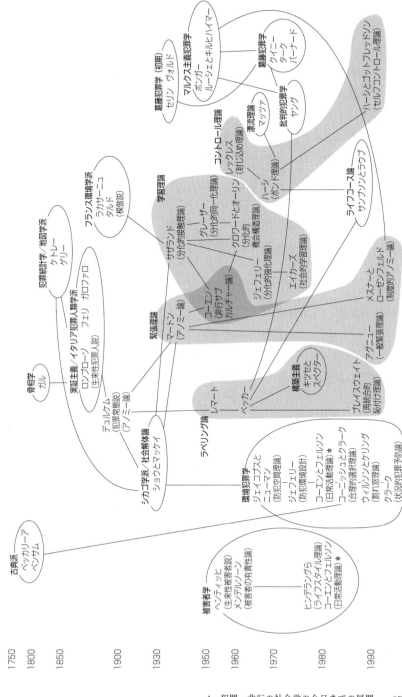

1750	
1800	
1850	
1900	
1930	
1950	
1960	
1970	
1980	
1990	

(注) ＊ 日常活動理論は、環境犯罪学の一理論であると同時に、被害者学の一理論でもある。

望を抱く存在であるが，正常な社会は，欲望を抑えるメカニズムを内蔵している。そのメカニズムが働かなくなると，社会は不安定で今にも爆発しそうな状態となってしまう。

デュルケムの枠組みによれば，19世紀後半，ヨーロッパが経験した急激な社会変動，すなわち近代化，産業化の過程で，伝統的な社会規範の仕組みが瓦解し，アノミーが現れた。彼の考え方に立てば，資本主義の社会とは欲望をあおり続ける社会であり，アノミーを招きやすい。資本主義的な産業化の過程とはアノミーの拡大過程であり，ゆえにこの時期，犯罪や自殺などの社会問題が増加したのだと，彼は主張した。

近代化と犯罪とを結びつけるデュルケムの議論には，否定的な評価も多い。しかし，社会変動と犯罪との関係に着目したこの議論は，その後の犯罪社会学の理論，たとえば社会解体論，緊張理論などに大きな影響を与えることになった。

■シカゴ学派と社会解体論

犯罪・非行に関する社会学的研究の主な舞台は，20世紀以降，アメリカに移る。アメリカもまた，19世紀後半以降の経済の急成長の陰で，犯罪や少年非行が大きな社会問題となっていた。アメリカの初期の犯罪・非行研究のなかでもっとも知られているのは，シカゴ学派の社会学者たちによる研究である（第6章第1〜2節）。そして，シカゴ学派発のもっとも重要な理論が，社会解体論である。この理論は，急激に進む産業化や都市化にともなって特定の地域に生じた貧困の集中などの諸現象に注目する。社会構造に起因する諸要素によって，特定の地域で犯罪に対する社会的統制の弱体化が生じ，結果として犯罪多発地区が生まれるというのが，社会解体論の概要である。ショウ（C. R. Shaw）とマッケイ（H. D. Mckay）が1920〜30年代に行なった，犯罪・非行の集中する地域についての実証的研究は，とくによく知られている。

■緊張理論

緊張理論の創始者，マートンも，社会構造に注目した社会学者である。彼はデュルケムの議論とは大きく異なる独自のアノミー論を展開する。文化的目標と制度化された手段の間に生じる緊張状態，すなわちアノミーが，人を犯罪へ

と駆り立てるとしたのだ（第7章）。1930年代後半に発表されたこの議論は，1950年代のコーエン（A. K. Cohen）の非行サブカルチャー論に引き継がれるとともに，1980年代後半以降に登場した2つの理論にも連なっている。それはアグニュー（R. Agnew）の一般緊張理論と，メスナー（S. F. Messner）とローゼンフェルド（R. Rosenfeld）による制度的アノミー論である。なお，非行サブカルチャー論は，次に述べる学習理論に分類される場合もある。

■学 習 理 論

　学習理論とは，犯罪・非行行動が後天的に学習されるメカニズムに着目する理論群のことである（第8章）。サザランド（E. H. Sutherland）の分化的接触理論の主張は，犯罪を肯定する他者，否定する他者との接触の頻度や期間などが，人によってさまざまであり（分化しており），その人が犯罪をするようになるか否かはそれに依存するというものである。1940年代後半に完成をみたサザランドの理論は，1950年代にはグレーザー（D. Glaser）の分化的同一化理論へと発展し，1960年代には，クロワード（R. A. Cloward）とオーリン（L. E. Ohlin）の分化的機会構造理論へと受け継がれる。さらに，1960年代後半に登場したジェフェリー（C. R. Jeffery）の分化的強化理論，1970年代後半に発表されたエイカーズ（R. L. Akers）の社会的学習理論も，サザランドの流れを汲んだ犯罪・非行の説明理論といえる。

■コントロール理論

　1960年代以降，犯罪・非行の社会学において，それまでとはまったく異なる視点からの議論が展開されるようになった。視点の転換は，少なくとも5つの切り口からなされたと考えられる。
　ひとつは，コントロール理論と総称される理論群により提起されたものである（第9章）。従来は，犯罪・非行を行なう原因を解明しようとする議論が主流であったが，コントロール理論は，犯罪・非行を行なわない理由に注目した。代表的な理論は，ハーシ（T. Hirschi）が1969年に発表したボンド理論と，同じハーシがゴットフレッドソン（M. R. Gottfredson）と共に1990年に提唱したセルフコントロール理論である。4つの要素からなるボンド（絆）が弱まったり欠如したりするとき，非行が起きやすくなるとするボンド理論は，レックレ

ス（W. C. Reckless）による封じ込め理論などを受けて，定式化された。一方，セルフコントロール理論の主張は，幼少期のしつけにより生成されるセルフコントロールの程度が，犯罪・非行の発生を左右するというものである。

　なお，ボンド理論に大きな影響を与えたマッツァ（D. Matza）の漂流理論もまた，伝統的な犯罪・非行理論がハードな決定論となっているとの根本的批判を提起したことから，犯罪研究における視点の転換を促す重要な契機となった。

■ ラベリング論

　犯罪・非行の社会学に視点の転換を迫った2つめの切り口は，ラベリング論である。ラベリング論によれば，焦点を当てるべきは，逸脱を行なう側ではなく，ある行為に逸脱というラベルを貼る側である（第10章）。社会的反作用の重要性を指摘したデュルケムのアイデア，レマート（E. M. Lemert）などの議論を受けて，ベッカー（H. S. Becker）らが唱えたラベリング論は，1960年代のアメリカの世相や学問的背景のなかで広く注目を集め，その後，ブレイスウェイト（J. Braithwaite）の再統合的恥付け理論などによって批判的に継承された。また，1970年代後半に，キッセ（J. I. Kitsuse）とスペクター（M. Spector）により提唱された社会問題の構築主義は，ラベリング論の問題関心を引き継いでいる。

■ 環境犯罪学

　視点の転換の3つめの切り口は，1980年代後半以降に英米を中心に注目を集めるようになった環境犯罪学が切り開いた論点である。犯罪をする人間ではなく，犯罪が行なわれる場所，あるいは犯罪が行なわれる機会に着目するのが，大きな特徴である。環境犯罪学は多くの理論を束ねる総称であり，ジェイコブス（J. Jacobs）やニューマン（O. Newman）が唱えた防犯空間理論，ジェフェリー（C. R. Jeffery）が提起した防犯環境設計のアイデア，コーニッシュ（D. Cornish）とクラーク（R. Clarke）による合理的選択理論，クラークによる状況的犯罪予防論，コーエン（L. E. Cohen）とフェルソン（M. Felson）による日常活動理論などが含まれる。ウィルソン（J. Q. Wilson）とケリング（G. L. Kelling）による割れ窓理論も，環境犯罪学の主要理論のひとつである（第6章第3〜4節）。

■批判的犯罪学

4つめの切り口は批判的犯罪学である。主流派犯罪学の見解や志向性に根源的な反省を迫る批判的犯罪学は，セリン（T. Selin），ヴォルド（G. B. Vold），クイニー（R. Quinney），タ ー ク（A. Turk）らの葛藤犯罪学，ボンガー（W. Bonger）やルーシェ（G. Rusche）とキルヒハイマー（O. Kirchheimer）のマルクス主義犯罪学の議論を受けて，1970年代前半，ヤング（J. Young）らによって創始された。ヤングらは，犯罪者を矯正し有用な労働者として再社会化するシステムを前提にする限り，不平等な社会構造は温存されてしまうと考えた。批判的犯罪学は，社会構造と犯罪現象との関係性に注目し，それを批判する理論を組み立てるとともに，社会構造の変革を積極的に志向するところに特徴があるといえる（第11章）。

■被害者学

5つめの切り口は被害者学である。犯罪の加害者側ではなく被害者側に着目する研究は，1950年代にすでに一定の広がりを見せていたが，とくに注目を集めるようになったのは1980年代以降である。初期の研究者としては，生来性被害者説を唱えたヘンティッヒ（H. v. Hentig），被害者の有責性論を主張したメンデルソーン（B. Mendelsohn）が比較的有名である。現在の被害者学は，誰もが潜在的被害者であるという前提に基づいて構築されており，とくによく知られている理論として，ヒンデラング（M. Hindelang）らが唱えたライフスタイル理論，コーエンとフェルソンの日常活動理論が挙げられる（第12章）。

■ライフコース論

1980年代後半以降，個々人の犯罪への関与を，時間経過に沿った「犯罪経歴」としてとらえ，犯罪の開始・反復・終息などのプロセスがどのように生じているかを分析する研究が，進展した。このうち，各人の社会生活上の経験や出来事の推移から，犯罪経歴を説明しようとする理論は，ライフコース論と呼ばれている。犯罪を人間の発達的プロセスのなかでとらえようとする研究の総称「発達犯罪学」は，これと類似する概念である。

ライフコース論に依拠する犯罪研究としてもっとも有名なのは，サンプソン（R. J. Sampson）とラウブ（J. H. Laub）の研究である（Sampson and Laub 1993）。彼

らは長期にわたる縦断的研究[→用]に基づいて，少年期に犯罪を重ねたとしても，誰もが常習犯罪者になるわけではなく，結婚と就職という出来事が，犯罪からの離脱にとって重要な転機になると結論づけた（第14章第3節参照）。また，ラベリング論の知見を背景に，刑務所への収容が，転機となる出来事を彼らから遠ざけてしまう可能性について，指摘した。

　彼らの議論は，年齢犯罪曲線（**Column 1** 参照）の解釈をめぐる論争にも一石を投じた。成人への移行期に経験する結婚や就職が，当人のボンドを回復させ，犯罪からの離脱を促進するからこそ，年齢犯罪曲線はピークの後に下降するのだと，彼らは主張したのだ。ライフコース論は，ボンド理論やラベリング論などの諸理論を統合的に理解する枠組みであり，今日の犯罪・非行の社会学における有力な考え方となっている。

考えてみよう！　　　　　　　　*Thinking and Discussion*

　　刑罰法令の解釈をめぐって，裁判所と一般市民との間には，ずれが生じる場合がある。どのようなずれが生じうるか，具体例を考えてみよう。またそのようなずれが生じる理由についても考察してみよう。

　　犯罪化，非犯罪化の例を挙げてみよう。挙げた例のいくつかについて，どのような理由で犯罪化（非犯罪化）されたのかを考えてみよう。また，その犯罪化（非犯罪化）によって，得をした人，損をした人はそれぞれ誰であるか，考えてみよう。

　　最近話題になっている犯罪や少年非行に関するニュースをひとつ選び出し，その事件について，近くの人たちと感想や意見を語り合ってみよう。その際，自分がどのような価値観のもとにコメントをしているのかに注意を向けて，もし自分が他人と異なる価値観を持っていると気づいたら，そのことも話題にしてみよう。

Book Guide

▶岡本英生・松原英世・岡邊健『犯罪学リテラシー』法律文化社，2017年。
　　生物学，心理学の知見も含めて，犯罪学の主要な理論と実証研究について詳しく解説した数少ない日本語文献。犯罪について本格的に研究する前には，かなら

ず目を通しておきたい。

▶エミール・デュルケーム『自殺論』（宮島喬訳）中公文庫，1985年。

社会的事実こそが社会学独自の研究対象であるとしたデュルケムの代表作（原著は1897年刊）。アノミーという概念がどのように用いられているかに注目して読んでみるとよいだろう。ちなみに，この訳書のように「デュルケーム」と表記されることもある。

▶日本犯罪社会学会編『犯罪社会学研究』1976年〜。

犯罪・非行研究に携わる社会学者の多くが会員になっている日本犯罪社会学会の機関誌。最新の研究がどのようなものであるか，ぜひ確かめてほしい。ほとんどすべての号の論文がJ-STAGEにアップロードされており，無料で閲覧できる（URLは巻末のリストを参照）。

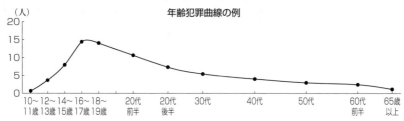

年齢犯罪曲線の例

(注)　各年齢人口の 10 万人当たりの凶悪犯検挙人員，2012 年。
(出所)　警察庁『平成 24 年の犯罪』を元に作成。

　犯罪の公式統計を用いて，横軸に年齢，縦軸に各年齢層ごとの検挙された人の数（人口は年齢層によって異なるので，比較する場合には人口で割った値を用いる）をとると，図のようなグラフを描くことができる。このように描かれた線を，年齢犯罪曲線という。年齢犯罪曲線の形状は，多くの社会で似通っている。また時代による変化も小さい。10代の初めから徐々に上昇をはじめ，10 代後半にピークを形成したあと下降するのである。

　モフィット（T. Moffitt）は，彼女の唱えた発達類型論（developmental taxonomy）に即して，この形状が生じる理由を説明している。それによれば，犯罪者は 2 つに大別される。早期に非行が始まり，生涯にわたって高い頻度で犯罪を継続する生涯継続（life-course persistent）反社会性タイプと，非行の開始が相対的に遅く，犯罪への関与が青年期のみに限られる青年期限定（adolescence-limited）反社会性タイプである。年齢犯罪曲線で 10 代後半に大きな山が形成されるのは，後者のタイプが多数存在することで説明がつくと，モフィットは指摘している。

　一方，本章で触れたように，サンプソンとラウブは，犯罪・非行を停止する人が成人期の初めに急増するのは，安定した就業や結婚などのライフイベントが，この時期に集中して生じることから説明できるとした。年齢犯罪曲線の解釈は，犯罪・非行研究の大きな論争点のひとつであり，それぞれの解釈の妥当性をめぐって，現在もなお検討が続けられている。

第 2 章

犯罪・非行への接近
犯罪社会学の方法

🔍 KEY WORDS　▶質問紙調査　▶インタビュー　▶参与観察　▶調査倫理

　犯罪・非行の社会学の研究では，実際のインタビューはどのようにして行なわれているのだろうか。

　筆者は，「援助交際」体験者へのインタビュー調査を行なったことがあるが，インタビューの場所としてカラオケボックスを頻繁に使用していた。「援助交際」のような逸脱行為に関するインタビューは，会話の内容を他者に聞かれてしまうという恐れが，調査対象者の「話しにくさ」につながる。そのため，喫茶店で話を聞けば，周囲の目が気になったり，会話を誰かに聞かれているのではないかと落ち着かない。かといって，会議室を借りると，静かすぎて妙な緊張感が漂ってしまい，これも話しにくい。

　彼女たちがリラックスできて，会話を邪魔する「雑音」のない場所。それが彼女らにとって行き慣れた「カラオケボックス」だった。調査対象者の生活空間に踏み込んで，初めて，その「声」を聞くことができたと思う。

1　犯罪・非行への社会学的アプローチ

「犯罪や非行について，もっと具体的なことを知りたい」。その場合，犯罪や非行をテーマとしたさまざまな情報に触れるのがよいだろう。書籍やドラマ，映画などにも，犯罪や非行を扱ったものは多数ある。しかし，そうした情報は，ある現実の一部分しか切り取っていないもの，内容自体がフィクションであるもの，「現実」を適切には切り取っていないものなどが混在しており，一定の知識を持たないと，その情報を選別することは難しい。とくに，レポートや論文などを書く際には，官庁資料や研究論文，調査報告書，新聞・雑誌記事など，適切な情報源にアクセスすることが望ましい。また，それで事足りなければ，自ら調査研究に取り組みたいと思うこともあるだろう。

社会学の調査研究は，大きく「量的研究」と「質的研究」の2つに分けられる。本章では，量的方法や質的方法の概要を紹介しながら，犯罪・非行といったテーマに関する調査研究を行なう際に注意すべき事柄について説明したい。

2　量 的 方 法

■犯罪や非行に関する基本的な情報を知りたい

まず，犯罪や非行に関する基本的な情報を得るならば，公式統計を活用するのがよいだろう。たとえば，『警察白書』や『犯罪白書』などは，まず参照すべきといえる。各白書は，インターネットで閲覧可能（URL は巻末のリストを参照）であるし，警察活動の概況と犯罪者処遇の実情をあわせることで，犯罪や非行をめぐる基本的な情報の多くを理解することができる。もちろん，統計の読み取り方には，ある程度の知識が必要だが，それらについては第3章を参照するとよい。

ただし，公式統計が「すべて」を伝えてくれるというわけではない。公式統計には，捜査機関が発生を認知していない犯罪は含まれない。これを暗数という。暗数の発生プロセスについては第3章で詳述するが，ここでは犯罪の被

害が警察に認知されにくいケースとして，性犯罪被害を考えてみよう。

性犯罪被害は，警察の事情聴取や裁判での証言における「**二次被害**」を被害者が警戒し，被害そのものが親告されないことがある。被害を立証するためには，「具体的にどのような被害にあったのか」の詳細を語らねばならず，そのことが被害者自身にもたらす心的負担は大きい（小林 2008 などを参照）。そのため，被害が警察に親告されず，「事件」としてカウントされない場合が多いだろうことは容易に想像がつく。こうしたケースについては，「実際に起こった件数」（実態）を把握することは困難である。

では，暗数があると想定する以上，私たちは，特定の現象に関する「実態」を把握することができないのか，というとそうではない。暗数問題への対応策として，「犯罪被害調査」や「自己申告調査」の結果を，公式統計の結果と比較し，暗数がどの程度存在するのかを見積もるという方法がある。犯罪被害調査は，一定期間内における犯罪被害を調査するものであり，自己申告調査は，加害経験を調査するものである。自己申告調査は回答者自身の加害経験を問うため，回答者が正確に回答しない可能性も残されてはいるが，被害者がいない，あるいは比較的軽微な非行（万引き，シンナーの吸引，喫煙経験など）については，ある程度強みを発揮するといってよいだろう。犯罪被害調査の詳細については，第 12 章を参照するとよい。

以上のような注意点はあるものの，公式統計から得られる情報は多い。犯罪や非行の概要をつかむためにも，初学者は，まずこうした統計から得られる情報を丹念に読み解くことから始めたい。

■ 自分で質問紙調査を行ないたい

既存の研究・調査結果を参照したうえで，いまだ明らかにされていない点や，独自に問題関心をもって分析をしたいという場合には，自ら質問紙調査を企画するという方法がある。

質問紙調査を実施する場合，次節で説明する質的調査のように「探索的に開始する」「とりあえずフィールドにエントリーする」ということは難しく，あらかじめ調査テーマや問題関心を明確にしておく必要がある。問題関心が不明瞭なままでは，調査の方法（対象，サンプリングの方法，配布・回収方法など）を決めることすらできない。まずは，既存の研究論文を検討し，調査実施にあたっ

ての「仮説」を立てる必要がある。

　また，調査票を作成する段階においては，面識のない対象者に回答してもらう以上，調査目的の説明や，調査票に書かれた質問文が「わかりやすいもの」であるよう心がけねばならない。ダブルバーレル質問（一文のなかに複数の意味が存在する），質問文間のキャリーオーバー効果（前の質問文が，その後の質問文への回答に影響を及ぼす），難解な言葉や定義の曖昧な言葉を含む質問は避けるべきである。回答者が答えにくい聞き方を避け，回答が誘導的にならないよう，ワーディング（言い回し）に注意しなければならない。とくに，調査対象の年齢などに配慮してワーディングを検討することも重要であるし，犯罪や非行に関する質問がそもそも「答えやすいテーマ」であるとは言いがたい以上，回答者の側に立って，質問文が適切であるかを考えなければならない。調査者が一人で作成すると「ひとりよがり」な調査票になることもあるので，複数人で検討するのがよいだろう。

　さらに，実施にあたっては，調査の種類に応じて必要な準備が異なる。たとえば，回答者を1カ所に集めて実施する集合調査，調査票を郵便でやりとりする郵送調査，調査票を一定期間対象者に預けて後日回収する留め置き調査，回答者に直接会って実施する面接調査など，どのように調査を実施するのかによって準備すべき事柄が異なるからだ。調査票の配布・回収作業を自ら行なうか，あるいは関係者・対象者へ依頼するのかによっても異なるし，後者の場合であれば「調査実施マニュアル」（調査実施の手順を詳細に記したもの）などの手引書が必要である。また，実施の過程で郵送を含む場合には，挨拶文，封筒の調達，料金受取人払いの手続き，往信用封筒の宛名書き，返信用封筒の準備，封入作業など多くの作業が発生する。

　最後に，回収した調査票をデータ化する作業がある。まずは「エディティング」（調査票の確認）を行ない，「コーディング」（数字化）したうえで，コンピューターに入力する。入力後は，単純集計やクロス集計をもとに「データクリーニング」（誤入力，重複等の確認，欠損値の処理など）を行なう。この一連の作業を終えて，はじめて分析できる状態となる。

　以上のように，自分で質問紙調査を実施するとなると，手間がかかる。大谷らは，一連の調査プロセスを「1：調査企画段階 → 2：調査設計段階 → 3：実査段階 → 4：調査票のデータ化段階 → 5：データ分析・公表段階」（大谷ほか編

2013：176-180）の５つの段階に整理している。各段階にはさらに詳細な作業工程が含まれており，ひとつひとつを丁寧に処理する忍耐力を必要とすることがわかる。データクリーニングが完了するまでの手順を「いいかげん」に行なえば，分析に耐えうるデータセットは得られない。また，調査の規模によっては，それなりの予算も必要である。一人ですべての工程をこなしていくというのも，あまり現実的ではないだろう。その意味では，初学者が単独で行なうには少々ハードルの高い調査方法であるといえる。

　では，初学者は量的データを扱うことはできないのか，といえばそうではない。既存の統計データを活用し，オリジナルな問題関心に基づき加工・分析するという方法がある。インターネットに公開されている主なデータは，巻末のリストで紹介しているので，参照してほしい。

3　質的方法

■犯罪や非行に関する具体的経験を知りたい

　犯罪や非行に何らかのかたちで関与した人々は，自らの経験をどのように考えているのか。彼らの主観的な意味づけに興味がある場合，当事者らが執筆した著書を参照するのが最も容易な方法である。だが，それらの多くは「モノローグ」（独白，独り語り）であるし，テーマによっては適切なものが見つからない，ということもあるだろう。そのような場合は，自ら調査を実施するということになる。

　ここで，まず思い浮かぶのが「インタビュー」という方法だろう。インタビューは，調査者と調査対象者との対話を通してデータを収集する方法である。質的データを収集するには，最も一般的な方法ともいえるが，効果的にインタビューを実施するにはいくつかの注意が必要である。ここでは，インタビューの種類，インタビュー・データの記録，調査対象者との関係，の３点に絞って説明したい。

　まず，インタビューの種類についてである。主に，①構造化インタビュー，②半構造化インタビュー，③非構造化インタビュー，という３つに分けられる。それぞれ構造化の程度に違いがあり，①は質問項目や順番を事前に決定してお

き，調査者はそれに従ってインタビューを行なうが，③はそれらを決めずに行なう（オープンエンドの）会話型インタビューで，②はその折衷的な位置づけといえる。調査の目的によって，構造化の程度を選択するのが望ましいが，構造化の程度が低いほど，臨機応変な対応や洞察力・対象への理解力が求められ，調査者側の熟練を必要とする。つまり，「構造化の程度が低い」ほど，その時々の調査対象者の語りや，その場の雰囲気に応じた柔軟な対応力が要求されるので，ある程度の経験を積まないと，「聞きたかったことを聞けなかった」「あたふたしてしまい，相手の話を理解できなかった」など失敗につながることがある。また，犯罪や非行といったテーマの場合，彼らの用いる「ジャーゴン」（隠語）を聞き取り，臨機応変に対応するのは容易なことではない。一方で，調査者の「思い込み」を払拭するようなユニークなデータを収集できる可能性も高い。

　次に，インタビュー・データの記録についてである。基本的には，音声をICレコーダーなどの機器で記録する方法が用いられる。予期せず機器が故障したり，「会話を録音される」ことへの抵抗感から調査対象者に録音を拒否されたりする場合があるなどのデメリットもあるが，調査者にとってはインタビューの様子を正確に記録できるというメリットがある。機器を用いた記録が困難な場合などには，「フィールドノーツ」→用へ会話の内容やインタビューの様子などを記録する。インタビューを行ないながら筆記でノートを取ることは簡単なことではないが，インタビューの場面で感じたことや，インタビューに答える調査対象者の様子などを，リアルタイムで記録できるというメリットもある。もちろん，機器への録音と併用することも可能である。ちなみに，機器への録音は，インタビューを行なう前に，調査対象者に録音の許可を取るのが鉄則である。

　最後に，調査対象者との関係についてである。インタビューの場面では，調査者と調査対象者が直接対面する。インタビューという不慣れな状況に対する調査対象者の緊張を緩和するためにも，調査対象者と適切なラポール（信頼関係）を築く努力が必要だ。たとえば，調査対象者が，自らが語ろうとする経験を，相手が否定的に捉えていると感じれば，必要なことを話しにくくなる。また，インタビューが加害・被害経験など，他者には知られたくない「心の傷」に及ぶことがあれば，なおさらである。調査者の意図を超えて，インタビュー

の経験が，調査対象者に心的負担を与える可能性はゼロではない。そのことを十分理解したうえで，相手が話しやすい関係作りを心がけることが重要だ。また，調査対象者へのフォローについて明確なルールがあるわけではないが，相手の立場になって，良識をもって対応するのがよいだろう。

インタビューは，簡単なようで難しい。ある個人の経験や思いを深く知ることができるが，そこから何を学ぶのか，また公表にあたって調査対象者の不利益にならないためにはどのような注意が必要かを常に考え続けなければならない。たとえば，個人の語り（ライフストーリー）や体験をめぐるさまざまな資料から，生活史^用（ライフヒストリー）を多角的に検討する方法がある。非行少年（スタンレー少年）の生活史を詳細に描いた『ジャック・ローラー』（Shaw［1930］1966=1998）は，その醍醐味を存分に感じられる質的調査の代表作である。しかし，彼の生活史を公にするということは，彼が「非行少年だった過去」を背負い続けながら，その後の人生を送るということでもある。犯罪や非行に関与した人々に対する「世間のまなざしの厳しさ」を考えれば，それがスタンレー少年の人生にある程度の「影」を落としただろうことは容易に想像できる。インタビューは，決して「手軽な方法」などではない。収集したデータ，調査対象者の心情や立場など，あらゆる事柄への「感受性」（Merriam 1997=2004: 30）が，調査者の側に必要とされるのである。

■集団のメンバーになって観察したい

特定の集団に自ら参与して，その集団の内部を観察したい。その場合には「参与観察」という方法がある。参与観察は，特定のフィールドに参与し，そのフィールドのメンバーとともに活動・生活をしながら，彼らの態度や価値を「観察」する。観察した内容は，フィールドノーツなどへ記録し，それをデータとして使用する。犯罪や非行をテーマとしたものでは，『ストリート・コーナー・ソサエティ』（Whyte［1943］1993=2000），『ハマータウンの野郎ども』（Willis 1977=1996）などが代表的である。

この方法において注意すべきは，観察者の位置づけである。観察者の位置づけには，「完全なる参加者（調査者が観察対象のグループのメンバーとなる）から観客にいたるまでの範囲がある」（Merriam 1997=2004: 146）。つまり，観察者があるフィールドに参与する方法として，①調査者であることを秘匿してフィール

表2-1　フィールドに参与する方法

		活動への参加	
		する	しない
調査者としての	しない	①	④
立場の開示	する	②	③

ドの一員となる，②調査者であることを開示しながらもフィールドの一員とし
ての活動を優先する，③同じく調査者であることを開示し調査者としての情報
収集活動を優先する，④マジックミラー越しの観察など調査者としての情報収
集に徹する，という4つの立場がありうる，というのである（表2-1）。

　どの立場から観察するかによって，得られるデータの種類は異なる。たとえ
ば，調査者であることを秘匿してフィールドの一員となった場合，そのフィー
ルドに関するコアな情報に接する機会は得られるが，その情報を公表すること
は難しい。また，スパイ活動のような参与のあり方自体が，倫理的問題に発展
する危険性がある。そのため，調査者であることを事前に開示し，フィールド
の活動を優先するか，情報収集を優先するかの，いずれかをとることが多いだ
ろう。その際には，フィールドの活動や生活への影響を考慮し，データの公表
にあたってのルールを事前に取り決めておくとよい。

　また，せっかくフィールドに参与しても，ただやみくもに「観察すればよ
い」というわけではない。何をみるか，何を記録するのか。観察して記録した
内容は，観察者自身の主観や力量に左右されることを常に念頭に置いておくべ
きだ。そのため，事前に，そのフィールドに関する資料や，インタビュー・
データなどを参照し，観察のポイントを定めておくとよいだろう。

　このように，多角的にデータを収集することによって，エスノグラフィック
な記述が可能となる。エスノグラフィーは「人間の社会と文化を研究するうえ
で用いる質的調査法のひとつ」（Merriam 1997=2004: 18）であり，フィールド
ワーク（参与観察，インタビュー，生活史の検証など）に基づき記述されるもので
ある。具体例としては，『暴走族のエスノグラフィー』（佐藤 1984）などを参考
とするのがよいだろう。

4 ドキュメント分析

ドキュメント分析とは，さまざまな「記録」（ドキュメント）を用いて，特定のカテゴリーの変遷や，言説の歴史的変遷を明らかにするものである。分析は，公的なものとしては，新聞や雑誌の記事，会議録（国会，都道府県・市町村議会）など，個人的なものとしては，手記や日記，手紙などが対象となる。新聞記事については，図書館に各新聞社の縮刷版があるし，コンピューターで記事を検索することもできる。また，会議録についてはインターネットで公開されているものもある（国会会議録検索システム）。また，雑誌記事を対象とする場合は，国立国会図書館や大宅壮一文庫^用などの専門図書館を利用するとよいだろう。国立国会図書館のオンラインサービスを活用すれば，多くの資料を収集することが可能である。ただし，複写が有料である場合もあるので注意が必要だ。分析例としては，第5章を参照するとよい（各ウェブサイトのURLは巻末のリストを参照）。

5 調査倫理

「過去のネガティブな経験を他人に知られたくない」「思い出したくない」「触れられたくない」。犯罪や非行に限ったことではないが，過去の経験や考え方について，他人に根掘り葉掘り調査される経験というのは，時として調査対象者に「不快な思い」を生じさせる。それが，犯罪や非行への関与に関わる内容であれば，なおさらである。だからこそ，犯罪・非行に関する調査を始める前に，調査倫理について理解を深めておく必要がある。

では，その「倫理」とは何か。理解のための手がかりとして，「日本社会学会倫理綱領」「日本社会学会倫理綱領にもとづく研究指針」を参考とするのがよいだろう（URLは巻末のリストを参照）。「日本社会学会倫理綱領」〔策定の趣旨と目的〕に，「社会学の研究は，人間や社会集団を対象にしており，対象者の人権を最大限尊重し，社会的影響について配慮すべきもの」とあるように，

調査研究の手続きの妥当性，対象者のプライバシーの保護，人権の尊重，研究成果の公表などについて，量的調査・質的調査ともに，配慮すべき事項が挙げられている。ここでは，調査に関するいくつかの事柄について紹介したい。

　まずは，アカウンタビリティ（説明責任）についてである。原則として，調査を行なう前に，調査の目的や趣旨を，調査対象に適切に説明するべきである。調査研究の目的を隠したり，偽ったりして対象から情報を引き出そうとしてはならないし，音声や場面の「隠し録り」を行なうなどは，もってのほかである。調査対象者には，調査研究の目的を理解したうえで，調査へ協力するか，調査への協力を拒否するかを自由に選択する権利がある。そのことを調査者は十分理解したうえで，文書あるいは口頭で，調査対象に丁寧な説明をするとよいだろう。とくに，量的調査においては，直接回答者本人に口頭で説明できないことがあるので，調査の趣旨などについて理解を得るような文書を作成するなどの工夫が必要である。

　次に，調査対象者のプライバシー保護についてである。調査の過程・結果が，個人の人権を著しく侵害する，あるいは名誉を毀損するものではないか，個人情報の保護が十分であるかについて配慮しなければならない。たとえば，調査対象者に関する情報を記述する場合，年齢は「10代，20代，30代……」などの年代ごとに，出身地は「東北，関東，関西，中部……」などの地域名ごとに表記するなどの工夫が必要である。調査対象者の氏名は，アルファベット（"Aさん"など）で記載するか，仮名を用いるかが原則で，無許可で氏名をそのまま開示するなどは論外である。また，それらデータの管理方法についても文書に記しておくことが望ましい。

　最後に，研究成果の公表についてである。すでに述べてきたように，調査対象が不利益を被ることがないよう，研究成果の公表には慎重でなければならない。調査研究の趣旨説明を行なう際，収集したデータの取扱いや公表方法，手続きに関して一定のルールを定めて，文書化しておくのがよいだろう。また，場合によっては，調査協力への同意を示したものとして「同意書」を取り交わしておくのもよいだろう。その際，それらのルールや同意書が調査者側の利益を保障するものではなく，調査対象者側の権利を保障するものであるかどうかに注意を払う必要がある。たとえば，調査対象の都合で調査への参加を中断できる権利を保障する，公表の可否を判断するにあたっては調査対象の意向を考

慮する，などである。

　2005 年に施行された個人情報保護法に対する社会的関心の高まりを背景に，調査研究における倫理問題をめぐる議論も活発化している（先端社会研究編集委員会編 2007 など）。ここで紹介した事柄以外にも，量的調査・質的調査の実施において検討すべき倫理は多岐にわたり，今後も活発な議論が必要である。

6　調査に臨む前に

　以上，犯罪や非行に接近するひとつの方法として，「調査方法」という点から説明してきた。ただし，ここで説明したことは，あくまでもその断片にすぎない。自分で調査を企画する場合には，調査法に関するテキストを，少なくとも数冊は読み比べてみるのがよいだろう。

　最後に，調査の実施にあたっては，調査者の側にも少なからず心的負担がともなうことを覚悟しておくべきだ。たとえば，質的方法の場合，他者の被害・加害経験だけではなく，そこに至るまでのライフストーリーを聞いて，ショックを受けることもあるだろう。また，フィールドワーク中に調査対象者が激高したり，泣き出したりする場面に遭遇するかもしれない。量的方法の場合，導き出した結果が「何らかの差別を助長する」として公表を断念せざるをえないことがあるかもしれない。それらの事態に，「うまく対処する」のは容易なことではないが，そうした心的負担が生じることを念頭において調査の実施を検討するのがよいだろう。

考えてみよう！　　　　　　　　Thinking and Discussion

　犯罪・非行というテーマにおける，量的方法と質的方法のメリットとデメリットについて整理しよう。とくに，それぞれの方法が「どのような点を明らかにするのに適しているか」に着目してみよう。

　関心のあるテーマについて問いを立て，実際に研究計画書を書いてみよう。どのような調査方法が適切かを考え，量的調査の場合は調査票を，質的調査の場合はインタビュー項目を作成し，実際に回答してもらおう。

▶佐藤郁哉『フィールドワーク──書を持って街へ出よう〔増訂版〕』新曜社，2006 年。

　フィールドワークの基本について書かれた入門書。フィールドワークの論理についても丁寧に説明されているが，本章で紹介した参与観察やインタビューの詳細や，収集したデータの整理方法，使用する機材に関する詳しい説明などもなされている。質的調査を始める前に，まず読んでおきたい一冊である。

▶須藤康介／古市憲寿／本田由紀『文系でもわかる統計分析〔新版〕』朝日新聞出版，2018 年。

　量的調査に関する基本的な事項や，考え方について学びたい人におすすめしたい。対話形式でわかりやすく，統計入門者の素朴な疑問に配慮した一冊である。統計ソフト SPSS の操作法が図解されているのも本書の特徴である。

▶高根正昭『創造の方法学』講談社現代新書，1979 年。

　方法論に関する入門書で，アメリカで調査研究を行なってきた著者の経験などもふまえて書かれている。パンチカードについて説明されている箇所など，出版年の古さを感じさせる箇所はあるが，「研究するとはどういうことなのか」という基本的な，しかし最も重要な点を考えるヒントとなる良書である。

▶井上理津子『さいごの色街　飛田』筑摩書房，2011 年

　「調査をする」とはどういうことなのか。その本質を問うときに，さまざまな示唆を与えてくれる一冊である。対象とするテーマによっては，「調査をする」という行為は，必ずしも歓迎されるものとはならない。協力的な人に出会ったかと思えば，調査者の存在自体に疑問を呈する人に出会うこともある。犯罪・非行というテーマは，本書と同様に，そうした側面を強くもつ。だからこそ，さまざまな「声」を真摯に受け止め，フィールドに入る目的や意義，調査をするという行為について，常に自らに問い続けることが必要だ。約 10 年間，彼らの「声」を聞き続けた著者の言葉には重みがある。

「ナラティヴ」は，直訳すれば「物語」あるいは「語り」という意味だが，概念的には「『語る』という行為」と「『語られたもの』という行為の産物」の両方を含む。この「ナラティヴ（語り，物語）という概念を手がかりにしてなんらかの現象に迫る方法」のことを，広義に「ナラティヴ・アプローチ」（野口編 2009: 2）と呼び，ナラティヴ・セラピーや NBM（narrative-based medicine，物語に基づく医療）などもこれに含まれる。心理，福祉，看護，医療などの臨床場面においては，実践に活用できる「ナラティヴ・セラピー」のアイデア（たとえば「外在化」や「無知の姿勢」「リフレクティング・チーム」など）が注目されるが，社会学においては，「研究の視点」としてのユニークさも注目されている。

たとえば，「ナラティヴの分析」といった場合，ナラティヴの内部構造に関する分析（構造分析）とナラティヴという形式が果たす機能に関する分析（機能分析）の2つを指すが，ナラティヴ・アプローチの場合，この機能分析を含むことが重要な要件となる。つまり，アプローチの目的は，ナラティヴの分析それ自体にあるのではなく，「ナラティヴという形式がなんらかの現象に対してどのような機能を果たしているか」（野口編 2009: 20）という，ナラティヴと現象の関係を焦点化することにあるというわけだ。

この視点からのユニークな解釈例として，精神障害者のコミュニティである，浦河べてるの家の「当事者研究」がある。当事者研究は，「自分自身で，共に」をスローガンに，当事者自身が自らの「問題」を「研究」し，その成果をミーティングなどの場で披露するものだ。ミーティングでは，自らの幻聴や妄想に名前をつけ，幻聴や妄想によって引き起こされた出来事を，仲間たちと共にオープンに語る（浦河べてるの家 2005）。自らの経験の語りから，「問題」を取り出し「名前」をつける。この「名付けによる外在化」（野口 2002）は，自らが絡めとられたナラティヴの構造を知る営みでもあり，それによって再構築された"共に問題に対峙する「仲間」"としての当事者と専門家の関係は，ナラティヴという形式が果たした機能を，私たちに考えさせる。

私たちは「物語」という形式で何かを語り，記述する。その営みに着目する「ナラティヴ・アプローチ」は，実践的にも研究方法としても，まだまだ多くの可能性に開かれている。

Chapter 03

第3章

犯罪・非行の公式統計
犯罪統計の読み解き方

🔍 KEY WORDS	▶暗数 ▶認知件数 ▶検挙件数 ▶検挙人員 ▶刑法犯

　上の写真は，小便小僧である。このユニークな彫像は，ベルギーのブリュッセル市に建てられたものが起源とされている。日本でもこれを模した像が各地にあるから，どこかで見かけた人も多いのではないだろうか。

　ここで考えてみたいのは，小便小僧の像が公共空間に置かれていることの意味である。日本の法律では立ち小便は犯罪である。にもかかわらず，私たちは，時として立ち小便を目撃するし，とりわけ幼い男の子がそのような行為をしているからといって，彼をとがめるようなことはほとんどしないであろう。立ち小便は，法律上は犯罪であるが，現実には犯罪とはみなされにくい行為である。だからこそ，小便小僧の像が公衆の集まる場所に置かれていても，「犯罪行為を助長するので，けしからん」という声は上がらないのである。

　数えられることのない犯罪が，世の中には山ほどある。では，犯罪を測っているはずの統計を，私たちはどのように扱えばよいのだろうか。

1 犯罪統計とは

　社会学的なアプローチをとるにせよ，その他のアプローチをとるにせよ，犯罪・非行についての学術研究を進めるにあたって，その現状とこれまでの推移を的確に認識しておくことは，必要不可欠である。

　もちろん，犯罪・非行に携わる実務家にとっても，適切な現状把握は必須であろう。諸外国と比較したとき，日本の犯罪情勢はよいのだろうか，それとも悪いのだろうか。少年による非行は，30 年前に比べて多くなったのか，あるいは少なくなったのか。最近の犯罪は凶悪化しているとワイドショーのコメンテーターが話していたが，それは本当なのだろうか。話を先取りしていえば，これらの疑問の少なくとも一部については，実は 100％正しい解を示すのは難しい。それでも，一定の留意事項をふまえれば，ある程度確からしい答えを提示することはできる。本章では，その答えを示すのに必要な統計の読み解き方について論じる。

　犯罪・非行の実状を知るために，まず参照すべきなのは，公式統計である。公式統計とは，行政機関や裁判所等の官公庁が，定期的に刊行し公開している統計資料のことであり，官庁統計と呼ばれることもある。たとえば，国勢調査は代表的な公式統計である。

　官公庁には，業務の遂行にともなって多くのデータが記録，蓄積されている。犯罪・非行に関わる警察庁，法務省，裁判所などの官公庁についても，それはあてはまる。これらの公的機関は，公式統計として一般に公開されている資料以外にも，犯罪・非行に関する膨大なデータを保持しているのである。通常非公開とされているこの種のデータを用いた研究の大部分は，日本では官庁附属の研究機関（たとえば警察庁の科学警察研究所，法務省の法務総合研究所）で行なわれている。近年，一部で改善の動きがみられるものの，総じていえば，谷岡（2008: 3）が述べるように，犯罪・非行の公式統計の基盤をなす基礎的データには，「学者といえどアクセスできないのが実状」である。

　次に，犯罪統計という用語について触れておこう。犯罪統計の意味には大別して 2 つあるので，注意が必要である。ひとつは，犯罪・非行に関する各種の

公式統計という意味である。もうひとつは，それらの各種公式統計も含めて，犯罪について何らかの量的方法で測定されたデータという意味である。公式統計を用いずに犯罪を測定する方法としては，**犯罪被害調査**（第12章参照）と**自己申告調査**（**Column 3**参照）が重要である。以下本章では，犯罪統計という語を，前者すなわち「犯罪・非行に関する各種の公式統計」という意味で使用することとにする。

2　犯罪統計の種類

　犯罪統計には，多くの種類がある。犯罪は，通常の場合まず警察で把握され，当該ケースに関する情報は，警察，検察，裁判所，矯正担当官署，保護担当官署というように，刑事司法のプロセス（第4章参照）に沿って流れていく。犯罪統計は，一般にこれらの官公庁ごとに作成されており，それぞれ警察統計，検察統計，司法統計，矯正統計，保護統計と呼ばれている。たとえば，成人が何らかの事件を起こしたとしても，そのケースが結果的に刑事裁判にまで至らなければ，司法統計には計上されようがない。また，裁判の結果，無罪判決が下された場合は，そのケースは矯正統計には登場しない。犯罪統計を適切に解釈するためには，刑事司法のプロセス全体への理解が欠かせない。

　法務省の法務総合研究所から毎年刊行されている『犯罪白書』は，上述の各官公庁の最新の犯罪統計をもとに，主要なデータのみを抽出して編集された書物である。また『犯罪白書』では，年ごとに異なるテーマで特集が組まれており，たとえば2018年には「進む高齢化と犯罪」などが扱われている。ゆえに『犯罪白書』を通覧することで，時々の法務当局が，犯罪・非行問題のどこに注目しているかをうかがい知ることができる。掲載される統計の多くに解釈や考察が付されているのも特徴である。その意味では，その年々の犯罪・非行の情勢を，法務当局がどのように見立てているかを示すドキュメントとしてとらえることもできる。同様の性格を持っている警察庁発行の『警察白書』とともに，インターネットで閲覧することもできる。

　人口動態統計についても，簡単に触れておこう。厚生労働省がとりまとめているこの統計のなかには，死因に関する詳細なデータが含まれている。殺人や

傷害致死など，被害者が死に至った犯罪の情報は，実はこの統計からもわかるのである。死因の統計は，医師による死因の特定という比較的客観性の高い基準に基づいて作成されており，信頼性の高い犯罪統計として用いることができる。

以上の犯罪統計のうち，警察統計については次節で述べるが，その他の統計の詳しい説明は割愛する。各刊行物（たとえば検察統計なら『検察統計年報』）を当たれば，具体的にどのような統計がとられているのかを確認することができる。近年は，各官公庁のウェブサイトでの公開も進んでいる（URLは巻末のリストを参照）。

3 　警察統計の主な用語と暗数

警察統計は，もっともよく知られている犯罪統計である。警察統計はさまざまな形態で公開されているが，なかでも『○○年の犯罪』（『犯罪統計書』という別称もある）という年次刊行物が，もっとも情報量が多く有用だ。先述の『犯罪白書』において示される警察統計のデータソースの多くは，この刊行物である。近年のものは，警察庁のウェブサイトで公開されている。

ここで，警察統計を読むうえで最低限知っておくべき用語について，触れておきたい。

まず，刑法犯と特別法犯の区別がある。いくつかの例外はあるものの，前者は刑法に規定された犯罪，後者はそれ以外の犯罪と考えておけばよい。日本では薬物犯罪は特別法犯に分類されている。地方公共団体が定める条例に違反した罪も，特別法犯として計上されている。なお，道路上の交通事故にともなう死傷行為は，2014年に刑法から分離されることとなったが，それまでは長らく刑法上の犯罪であった。しかし，警察では以前から，これを除いたものを刑法犯として集計し，公表している。

警察統計の主要な統計値は，認知件数，検挙件数，検挙人員の3つである。それぞれ，警察が犯罪を認知した（事件の発生を把握した）件数，このうち被疑者を検挙した（被疑者を特定し，検察への送致などに必要な捜査を遂げた）件数，そのときに検挙された人数を指す。検挙率とは，ある1年間の認知件数に占める検

図3-1 犯罪の発生から警察による犯罪の認知・暗数の発生に至るまでの流れ

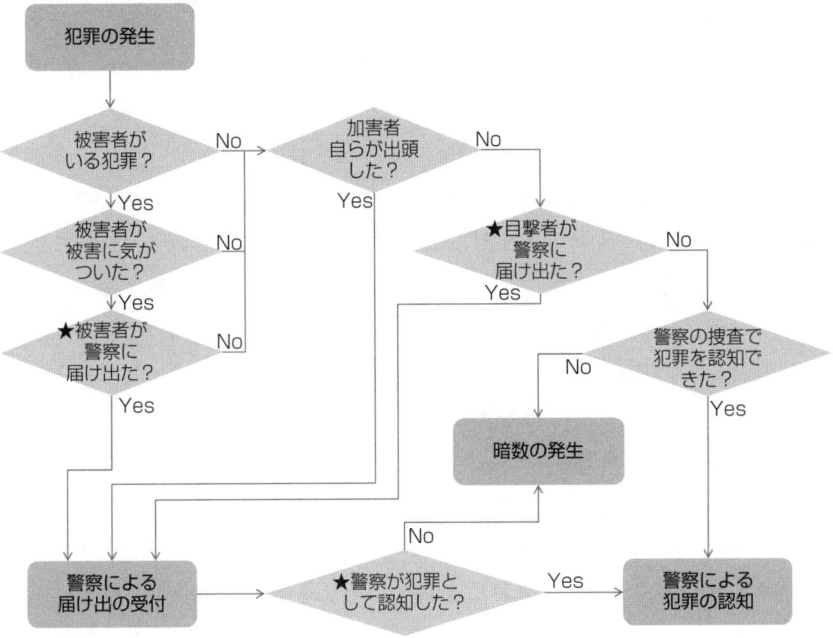

挙件数の割合を百分率で示したものである。

　重要なのは，認知件数＝犯罪発生件数と考えるのは誤りであるという点である。世の中には，警察などの捜査機関に知られることのない犯罪があるからだ。このように，発生したのに捜査機関に認知されない（したがって認知件数に計上されない）犯罪のことを，暗数と呼ぶ。

　図3-1は，犯罪の発生をスタート地点として，最終的に警察により犯罪の認知がなされるか，暗数となるまでのプロセスを，フローチャートにしたものである。被害者が被害に気がつかなかったり，警察に届け出なかったりすれば，その犯罪が暗数になる可能性は高くなる。立ち小便を目撃したからといって，軽犯罪法違反として通報する人など，まずいない。一般に暗数は，軽微な犯罪ほど多いといえる。また，被害者，目撃者，あるいは罪を犯した本人自らが警察に届け出たとしても，そのすべてが警察に認知され，認知件数としてカウントされるとは限らない。これについては後で触れる。

　ところで，この図には記されていないが，暗数の問題を考えるうえで，余罪

捜査は決定的に重要な意味を持っている。スリや空き巣などの一部の犯罪では，ひとりの犯罪者が犯罪を数十回繰り返すことも，珍しくない。そのような者がひとたび警察に捕まった場合，警察が余罪を掘り起こすことができれば，認知件数は増え，暗数は減る。

　元警察庁刑事局長の中門（2013: 165）は，「被害届の出されていない事件」などに「捜査労力をかけるよりは新たに発生する事件に備えることや，他の重要事件の捜査に労力をかける方が望ましいといえるかもしれない」としており，また「余罪捜査を徹底すれば余罪で検挙件数を稼ごうという件数主義の弊害が生じる懸念」があるとも述べている。余罪の追及により認知件数が増加する場合，被疑者は特定されているのだから，同時に検挙件数も増加することになる。これを積み重ねることで，検挙率は向上することになる。

　これに関連して，**不送致余罪**の扱いにも留意が必要である。不送致余罪とは，余罪事件のうち，一定の捜査はしたものの検察には送致しないケースのことであり，警察統計では検挙件数にカウントされている。2005 年 3 月 10 日の参議院法務委員会の議事録によれば，2003 年中の「不送致余罪事件に係る検挙件数」は 21 万件余りで，これは同年の窃盗犯の検挙件数の半数近くにあたる。このような運用の是非には，ここでは触れない。ただ，刑事訴訟法の規定に忠実にそって「全部徹底的に」捜査を遂げることは「必ずしも合理的でない」（同議事録）という発想が，警察にあるのは確かであろう。警察は，限られた人的・金銭的資源を用いて，社会からの治安維持の要請に応える必要がある。そのような制約のもとで警察が採用している種々の運用方針の影響を，警察統計が示す値は少なからず受けていると考えるのが自然であろう。

4 警察統計で見る刑法犯の動向と現状

　図 3-2 は，刑法犯の認知件数と検挙人員が，戦後どのように推移してきたかを示したグラフである。ここから認知件数のピークが 2002 年にあることがわかる。このグラフを予備知識なしに見せられれば誰でも，1990 年代末から2000 年代にかけての数年間で，日本の犯罪情勢は急激に悪化したと解釈することだろう。

図3-2　刑法犯認知件数・検挙人員の推移

（注）　1955年以前は，14歳未満の少年による触法行為を含む。1965年以前は，刑法犯に業務上（重）過失致死傷は含まない。2002～2014年は刑法犯に危険運転致死傷を含む。

（出所）　法務省法務総合研究所編（2019）を元に作成。

　しかし，そのような解釈をとっている研究者は，少数派である。犯罪情勢の変化は，戦争などの波乱要因がなければ，少しずつあらわれるものであり（河合2004），数年という短い期間で，ここまで急激に情勢が悪化することは，考えにくいからである。

　ではこの統計値の変化は，どのように解釈すべきなのだろうか。ここでは，有力な見解として，浜井（2004）の考え方を紹介しておこう。彼は，暴行・傷害の認知件数が，2000年に突如不自然に急増した理由を，警察の活動方針の変化と市民による被害の届け出の増加で説明している。

　前者を裏付ける傍証のひとつは，警察庁が2000年3月に全国の警察に出した「被害の未然防止活動の徹底」に関する通達である。これは前年10月に発生した，いわゆる「桶川ストーカー殺人事件」などをきっかけに，被害者への警察の対応が社会的な批判にさらされたことを受けたものである。市民による被害の届け出の増加については，図3-3に示した警察の相談取扱件数の推移から，明らかである。当時の警察庁幹部も，積極的な警察への届出が認知件数の増加につながっているとの見解を示していたと，浜井は指摘している。

　要するに，図3-1の★印を付けた分岐点で，従来であればNoに進んでいたケースが，Yesに進むようになったことが，1990年代末以降の認知件数の大幅な上昇をもたらしたのである。

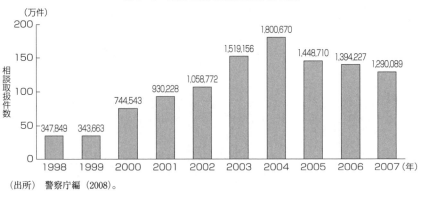

図3-3　警察における相談取扱件数の推移

(出所)　警察庁編（2008）。

5　犯罪統計の活用可能性

　それでは，暗数の問題があるから，犯罪統計は使いものにならないと考えるべきなのだろうか。筆者の見解は否である。本章の最後に，犯罪統計の活用について，2つの方向性を示しておきたい。

　第一に，殺人のように暗数が少ないと考えられる罪種に着目することで，有意義な社会学的分析は可能である。たとえば，少年犯罪が近年凶悪化していると認識している人は少なくないが，それが事実誤認であることは，検挙人員の統計をみればすぐにわかる（図3-4）。殺人で検挙された14 ～ 19歳の少年は，その年齢層の人口1000人当たり0.01人を切っており，このような状況は，1970年代以降安定的に続いている。

　図3-5は，生まれ年別に，殺人を犯して検挙される者が各年齢層でどのくらいいるかを示したものである。ここから，20代まで広げて考えた場合でも，1950年代半ば以降に生まれた世代は，それ以前の世代と比べて，圧倒的に人を殺さなくなっていることがわかるだろう。

　第二に，暗数の増減を左右する要素を十分に考慮し，また，犯罪被害調査（第12章参照）などの別種のデータと照らし合わせることによって，犯罪統計は，犯罪に対する社会的な統制のあり方を知るための，貴重な素材となる。た

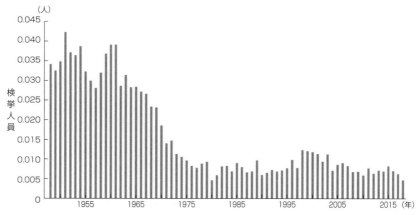

図3-4　殺人で検挙された少年の数

(14 〜 19 歳人口 1,000 人当たり)

(出所)　警察庁『犯罪統計書』各年版，総務省の人口統計を元に作成。

図3-5　生年別，殺人で検挙された者の数（人口 1,000 人当たり）の推移

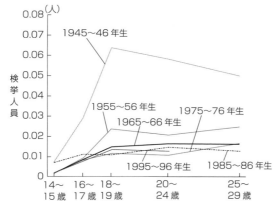

(出所)　警察庁『犯罪統計書』各年版，総務省の人口統計を元に作成。

とえば，店舗の保安担当者などへの聞き取り調査をふまえて，万引きに関する非行統計の推移を解釈した高原（2001）は，暗数の増減のメカニズムを示した好例である。

　また，1990 年代後半以降に，少年院や少年鑑別所の収容者が増加した要因を探った近藤（2010）も，示唆に富んでいる。それによれば，この時期，検挙人員の動きと連動しない形で，収容者の増加がみられた主因は，警察が身柄付送

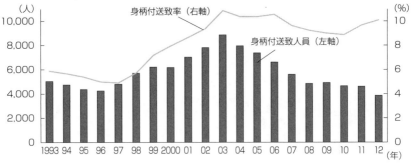

図3-6 窃盗で検挙された少年の身柄付送致人員・身柄付送致率の推移

（出所）警察庁『犯罪統計書』各年版を元に作成。

致（逮捕後に身体を拘束した状態で事件を検察官に送致すること）を増やしたことにあるという。図3-6のとおり窃盗だけで比較しても，この時期の身柄付送致率は，たしかに顕著な増加をみせている。そして，警察が少年事件の捜査の強化を図ったのは，まさにこの時期だったのである。

　近年日本でも，多くの犯罪統計がインターネットで公開されるようになった。また，先述の『犯罪白書』の市販されている冊子版には，付録の CD-ROM がセットされており，この中には Excel ファイルで，詳細なデータが収められている。Book Guide に掲げた文献を参照しつつ，表計算ソフトなどを使って，ぜひ自らの手で犯罪・非行の統計分析に挑戦してほしい。公表された犯罪統計の数値を，無批判に眺めているだけではわからないことが，きっとみつかるはずである。

考えてみよう！　　　　　　　　　　　*Thinking and Discussion*

🔍 本章で挙げたもの以外に，認知件数を左右する要素がないか考えてみよう。窃盗，傷害など，想定する犯罪の種類を変えて考えてみるのもよいだろう。なかなか思いつかない場合は，警察官の立場，あるいは，窃盗などの犯罪の被害を受けた立場を想像してみよう。

🔍 犯罪統計を用いたニュースを探してみよう。犯罪統計の特徴をふまえて，それらのニュースを批判的に論評してみよう。新聞記事のデータベースを使える環境なら，それを利用するのもよいだろう。

最新の『犯罪白書』と20年前の『犯罪白書』を比較し，書かれている内容にみられる共通点と相違点を挙げてみよう。30年前や40年前との比較にもチャレンジしてみよう。

Book Guide

▶浜井浩一編『犯罪統計入門——犯罪を科学する方法〔第2版〕』日本評論社，2013年。

▶浜井浩一編『刑事司法統計入門——日本の犯罪者処遇を読み解く』日本評論社，2010年。

　広義の犯罪統計の入手法や読み解き方について，くわしく解説されている。犯罪・非行について調べてみようと思ったら，最初に手に取るべき文献である。

▶河合幹雄『安全神話崩壊のパラドックス——治安の法社会学』岩波書店，2004年。

　犯罪統計の読み込みを通して日本の犯罪状況を分析し，通説を批判している。欧米との比較考察も行なわれており，文化的背景をふまえた指摘は刺激的である。

▶法務省法務総合研究所編『犯罪白書』1960年〜。

　法務省のウェブサイトで，既刊の内容はすべて閲覧することができる。2013年版以降は，ウェブサイトから「資料編」の詳細なデータをExcelファイルで入手することもできる。

　非行の自己申告調査とは，質問紙を用いて，非行経験を少年本人に直接尋ねる調査のことである。非行の程度を測定すると同時に，その少年の生活環境や行動，態度などについても尋ねることができるため，仮説検証型の非行研究にきわめて親和性が高い。ハーシ（T. Hirschi）により確立されて以降，実証的犯罪研究において，自己申告調査はなくてはならないものとして定着している。なお，成人を対象とする自己申告調査もできないことはないが，実際に実施されることは少ない。

　欧米の非行研究では，自己申告調査がなされる際，標準化された自己申告非行尺度が用いられることが多い。たとえば，アメリカの全国青少年調査（National Youth Survey）で得られたデータに基づいてエリオット（D. S. Elliott）らが作成した尺度は，十分な信頼性と妥当性を有することが確認されており（Elliott et al. 1985），1980 年代後半以降，今日に至るまでしばしば用いられている。ちなみに，信頼性とは測定対象を安定的に測定できているかどうか，妥当性とは測定したいものを適切に測定できているかどうかの指標である。

　また近年，項目反応理論と呼ばれる統計学の手法を用いることで，自己申告非行尺度の妥当性に関する研究が，大きく進展してきた。従来の尺度は，各項目（たとえば盗み，暴力……）の自己申告の回答を，単純に加算して尺度得点とすることが多かったが，それでは非行の重大性（悪質性）の差異が無視されてしまう。項目反応理論の考え方を応用すると，あまりなされることのない非行を重大な非行とみなし，その重大性に応じた適切な重みを付けて尺度得点を算出することができるため，結果としてより妥当性の高い自己申告非行の測定が可能になるのである。

　日本の非行研究において，自己申告非行尺度の信頼性や妥当性はあまり重視されておらず，これに関する研究は，岡邊（2013）などごく一部に留まっている。しかし，測定は社会科学を含むすべての科学の基礎である。測定法に少しでも疑義が生じれば，得られた結果にも疑問符が付けられてしまう。信頼性・妥当性を備えた自己申告非行尺度の開発と，それを用いた調査研究の進展が強く求められている。

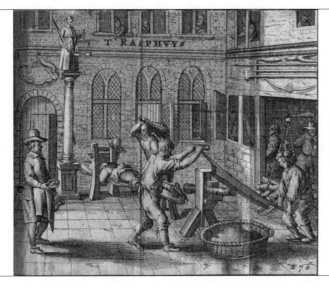

第4章

罪を犯した人の処遇
刑事司法のしくみと今日的課題

🔍 KEY WORDS	▶刑罰　▶処分　▶刑事司法　▶少年法　▶施設内処遇
	▶社会内処遇　▶更生保護

　上の絵は，アムステルダム懲治場を描いたものである。近代の自由刑（懲役刑や禁錮刑など）の起源は，イギリスのブライドウェル懲治場であるという説と，オランダのアムステルダム懲治場であるとする説がある。ブライドウェル懲治場はほどなくして閉鎖されたが，アムステルダム懲治場の運用方法は，17,18世紀にヨーロッパ各地へと拡がっていく。この懲治場では，親の希望で懲戒に付された子どもや物乞い，浮浪者や売春婦などが収容され，そのほかにも多くの犯罪者が収容されていた。これらは，改善可能な若い売春婦や窃盗犯などを死刑から守るために設立されたとされている。

　懲治場では，重労働の強制がなされ，それが真面目な労働者になるための効果的な改善・教育であると考えられていた。それがなされた背景には，労働と成功は，神に選ばれし者であるとするカルヴァン派の思想と資本主義の発展があった

と指摘される（石塚 2011）。

　アムステルダム懲治場の門には，労働の聖人ポナス（St. Ponus）と糸紡ぎの聖人ラスピニアス（St. Raspinius）が描かれており，その扉には，「私の手段は厳しいけれど，私の心は愛に満ちている」と刻み込まれている。

1　刑罰と処分

■犯罪と刑罰の関係

　本章では，まず「犯罪」について法学的な観点から定義をすることからはじめたい。犯罪とは，人間の行為が外部の世界に対して働きかけることによって引き起こされた社会的害悪事象であるといわれる（藤木 1971）。世の中には逸脱行為とされる反社会的な行動や反道徳的な行動が多数あるが，それらがすべて「犯罪」になるわけではない。たとえば，友達のことを無視することや，何人もの異性と同時にお付き合いすることは，倫理的には非難されることもあるかもしれないが，法律的には「犯罪」ではない。

　では，まずどのような「行為」がここでいう「犯罪」となるのであろうか。少し難しい表現でまとめると「構成要件に該当する違法かつ有責な行為」，これが「犯罪」であり，この「犯罪」にのみ「刑罰」が科されることとなる。さらに，「構成要件」「違法（違法性）」および「有責（有責性）」に分けて考えてみることにする。

　「**構成要件**」とは，犯罪としての外枠を備えているかどうかということである。つまり，行なわれた行為が刑法典などに記されている犯罪類型に当てはまっているのかどうかである。たとえば，先の「友達を無視すること」は，刑法典の何条を見ても「友達の無視罪」というのは存在しない。したがって，「犯罪」としての「構成要件」を満たしておらず，そのような行為は犯罪行為とはならないことになる。

　つぎに，「**違法（違法性）**」とは，質的または量的に法益侵害があったのかどうかである。たとえば，人の身体を刃物で切ったとする。一見すると傷害罪の構成要件に該当し，「犯罪」になりそうなものであるが，それが医者による手

術であったならばどうであろうか。それら行為が，たとえば適法となる各要件を満たしているのであれば，「違法（違法性）」は問われず，「犯罪」行為ではなくなるのである。

　最後に，「**有責（有責性）**」とは，その行為者を刑法上，非難できるかどうかである。たとえば，人の顔を叩いたとして，暴行罪ないしは傷害罪の構成要件に該当し，正当防衛や正当な業務行為などではないために違法性が認められた行為であっても，3歳児が1歳児を叩いたとしたら，有責性が問われずに「犯罪」行為ではなくなるのである。

　法的には以上の経過を経たものが主に「犯罪」であり，その「犯罪」にのみ「刑罰」が科されることになる。とくに，近代刑法では前もって犯罪と刑罰に関することが明確で適正に規定されていなければならないという罪刑法定主義を採っている。事前に示された「罪」と「罰」の関係を知り，その一線を越えたことなどにより責任が問われ，その「罰」として，財産や自由，さらには生命といったものまでも国家の介入を受けることとなる。

　ここで，つぎに考えなければならないのは，「処分」の問題である。上記の構成要件に該当する違法な行為であったとしても，「有責（有責性）」が問われなければ，犯罪ではないので「刑罰」が科されることはないと説明した。しかし，構成要件に該当する違法な行為で責任が問われない場合であっても，「処分」が課されることがある。たとえば，触法精神障害者（刑罰法令に触れる行為を行なったが刑事責任が問われない精神障害者）に対する処分や少年非行に対する保護処分の問題と，刑罰の問題とは別の視点で考える必要があろう。大きな違いがあるとすれば，その一つは，「刑罰」は過去の行為に対する責任を問うのであるが，「処分」は過去の行為に責任を問うことができないために，将来にわたって，たとえば自傷他害のおそれがあるという未来の結果を回避するために行なわれているという点である。

■非行少年と処分の関係

　20歳未満で刑罰法令に違反した場合または違反する可能性がある行為を行なった場合に，**少年法**は「非行少年」として，刑事司法においてその少年に対し特別な取扱いを行なう。刑法が定める刑事責任能力は，14歳以上と規定されているために，以下のような3つの「少年」に振り分けられることとなる。

すなわち，14歳以上で20歳未満の刑法典等の罪を犯した「犯罪少年」，14歳未満で刑法典等に触れる行為をした「触法少年」，そして，一定の虞犯事由があり，かつ，将来犯罪や刑罰法令に触れる行為をするおそれがある「虞犯少年」である。

　少年法は，これら非行少年が健全に育成していくために国家が再教育を行なうことで，将来に犯罪者にしないことも目的にしているとされる。そのために，少年法は，刑事法としてだけでなく，教育法や福祉法としての役割をも担っているのである。こういった点が過去の犯罪行為に対してのみ刑罰という制裁が科される成人の刑事司法とは異なる点である。つまり，将来の犯罪や虞犯を防ぐという目的もふまえていることから，将来に刑罰法令に触れる行為をするおそれがある虞犯少年へも介入することとなる。少年法は，刑罰よりも少年の健全育成と保護を優先する考え方に立つが，同時に虞犯の場合など直接的な権利侵害が存在しないにもかかわらず，国家が介入を行なうことも許容しているのである。

2　刑事司法システムの概要

警察・検察・裁判所

　図4−1は，司法システム（成人の場合）に関するものである。以下では，この図をもとに適宜少年事件の場合も含めながら警察段階から審判・裁判段階へいたる流れを順番にみていこう。

■警察段階

　犯罪が発生すると警察などの捜査機関が捜査を始める。その目的としては，犯人を特定し，身柄を確保すること，そして証拠を収集することなどにある。捜査の際には，逮捕といわれる行為が行なわれることがある。逮捕とは，犯罪捜査のための被疑者（容疑者）の自由を拘束する短期間の処分のことである。刑事訴訟法では，警察が捜査を行なった場合には，検察官に事件を送致するものとされている。そのため嫌疑が十分な事件は，警察段階で打ち切ることはできない。警察などが検挙した事件は，道路交通法違反の一部（反則金の納付など）や微罪処分（検察官によって事前に指定された軽微な犯罪を司法警察員が検察官

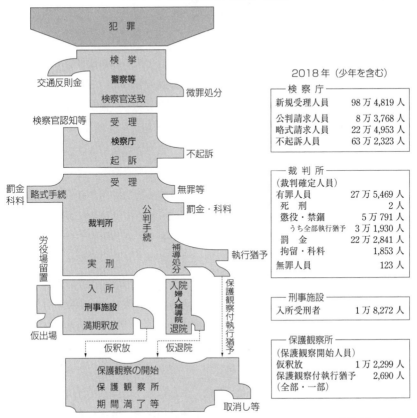

図4-1 刑事司法手続（成人）の流れ

犯罪

検挙
警察等
検察官送致
交通反則金
微罪処分

受理
検察庁
起訴
検察官認知等
不起訴

受理
裁判所
略式手続
公判手続
実刑
補導処分
無罪等
罰金・科料
執行猶予
罰金科料
労役場留置

入所
刑事施設
満期釈放
入院婦人補導院退院
保護観察付執行猶予
仮出場
仮釈放
仮退院

保護観察の開始
保護観察所
期間満了等
取消し等

2018年（少年を含む）

検察庁	
新規受理人員	98万4,819人
公判請求人員	8万3,768人
略式請求人員	22万4,953人
不起訴人員	63万2,323人

裁判所（裁判確定人員）	
有罪人員	27万5,469人
死刑	2人
懲役・禁錮	5万791人
うち全部執行猶予	3万1,930人
罰金	22万2,841人
拘留・科料	1,853人
無罪人員	123人

刑事施設	
入所受刑者	1万8,272人

保護観察所（保護観察開始人員）	
仮釈放	1万2,299人
保護観察付執行猶予（全部・一部）	2,690人

（注） 検察統計年報，矯正統計年報および保護統計年報による。検察庁の人員は，事件単位の延べ人員である。たとえば，1人が2回送致された場合には，2人として計上している。
（出所） 法務省法務総合研究所編（2013: 36）。ただし，数値は，法務省法務総合研究所編（2019: 106）による。

に送致せずにすませる手続）を除き，すべて検察官に送致される。

　非行少年については，警察の捜査・調査活動として犯罪少年による刑事事件の捜査等があり，警察以外の機関も触法少年についての少年法および児童福祉法に基づく措置のための調査，および虞犯少年についての同様の調査を行なう。ただし，少年の刑事司法手続は，保護主義の理念のうえに行なわれる必要から，成人とは異なった過程をたどる。非行少年については，原則として家庭裁判所に全件送致されるべきであるとされる（全件送致主義）。また，少年事件については，少年について専門的な調査システムを有している家庭裁判所が少年の処

遇決定や手続きの選択を行なう。

■ 検 察 段 階

　検察官は，警察官や海上保安官，麻薬取締官などの特別司法警察職員からの送致事件について被疑者を起訴するに足りる証拠が揃っているかを調べる。また，警察などを通さずに直接捜査に乗り出すこともある。検察官は捜査の結果，犯罪の成否や処罰の要否を考慮して起訴または不起訴を決める（起訴便宜主義）。たとえば，警察からの証拠では不十分な場合，自らの捜査でも証拠が揃わない場合などには，嫌疑不十分として不起訴ということになる。

　この不起訴が不当である疑いがある場合，検察審査会が開かれることがある。検察審査会制度は，選挙人名簿から選ばれた11名の市民が不起訴処分の審査を行なう制度で，通常告発・告訴をした者や被害者からの申立てによって審査が開始され，「不起訴相当」「不起訴不当」「起訴相当」のいずれかの議決が行なわれる。この制度は，裁判員裁判が始まるまでは，刑事司法の分野に一般市民が関わる数少ない制度のうちのひとつであって，検察官の公訴権の行使を一般市民がチェックするために導入された制度であった。以前の制度では，審査会の議決に法的拘束力がなかったが，2004年に検察審査会法の改正が行なわれ，状況は一変した。検察審査会が「起訴相当」であると議決をした事件について，検察官がその議決を受けて再捜査した後，さらにもう一度不起訴にし，検察審査会が再度の審議で，再び起訴すべきであるとの決議に至った場合には，裁判所が指定した弁護士により起訴がなされるという制度が導入された。いわゆる強制起訴である。

　なお，このように「不当な不起訴」があった場合に，市民がチェックをするのが検察審査会制度であるが，「不当な起訴」があった場合に，市民がチェックをする制度は日本にはない。運用が形式的なものとの指摘があったとしても，米国には大陪審（起訴陪審ともいわれる）制度があり，起訴・不起訴を市民に問うてから，陪審裁判が開始される。不起訴であったものを起訴にするかどうかの問題よりも，起訴された事件が，本当は不当な起訴であったのではないかという問題の方が，直接具体的に市民に不利益を生じさせる可能性が高い。「不当な起訴」についても市民がチェックできる制度づくりが課題であろう。

■ **裁判段階**（成人の場合）

　刑事事件の第一審は，原則として地方裁判所または簡易裁判所で行なわれる。通常の第一審裁判は，公判廷で裁判を行なう公判手続によって行なわれ，当該事件が有罪であると認定された場合は，生命刑としては死刑（**Column 4** 参照），自由刑（受刑者の自由を奪う刑）としては懲役刑・禁錮刑（有期は原則として1月以上20年以下であり，併合罪などで加重する場合には最長30年まで言いわたすことができる。懲役刑には作業が義務付けられている）および拘留の刑（1日以上30日未満の自由刑），財産刑としては罰金刑（1万円以上の財産刑）および科料の刑（1千円以上1万円未満の財産刑）が言いわたされる。

　また，刑法第25条は，刑の執行猶予を定めている。執行猶予とは，3年以下の懲役もしくは禁錮または50万円以下の罰金を言いわたされた者を対象に，情状により，一定期間，刑の執行を猶予する制度である。この執行猶予の刑事政策的な意義としては，短期でも自由刑を回避することで刑務所などでの悪風感染を防止できることや社会生活から隔離されることで生じる住居や人間関係への弊害を防ぐことができることが挙げられる。さらに，再度の犯罪や違反行為を行なった場合には刑事施設に収容されるという威嚇効果のために再犯を防ぐことができることなどがあると指摘されてきた。しかし，近年では，とくに後者に関しては保護観察（後述）を付した執行猶予が効果的に活用されれば，単なる威嚇効果による再犯防止という意味を超えて，対象者の改善更生のための処遇手段となるという積極的な評価もなされるようになってきた。たしかに，支援を必要としている人に，何かしらの支援が行なえるような制度的基盤づくりは重要なことであるが，刑事司法の枠内で刑事罰を背景に行なう支援が望ましいのかどうかについては依然として問題が残るように思われる。この刑事司法で行なう社会復帰支援の問題については後述する。

　さらに，2015年6月には，懲役刑や禁錮刑の一部を執行した後に残りの刑期を猶予する「刑の一部執行猶予制度」を盛り込んだ改正刑法が施行された。この改正がなされるまでは，裁判所で宣告された刑の全体を猶予する全部猶予か，全体を執行する実刑か，という選択肢しかなかったため，一部執行猶予制度は実刑と全部猶予の中間的な刑罰であると言われる。

　この一部執行猶予制度のもとでは，3年以下の懲役・禁錮の判決において，裁判所が判断し，刑の一部の執行を1年から5年の範囲で猶予することになる。

たとえば，「懲役2年，うち6月を3年間の執行猶予」とする場合に，刑務所を1年6月で出所し，3年間社会のなかで保護観察を受けながら，再犯などの善行保持の条件に違反するようなことがなければ刑務所に収容されることはない。執行猶予が取り消されるという心理的強制を受けながら，自力で更生に努めることになると説明がなされた。

　しかし，対象となる人に対し上記の例でも見られるように本来の懲役刑の期間を超えて影響を与えることになり，長期にわたり監視機能的側面が強化されるといった問題も指摘される。こちらについても，刑事司法で行なう社会復帰支援の問題が生じる（後述）。

　また，法で定められた比較的軽い罪の場合に，本人が事実を争わない事件については，即決裁判手続による裁判を行なうことができ，この手続で懲役または禁錮を言いわたす場合には，刑の執行猶予の言いわたしをしなければならない。この制度は，早期にダイバージョン^{→用}を行なうことを可能にしている。

　最後に，裁判員裁判の対象事件について説明をしておこう。すべての事件が裁判員裁判の対象になるのではない。対象となる事件は，①死刑または無期の懲役もしくは禁錮にあたる罪に係る事件，②法定合議事件（3名の裁判官による合議体で審理・裁判することが法律で定められている事件）のうち，故意の犯罪行為により被害者を死亡させた罪に係る事件である。ただし，裁判員等に危害が加えられるおそれがあり，畏怖して職務の遂行ができない等の要件にあたる場合には，裁判官の合議体で取り扱うことになっている。

　第一審判決に対しては，高等裁判所に控訴（上訴）することができ，控訴審判決に対しては，最高裁判所に上告（上訴）をすることができる。

■ 審判・裁判段階（少年の場合）
　家庭裁判所は，少年事件の送致を受け，または通告や報告により審判に付するべき少年があると判断した場合，事件の調査を行なわなければならず，捜査機関からの事件記録に基づいて非行事実などについて法的な調査を行なうとともに，家庭裁判所調査官に命じて，少年の家庭や学校などの環境について社会調査を行なわせることができる。

　調査の結果，審判に付することができず，または審判に付するのが相当でないと認めるときは，審判不開始決定をして事件を終局させる。

また，家庭裁判所は，少年の保護処分を決定するにあたり，必要があるとき
は，試験観察として，終局処分を一時留保し，少年を家裁調査官の観察に付し，
遵守事項を定めて履行を命じたり，適当な施設や団体に補導を委託したり（補
導委託）することができる。これは，成人にはない制度である。前述の執行猶
予は，判決として刑罰が言いわたされ，それが猶予されていることになるが，
この試験観察は，刑罰を含めて何らかの処分を言いわたすかどうかを留保して，
社会内での行状を見てから判断するというものである。

　調査または審判の結果，家庭裁判所が行なう終局決定には，不処分，保護処
分，検察官送致（逆送）および児童相談所等への送致がある。保護処分は，非
行事実と要保護性の両方が認められる場合になされる決定で，さらに保護処分
としては保護観察，児童自立支援施設等送致，少年院送致の３つがある。

　少年事件では，保護処分を課すことが優先される（保護処分優先主義）。保護
処分ではなく，刑事処分が必要であると家庭裁判所が判断した場合には，事件
を検察官に送致することができる（検察官送致・逆送）。この少年刑事事件（逆
送事件）は，少年の保護事件と対概念にならないとも説明がなされる。その理
由としては，両事件とも家庭裁判所に送致されるまでは同じ保護事件として扱
われており，また検察官に送致された後も，検察官から家庭裁判所への再送致
や刑事裁判所から家庭裁判所への移送があるからであるとも言われる。つまり，
刑事事件と保護事件は相互に転換可能であり，相反するものではないという説
明がなされる。検察官が公判提起し，刑事裁判所で有罪が認定されて初めて刑
罰が科されるにすぎないとする。しかし，そもそも少年法が全件送致主義を採
用していること，家庭裁判所先議主義を採用していることからも逆送し刑事事
件として少年事件を扱うことが少年法の理念に齟齬をきたさないかどうか，考
察をしてみる必要があろう（守山・後藤編 2017）。

　以前は 16 歳に満たない少年に対して逆送することはできなかったが，2000
年の少年法改正により，14 歳以上の者に対する逆送が可能となった。さらに，
16 歳以上の少年が故意の犯罪行為により被害者を死亡させた事件に関与した
場合，事情を考慮して，刑事処分以外の措置が相当と認められない限り，家庭
裁判所は必ず検察官送致の決定を行なうこととなった（原則逆送）。

　少年法第 20 条によると「その罪質及び情状に照らして刑事処分を相当と認
めるとき」に逆送が可能となる。いわゆる刑事処分相当性が問題となる。刑事

処分相当性の判断は，純粋に事件の際の行為自体を重視するのか（行為主義），それともこれを行なった少年の人格を重視するのか（行為者主義）によって異なってくる。行為者主義に立つ論者は，保護処分優先主義を採用し，例外的に保護処分では改善が見込めない場合（保護不能）に限定して検察官送致を認める立場をとる。これに対し，行為主義に立つ論者は，事案の性質，社会感情，被害感情などから保護処分で処理することが困難な場合（保護不能）に検察官送致を認める立場をとる。両立場は対立するのである。

3　矯正施設
矯正処遇の基本的枠組み

■ 旧監獄法と刑事施設被収容者処遇法

　有罪を言いわたした裁判が確定すると検察官の指揮により刑が執行される。懲役，禁錮および拘留は刑事施設において執行される。犯罪および非行に関連し収容施設に収容して処遇をすることを施設内処遇という。収容施設のひとつに刑事施設（刑務所，拘置所など）があり，ここでは懲役・禁錮・拘留といった自由刑の執行のために拘置された者である受刑者，刑事訴訟法の規定により逮捕・拘留された者である未決拘禁者，死刑の言いわたしを受けて拘置された者である死刑確定者などを収容している。

　日本の刑事施設は，1908年に制定された監獄法（以下，「旧法」と記す）のもとで長らく運用されてきた。2006年から2007年にかけて法改正がなされ，刑事収容施設及び被収容者等の処遇に関する法律（以下，刑事施設被収容者処遇法）によって運用されることとなった。この法改正により，刑務所および少年刑務所は，主として懲役，禁錮および拘留の刑に処せられた者の刑の執行のために収容する刑事施設として，拘置所は主として未決拘禁者を収容する刑事施設として規定された。なお，被疑者は，本来なら法務省の管轄である拘置所に身柄を移すべきであるとの指摘もあるが，実際には，警察の留置場に収監（代用監獄）されることが多い。取調べと収監との区別が曖昧になり，捜査を受ける人への負担が大きいと以前から指摘されていた代用監獄は，同法により維持されることが明記されている。

　旧法では，処遇効果の向上などを理由に収容分類級（性別，国籍，刑名，年齢，

刑期，犯罪傾向の進度，心身障害の有無など）と処遇分類級（処遇の重点方針を区別する基準）の組み合わせで受刑者の分類がなされていた。しかし，これら分類制度は，受刑者の改善更生および社会復帰の促進という矯正処遇目的を達成するうえで，必ずしも有効に機能していない状況にあった。「分類あって処遇なし」という批判が行刑改革会議によってなされていた。そこで，刑事施設被収容者処遇法では，これらの批判に応えるために新しい分類制度を導入している。

　まず，刑の執行開始時に1～2カ月をかけて，受刑者の精神・身体状況，生育歴，犯罪歴，生活環境，職業・教育の適性や志向，将来の生活設計につき，医学・心理学その他の専門知識・技術に基づいて処遇調査を実施し，必要に応じ受刑者の希望を参酌したうえで，その者が刑事施設在所中に達成すべき矯正処遇の目標，すなわち受刑者の処遇指標（旧法でいう分類）を指定し，実施するようになった。

　ところで，刑事施設での処遇をはじめ，罪を犯した人への対応が説明される際に，「受刑者は，多かれ少なかれ規範意識が欠如しており，また，心身が不健康であったり，社会生活に適応するのに必要な知識及び生活態度が備わっていない」との理由で，彼らに「自覚させ」「培わせ」「習得させる」など「……させる」という点を強調するものが見受けられる（名取2005など）。しかし，同法第30条は「受刑者の処遇は，その者の資質及び環境に応じ，その自覚に訴え，改善更生の意欲の喚起及び社会生活に適応する能力の育成を図ることを旨として行うものとする」と規定している。このように，「自覚に訴えること」が求められるので，自主性が尊重されなければならない。当然のことながら，そこには主体的な受刑者像が想定されている。このことが前提となってはじめて，改善更生意欲の喚起および社会生活に適応する能力の育成が図られる。これらをふまえて，刑務作業，改善指導および教科指導を用いた矯正処遇が行なわれなければならない。つまり，刑事施設被収容者処遇法では，処遇の個別化の原則と受刑者の主体性の尊重を示していることが重要であろう。

■矯正処遇プログラム

　受刑者の処遇は，大きく分けて3つの段階に分けることができる（図4-2）。刑の執行開始時にある処遇調査や処遇要領の策定などが行なわれるアセスメントおよびオリエンテーションが行なわれる段階，矯正処遇として作業・改善指

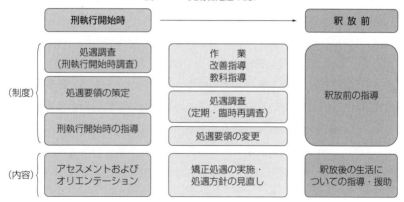

図4-2　受刑者処遇の流れ

（制度）
- 処遇調査（刑執行開始時調査）
- 処遇要領の策定
- 刑執行開始時の指導

- 作　業／改善指導／教科指導
- 処遇調査（定期・臨時再調査）
- 処遇要領の変更

- 釈放前の指導

（内容）
- アセスメントおよびオリエンテーション
- 矯正処遇の実施・処遇方針の見直し
- 釈放後の生活についての指導・援助

刑執行開始時　→　釈放前

（出所）　法務省法務総合研究所編（2012b: 61）より作成。

導・教科指導が行なわれる中間期の段階，そして釈放前の指導が行なわれる釈放前段階である。処遇の中核となるのは，まさに中間期にある矯正処遇である。刑事施設では，受刑者の改善更生の意欲を喚起し，社会生活に適応できる能力を育成するため，矯正処遇が行なわれる。

■作　　業

　作業とは，刑事施設において被収容者に行なわせる労務のことをいう。刑法第12条にいう「所定の作業」は主に刑務作業などであり，懲役刑で収容される人は，義務として作業を行なうことが規定されている。禁錮刑受刑者および拘留受刑者に義務はないが，申し出により作業に就くことができる（請願作業）。

　就業時間は，原則として1日8時間，1週間40時間で行なわれる。作業による収入は，すべて国の収入となるが，作業従事者には，作業報奨金が支給される。しかし，あくまで就労の対価ではなく，恩恵的なものでしかなく1日8時間で1カ月作業をしても平均月額4000 〜 5000円前後である。犯罪をした人なのだから当然だといった意見や，衣食住が完備されてるのだからしょうがないというような考えも存在するが，彼らがこの作業報奨金を元に出所後の生活を行なわなければならないことや，被害者らへの賠償金などが必要であれば，ここからしか返済できないことを鑑みると非常に少額であるように思われる。そもそも，就労の意欲も高まらず，国際基準からもかなり低い金額であると指摘される。基準額を大幅に増額する必要性があるように思われる。

■改善指導

改善指導とは，受刑者に対し犯罪の責任を自覚させ，健康な心身を培わせ，社会生活に適応するのに必要な知識および生活態度を習得させるために行なう指導のことであるとされる。この改善指導は，一般改善指導と特別改善指導に分かれる。一般改善指導は，ほぼ全受刑者を対象とするもので，講話，体育，行事，面接などの方法により，被害者感情理解指導や，行動適正化指導などが行なわれる。被害者感情を理解させ罪の意識を培わせること，規則正しい生活習慣や健全な考え方を付与し，心身の健康の増進を図ること，生活設計や社会復帰への心構えを持たせ，社会適応に必要なスキルを身につけさせることなどを目的とすると指摘される（法務省法務総合研究所編 2012b）。一方で，特別改善指導には，「薬物依存離脱指導」「暴力団離脱指導」「性犯罪再犯防止指導」「被害者の視点を取り入れた教育」「交通安全指導」および「就労支援指導」の 6 つの類型がある。

■教科指導

教科指導とは，学校教育の内容に準ずる内容の指導である。社会生活の基礎となる学力を欠くことにより改善更生および円滑な社会復帰に支障があると認められる受刑者のほか，学力の向上を図ることが円滑な社会復帰に特に資すると認められる受刑者に対し，「学校教育法による学校教育の内容に準ずる内容の指導」を行なう。教科指導の内容としては，義務教育に限定するものではなく，受刑者の学力状況によっては，高等学校の学科に準ずる内容の教科指導も行なわれる。

■改善指導は「義務化」されたのか

刑事施設被収容者処遇法では，「作業」「改善指導」および「教科指導」を矯正処遇として実施し，正当な理由なく作業を怠ったり，改善指導や教科指導を拒んではならないことを遵守事項として規定し，違反した場合は懲罰を科せるようにしたために，これら矯正処遇は義務化されたと見る見解が多い（川出 2005 など）。

しかし，先に挙げた処遇の原則（刑事施設被収容者処遇法第 30 条）では，「その自覚に訴え」としていることからも，対象者の自発的な意思が重要であるう

えに，刑法第12条によって規定される「所定の作業」には，改善指導や教科指導は含まれないと考えられるから，改善指導が義務として課されることは，罪刑法定主義にも反することとなるとの指摘もある（石塚2008）。国連の司法の運営に関する国際文書である「被拘禁者取扱いのための標準最低規則」は，その第60条第1項において「刑事施設内の生活を外界の自由な生活に近づけなければならない」としている。この点からも，矯正施設では，あくまで自由が制限されているのみであって，処遇を受けるかどうかは，対象者の選択権が尊重されるべきではなかろうか。

　また，改善指導で行なわれる処遇プログラムが科学的根拠に基づいているかどうかが疑わしい。立案担当者は，改善指導は，「科学的，体系的に標準的なプログラムを策定し，これに基づいて，効果的な指導を行う」（林ほか2017: 502）とする。しかし，はたして「犯罪の責任を自覚させること」「健康な心身を培わせること」および「社会生活に適応するのに必要な知識及び生活態度を習得させること」を科学的根拠に基づいた処遇プログラムで行なえているのであろうか。また科学的根拠に基づけば，本人の意思に関係なく行なってもよいのであろうか。

■ 少年の処遇

　家庭裁判所での終局処分のひとつである保護処分は，非行少年処遇の中心である。その種類としては，保護観察，児童自立支援施設等送致，少年院送致の3種類があることは前述した。社会内処遇としての保護観察と施設内処遇としての少年院送致が中心で，児童自立支援施設等送致が保護処分として行なわれることは少ない。児童自立支援施設等送致は，児童福祉施設の中の，児童自立支援施設または児童養護施設に送致することであり，訓育，生活指導，学科指導，職業指導等を開放的な雰囲気の中で行なう処遇形態が特徴である。両施設は，いずれも厚生労働省所管であるが，設置者はほとんどが都道府県である。

　福祉・教育でありながら刑事司法の一部である少年審判の処分の執行を福祉施設で行なうことになるため，司法の理念と福祉の理念の違いが困難な状況をもたらす場合がある。入所後の保護者の引き取り要求を拒絶できるのか（拒絶できるとするのが近時の運用），少年が無断外出して自宅に帰宅し，保護者が連れ戻しに応じない場合，強制的に連れ戻せるか（福祉を押し出す限り，強制は困難

である）などの問題がある（守山・後藤編 2017）。

　少年院は，家庭裁判所から保護処分として送致された少年および少年法第
56 条第 3 項の規定により少年院において刑の執行を受ける少年に対し，社会
不適応の原因を除去し，健全な育成を図ることを目的として矯正教育を行なう
法務省所管の施設である。少年院送致とは施設内処遇としての非開放的な収容
処分を指す。教育と福祉の側面を有している少年院では，刑務所における成人
に対する刑務官の処遇とは異なり，法務教官が個別担任制を用いて矯正教育を
行なう。矯正教育の内容は，施設の立地条件などに応じた特色のあるさまざま
な教育活動を含み，その指導領域は，生活指導，職業指導，教科教育指導，体
育指導および特別活動指導からなる。

4　社会復帰に向けた犯罪者処遇

　刑務所は，いまや福祉施設化しているとの指摘まである（浜井 2006）。とく
に知的に問題を抱えている人および高齢者をどのように処遇するのかが喫緊の
問題になっている。
　国際的な基準からも，より社会復帰を念頭においた処遇方法が望まれるよう
になってきた。これまでは，刑事司法制度は刑事司法制度，福祉は福祉と完全
に縦割りの行政だったものが徐々に変化しつつある。そこで，本節では施設の
社会化と処遇の社会化について概観する。

■ 処遇の社会化

　これまでも釈放前に釈放前指導というものが行なわれてきた。諸外国におい
ては中間処遇と呼ばれるものがいくつか存在している。たとえば，アメリカに
ある「ハーフウェイハウス」は，釈放の数カ月前に町にある居住施設に起居さ
せ，そこから職場に通わせるというものである。ちなみに，日本においては，
更生保護法人が営む保護施設に仮釈放者が入るという類似の制度もあるが，厳
密には社会復帰のためにワンクッション入れるという運用ではなく，釈放され
た人の受け入れ先として利用されるという側面が強いように思われる。
　また，ドイツやオランダには，週末だけ拘禁施設に来る週末拘禁という制度

がある。前述のように，短期自由刑にはデメリットが大きいことから，これを回避して社会との絆を失わないようにする目的で行なわれる。さらに，刑事施設の社会化という側面から見れば，外部通勤作業というものもある。普段は刑事施設におり，外部の民間企業などに構外作業に行くというものである。たとえば，日本でも市原刑務所では実際にその運用がなされている。さらに，網走刑務所付設の二見ヶ岡農場や，松山刑務所付設の大井造船作業場などでは開放的処遇^{→用}が行なわれている。

■ 矯正と保護の連携の重要性

これまでの矯正では，刑務所を一歩出れば関係がないとまでは言わないが，出所者には介入しないという立場が貫かれていた。矯正施設から出所する人に刑務所の職員がその後も長期的に関与することは不可能である。その理由は，満期であれば刑期を終えた人に国家がいつまでも介入するわけにはいかず，仮釈放であっても法務省保護局の対象となるからである。福祉や医療としての支援であれば，むしろ国家が積極的に介入すべきだという考え方もありうるが，刑事司法の枠組みで介入を続けることには限界がある。なぜなら，福祉を押し出せば福祉で解決すべき問題となり，医療を押し出せば医療で解決すべき問題となる。そこに刑罰を背景とした刑事司法の枠内で行うことに疑問が生じる。

しかし，このような問題が依然として残るものの，刑事施設のなかのことを行なう矯正と社会内での処遇を行なう保護の連携が，近年重要視されるようになっている。いわゆる「一貫した社会復帰への支援」である（刑事立法研究会編2003）。なぜ，社会復帰に向けた取り組みが必要なのであろうか。

厚生労働省などの調査によって，知的に障害がある，もしくはそれら障害の疑われる人が，刑務所やその他刑事司法の過程のなかに少なからずいることが指摘されるようになった。さらに調査によると，頼る親族も住居もなく，生活もままならないのに，サポートを十分に受けられない人，すなわち福祉的支援を必要としている人の多くが，軽微な窃盗（おにぎりの窃盗など）や無銭飲食（いわゆる食い逃げ）によって刑事司法過程に存在している。これが繰り返されることで，「犯罪者」として見られ，社会復帰が困難なものになっている。

「社会的弱者」への支援が「福祉」であるのであれば，たとえ罪を犯した人であったとしても，司法という枠組みに関係なく福祉的支援が行なわれるべ

きなのかもしれない。そもそも刑事司法制度の手続に含まれている時点で，何かしらの支援が必要な人であるという面ももっていると思われる。そういった観点から，福祉的支援を必要とする人に対して刑事司法の「入口」から「出口」まで一貫して支援できる体制が望まれる。さらには，刑事司法の枠にとらわれることなく福祉的な支援が必要とされる人もいるだろう。司法と福祉を架橋する学問領域は「司法福祉」と呼ばれており，とくに近年，国内外の研究者の関心を集めている。

5　更生保護制度

　罪を犯した人が社会に復帰することを支援する制度を**更生保護制度**といい，更生保護法などに基づいて運用されている。本節では，少年を対象とする**保護観察**を中心に，近年の動きを概観する。

　日本の保護観察は5種類ある。少年審判の保護処分として課されるもの（1号観察），少年院からの仮退院者に付されるもの（2号観察），成人の仮釈放者に付されるもの（3号観察），成人の執行猶予判決に付されるもの（4号観察），そして婦人補導院からの仮退院者に付されるもの（5号観察）である。非行少年処遇で問題の中心となるのは，1号，2号観察である。保護観察は，通常の社会生活を営みながら，保護観察官および保護司の指導監督と補導援護を受けて改善更生を図るものである。

　1号観察は，他の保護観察と異なり「保護観察所の保護観察に付すること」それ自体が独立かつ終局の処分である。かつてこの処分は，真のケースワーク（社会的に支援が必要な人とその環境に働きかけるもの）に近いものとも指摘されていた。ただし近年，不良措置と呼ばれる運用がなされるようになり，1号観察の意義は変質している。これは，保護観察中の者について新たな虞犯事由が認められるときは，20歳に達していても少年法上の少年とみなされ，少年審判を経て新たな保護処分を受けるというものである。保護観察においては遵守事項が定められるときがあるのだが，2007年の少年法改正により，保護観察所長の発した警告にもかかわらず，遵守事項を順守せずにその程度が重い場合は，保護観察以外の保護処分である児童自立支援施設等送致または少年院送致の決

定が行なわれることとなった。従来の少年の保護処分のひとつである1号観察はほかの4つの保護観察とは異なり特殊であった。なぜならば，少年の1号観察は刑罰を背景に遵守事項を守らせる制度ではなかったからである。しかし，この保護観察においても，刑罰を背景に遵守事項を守らせる保護観察制度へと変更がなされたのである。

　少年院からの仮退院者である2号観察の期間は原則20歳に達するまでであり，収容期間が延長されている場合はその期間が満了するまでである。仮退院中の成績に問題がなく，退院を相当と認めるときは，退院となるが（保護観察所長の申請に基づき，地方更生保護委員会が決定する），遵守事項を遵守しなかった場合は，保護観察所長の申出により，地方更生保護委員会は，その者を送致した裁判所に対し，一定の期間少年院に戻す決定の申請を行なうことができる。これは，戻し収容申請事件と呼ばれる。

　保護観察は，通常，一人の保護観察対象者に対して，保護観察官と保護司とが協働して担当する態勢によって実施されている。保護観察は，いわゆるケースワーク的側面からサポートを行なう補導援護と遵守事項や面接などを設定し監視的側面から関わる指導監督という2つの概念のバランスのうえに成り立っている。更生保護法は「この法律は，犯罪をした者及び非行のある少年に対し，社会内において適切な処遇を行うことにより，再び犯罪をすることを防ぎ，又はその非行をなくし，これらの者が善良な社会の一員として自立し，改善更生することを助けるとともに，恩赦の適正な運用を図るほか，犯罪予防の活動の促進等を行い，もって，社会を保護し，個人及び公共の福祉を増進することを目的とする」（更生保護法第1条。強調部は筆者）と規定されている。ここにいう再犯防止には，2つの方向があるだろう。ひとつは徹底的に監視を続け，再犯をできない状態に管理・監督する方向であり，もうひとつには，住居や就職などの面でサポートを行ない，社会で適応できる生活を手に入れられるように保護・援護する方向である。近年の更生保護をめぐる動向は，前者の徹底した管理・監督によるものになりつつあるように思われる。なぜ保護観察制度に補導援護が加えられて発展したのかをもう一度見直す必要があるように思われる（刑事立法研究会編 2012）。

🔍 「刑罰」と「処分」にはどのような違いがあるか，その理由も含めて考えてみよう。

🔍 「少年法」の理念である「保護処分優先主義」と「検察官送致」とにはどのような問題があるか説明してみよう。

🔍 「刑事施設被収容者処遇法」は刑事施設運営のための法律という意見と，被収容者側のための法律であるという意見がある。それぞれの立場に分かれてディベートしてみよう。

Book Guide

▶ 加藤久雄／瀬川晃編『刑事政策』青林書院，1998 年。

　刑事政策の教科書として基本が押さえられているだけでなく，31 名にも及ぶ執筆者によって問題関心や課題点の指摘がなされている。各論稿からの鋭い指摘は，出版から 20 年以上が経つ今であっても，刑事政策にとって大きな課題として残っている。初心者から，刑事政策の基本を学んだ学生にも刺激のある 1 冊である。各地の大学図書館に所蔵されている。

▶ 浜井浩一『刑務所の風景──社会を見つめる刑務所モノグラフ』日本評論社，2006 年。

　いわゆる過剰収容時代に被収容者を分類し，全国の刑務所に送り出す部署を担当していた著者が不思議に感じた疑問があった。全国の刑務所内の工場から受刑者が足りないとの要請が多発したのである。なぜ，過剰収容時代に被収容者が足りないのか。工場で必要とされない人とは，一般社会でも必要とされていない人たちなのではないのか。これらの疑問を一つひとつ考察していく必読書である。

▶ 映画『マイノリティ・リポート』20 世紀フォックス・ホーム・エンターテイメント・ジャパン，2002 年劇場公開。

▶ 映画『カッコーの巣の上で』ワーナー・ホーム・ビデオ，1975 年劇場公開。

　「犯罪」と「刑罰」はどのような関係にあるのか。いわゆる過去の行為に対し責任を問う「刑罰」とは異なる世界で，これから起こる新しい「行為」を取り締まることが可能となった未来の世界の諸問題を前者では描き出している。また，将来に起こりうるであろう「自傷他害行為」の危険を人が判断し，対象となる人を施設に収容することの諸問題を後者は描き出している。

Column 4　死　刑

　死刑存廃の議論は古くからあり，廃止論側の運動論ともあいまって，現在では理論的論争というよりも信条論が中心となりつつある。

　たとえば，死刑廃止論の主な論点は，第一に殺人を禁止している国家が自ら殺人を犯してはならないとする法哲学的論点，第二に，死刑は犯罪に対する一般抑止力，特に一般予防機能は存在しないとする刑事政策的論点，第三に，死刑は憲法36条で規定されている「残虐な刑罰」に該当し違憲であるとする憲法的論点，第四に，死刑判決が言いわたされた事件で誤判が生じたら，回復不可能であると指摘する適正手続き上の論点などが挙げられる（守山・安部編 2017）。

　これに対し，存置論の主な論点は，第一に，他人の生命を奪った者は，その罪を自らの生命をもって償うべきとする応報的観点，第二に，死刑はあらゆる刑罰の中で最大の威嚇力を有しており，死刑を廃止すれば殺人などの凶悪犯罪が増加するとする一般予防的観点，第三に，犯罪者を死刑に処すことで再犯可能性を完全になくすとする完全無害化的観点，第四に，世論調査に従って死刑は存置すべき，ないし死刑廃止は時期尚早とする消極的観点などが主張される（守山・安部編 2017）。

　いわゆる先進国でありながら死刑を執行しているアメリカでは，1990年代後半以降，死刑を取り巻く議論が転換期を迎えている。「とにかく，現時点での死刑の執行を中止または，延期すべきだ」とするモラトリアムの主張が「新しい冤罪論」を根拠になされているのである。保守派のブラックマン連邦最高裁判事やイリノイ州知事のライアンが提起する「新しい冤罪論」は，「誰が死刑に処されるべきかの決定過程」に焦点を当てている（福田 2004, 2005）。つまり，犯罪は正確に認定されても，その当該有罪者を死刑にすべきかどうかは，別の問題で，事実認定とは異なる別の判断基準，証拠，証明の程度，手続きのあり方，さらには反証の可能性が生じていると指摘する。

　言い換えると，無実の者を死刑にしてはならないという命題ではなく，誤って処刑に値しない者を死刑にしてはならないという命題に議論が集中しているのだ。

　ライアンらの新しい冤罪論者の主張は，誰が死刑になり，誰がならないのかという決定が，「恣意的（しい）」であるというシステムへの非難を含んでおり，注目すべき議論であろう。

© ロイター/アフロ

Chapter 05

第 5 章

犯罪報道の功罪

マス・メディアが伝える少年非行

🔍 KEY WORDS | ▶メッセージ ▶ニュース価値 ▶メディア・リテラシー
▶モラル・パニック

　博物館の警備員であったサムは，経費削減のために解雇された。再就職を頼み
に館長のもとを訪れるが，そのとき携行していた銃を興奮のあまり発砲し，同僚
の警備員を誤射してしまう。一方，キー局への返り咲きを狙っていた地方局の記
者マックスは，博物館に立てこもるサムにスクープ取材を敢行するが，この事件
報道が全米の世論を含めた大きな事件へと暗転する……。

　1997 年（日本では 1998 年）公開の映画『マッド・シティ』では，テレビ
というメディアを通じた報道がいかに演出され，視聴者である世論の影響がいか
に個人を翻弄するかが見事に描かれている。たとえば，サムに対して同情的な演
出を用いて事件の終息をもくろんだマックスは，報道競争に曝されるなかで，誤
射された警備員の死によって一転して批判的な報道へと動いてしまう。視聴率を
重視した加熱するメディア報道が次第にサムを孤立に追い込んでしまう過程は，

犯罪報道に曝された冤罪の被害者に重なる部分が多くある。

　『マッド・シティ』の最後，報道記者に取り囲まれるマックスが「殺したのは
われわれだ」と叫ぶシーンからは，さまざまな情報を私たちにもたらしてくれる
マス・メディアの利便性とともに，マス・メディアの情報が個人の人生に多大な
影響をもたらす恐ろしさを痛感させられる。このマックスの最後の叫びに至るま
での心情の変化と過熱する報道の経緯については，ぜひ本作品を鑑賞してほしい。

　本章では，これまでの研究事例を紹介しながらメディアの影響について考えて
みたい。さらに，新聞メディアにおける少年事件を中心に取り上げることで，
ニュース価値を基準としたメディア報道の特徴とその影響について考察するとと
もに，受け手である私たちがどのようにメディア報道と接し，その情報をいかに
整理し理解していくべきなのかを一緒に考えてみたい。

1　マス・メディアとは

　犯罪報道を考えるうえで重要な点は，マス・メディアによって発信された犯
罪報道を受ける社会（社会意識）への影響であろう。メディアはコミュニケー
ションの手段であり，人間が生み出したものである。しかし，その人間が生み
出したメディアが社会を創造する一面を担っていることも現代社会を読み解く
うえで重要な視点である。

　マス・メディアのマス（mass）は，大衆や社会集団を意味し，メディア
（media）は「媒体」を指す。佐藤は，メディアを「出来事に意味を付与し体験
を知的に変換する記号の伝達媒体」（佐藤 2006: 4）であり，「メディアはそもそ
も広告媒体」（佐藤 2006: 6）と表現している。つまり，不特定多数の受け手に
対して情報を伝達する媒体がマス・メディアといえる。

　メディアによる影響に注目したマクルーハン（M. McLuhan）は，「メディア
はメッセージである」（McLuhan 1964=1987: 7）と論じている。この主張は，メ
ディアの内容だけに着目するだけではなくメディア自体が命令や情報という
メッセージを内包しており，メディアの形式そのものが人々の社会関係そのも
のを変化させることを指摘するものである。

　マクルーハンのメディア論では，肉声を中心としたコミュニケーションを
「聴覚系メディアの段階」と呼び，その後の印刷技術の発展による文字を中心

としたコミュニケーションを「視覚系メディアの段階」と呼んだ。そして現代のメディアの段階を「電子的メディアの段階」として人々のコミュニケーションに関するすべての手段をメディアに含めて説明している。またマクルーハンは，メディア論を展開するなかで地球全体が一つの村になる状況を「地球村」（global village）と名づけている。電子メディアなどの新たなメディアの登場や既存のメディアの改良，そしてソーシャルネットワークの発展によってグローバルなネットワーク化が促進され，かつてのムラ的なコミュニケーションが「地球村」として出現すると論じた。

　このように私たちの生活に切り離せないメディアであるが，その種類によってさまざまなコミュニケーションを展開する。ここでは，特に私たちが犯罪や非行に起因する事件を知るための媒体としてのマス・メディアの特性について概観したい。

■書　　籍

　15 世紀にグーテンベルク（J. Gutenberg）が印刷機を発明して以来，印刷技術が急速に普及することで活字が「読むもの」として普及した。つまり，言葉が印刷を通じて人々に伝えられ，活字のコミュニケーションとして確立していったのである。人が発する言葉と違って，活字はどこでもいつでも何度でも読むことができる。そして，読書という行為から実際には見えていないものをイメージすることが可能となる。しかし，書籍は活字を介しているため基本的に受け手に読む能力が必要な媒体である。

　犯罪や少年非行に関しては，事件当事者の手記やジャーナリストのルポルタージュなどが書籍を媒介として読者に事件の詳細な情報を伝えている。

■新　　聞

　新聞は定期的に購読され，公共性の高いメディアである。契約している各家庭に直接届けられ，いつでも好きなときに情報に接することが可能である。マス・メディアのなかでも歴史があり，その情報に関しては一般的に信頼性が高い。また，発信情報が後年にも紙面上に活字として残っていることから，各時代の事件の概要を知るための資料としても役立つ媒体である。

■ラジオ

　日本の本格的なラジオ放送は，1925（大正 14）年に東京放送局が仮放送所で開始した。その後，社団法人日本放送協会が発足して以降，ラジオは急速に普及した。音声による放送であるため，言葉によるイメージが必要となる。仕事場や自動車内，家屋などで聴取されることが多く，新聞にくらべて速報性に優れている。犯罪報道においても速報性や活字を介さない音声による情報伝達は，聴取者の事件概要を知るための接点として大きな役割を担っている。

■テレビ

　日本では，1953 年に NHK 東京テレビと日本テレビが本放送を開始して以来，今日においてもマス・メディアの中心として大きな影響力をもっている。東京のキー局（日本テレビ，東京放送〔TBS テレビ〕，テレビ朝日，フジテレビジョン，テレビ東京）を中心に，それぞれのローカル局を「系列」としてネットワークを結んでいる。ローカル局の番組制作比率は低く，系列キー局の番組制作および放送比率が高い。またキー局の資本的なつながりとして全国紙との関連が深いことも特徴である。

　戦後の犯罪報道の中心は，テレビが牽引しているといっても過言ではない。速報性に加えて映像による臨場性にすぐれており，活字を介さないため受け手に特別な能力を必要としない。したがって，視聴者がテレビの情報に接触する機会は多く，犯罪報道においても大きな影響を与えるマス・メディアである。

　その他，映画や電話などもメディアに含まれる。また情報発信や相互的コミュニケーションを可能としたインターネットにおいて，書籍や新聞の電子化やインターネットを利用したラジオ配信など，受け手が報道内容を批判的に検討し，意見を発信できるようなインターネットを介した各マス・メディアの展開が注目される。

2 コミュニケーション過程から見るマス・メディアの影響

　マス・メディアは，私たちの生活に密着していることからその影響も大きい。これまでにマス・メディアに対する社会学・社会心理学の研究は，約 1 世紀に

わたる蓄積がある。とくに一部の「送り手」から大量で多様な「受け手」への一方的なコミュニケーション過程は，さまざまな理論を生み出した。このマス・コミュニケーションに関する諸研究を振り返ることで，私たちが受ける犯罪報道の影響について考えてみたい。

■弾丸効果説（皮下注射効果説）

「弾丸」という言葉から想像されるように，この理論はマス・メディアによって伝達された情報（刺激）が受け手の行動（反応）を喚起すると考える。ラジオ放送の開始（1920年代）以降において，マス・メディアの影響を強く意識した理論である。

弾丸効果説の代表的な研究を見てみると，ナチスドイツの宣伝省大臣であったゲッベルス（P. Goebbels）が，新聞や映画やラジオを用いて大規模な演出や説得を戦略的に利用して一定の効果をあげた宣伝効果研究が挙げられる。またキャントリル（H. Cantril）は，火星人がアメリカに侵略する内容のラジオドラマ『宇宙戦争』（1938年）に対する聴衆の調査研究を行なっており，この結果として約600万人の聴衆のなかで約100万人の人々が「火星人の襲来」を実況と勘違いしてパニックに陥ったことが報告されている（Cantril et al. 1940=1971）。

■限定効果説

1950年代から60年代は，マス・コミュニケーションの受け手の選択メカニズムを実証する諸研究が盛んに行なわれた。カッツ（E. Katz）らは，メディアの受け手に対する直接的な影響について批判的に紹介している。彼はマス・コミュニケーションの受け手が「甲羅のない蟹」として無力で受動するだけの存在ではなく，主体的・能動的な存在であることを再発見した。

カッツとラザースフェルド（P. F. Lazarsfeld）は，個人的な見解や態度がその人物を取り巻く少数の集団に大きく依存していることを指摘した。彼らは，その集団と集団を取り巻く社会をつなぎ，またその集団の中心となるオピニオン・リーダー（opinion leader）がマス・メディアから影響を受けていることを提示している（Katz and Lazarsfeld 1955=1965）。つまり，情報や観念がマス・メディアを通じて集団のオピニオン・リーダーに流れ，その後オピニオン・リーダーから集団内の個々人に流れていくことを，彼らは「二段の流れ」モデルと

して示したのである。

■ 強力効果説

　テレビというマス・メディアが社会を席巻するようになると，人々の情報環境はマス・メディアへの依存を増大することになり，これまでの限定効果説に対する批判が高まってきた。しかし，強力効果説は弾丸効果説とは異なり，テレビを含めた新たなメディアによる影響をふまえた概念および理論である。そのなかでも代表的なモデルとして「沈黙の螺旋」仮説が挙げられる。

　ノエル＝ノイマン（E. Noelle-Neumann）は，旧西ドイツの調査において，人は周囲の人々からの孤立を恐れるために自らが少数の立場である場合は自分の態度を他者に明かさない傾向があることを明らかにした。つまり，マス・メディアは社会で支配的な意見に相反する意見を持っている人々に沈黙を促し，彼らにマス・メディアの提示した意見を主張させると論じた（Noelle-Neumann 1984=2013）。

　他方，ガーブナー（G. Gerbner）は，「メッセージ・システム分析」としてテレビ番組における暴力的な描写の環境（象徴的現実）を問題にし，テレビの高視聴者と低視聴者とをくらべて現実に暴力に巻き込まれる可能性の認識（現実的認識）にみられる差について分析を進めた（Gerbner and Gross 1976）。その結果から，暴力シーンの多いテレビに接触した視聴者の方が，テレビのイメージによる環境と現実の環境を混同することで，現実以上に暴力に対して危機的な認識を持つという「培養理論」が提示された。また，「メディア依存理論」では，社会が複雑になればメディア情報の機能や集中度も増大することから，受け手のメディア依存度が高まる傾向にあることを提唱している。

　以上が，マス・メディアが受け手におよぼす影響を対象とした主な研究成果である。これらのマス・コミュニケーションの特徴は，犯罪報道と深くつながっている。凶悪犯罪や少年非行という話題性と身近に起こるかもしれないという「体感治安（日常生活のなかで感じる治安の善し悪しに関する感覚）」は，犯罪報道のやり方によって大きく変容（悪化）する。つまり，マス・メディアが犯罪報道によって不安を煽れば，その一方的な情報は直接的であれ間接的であれ，犯罪に対するある種のパニック状態を受け手に誘発する可能性が高まるといえる。

では，マス・メディアはどのように事件を選択して報道しているのだろうか。次にマス・メディアの社会的な位置づけと犯罪事件の選択について見てみたい。

3　マス・メディアの社会的機能とニュース価値

■マス・メディアの社会的機能

　ラザースフェルドとマートンは，マス・メディアの社会的機能の特徴について社会学的視点から言及している（Lazarsfeld and Merton［1948］1960=1968）。その社会的機能として，「地位付与の機能」「社会規範の強制機能」「麻酔的逆機能」を挙げている。

　「地位付与の機能」は，マス・メディアが社会的な問題や人物，組織あるいは社会的活動に地位を付与し，これらの人物や集団の社会的な地位を正当化することで威信を与えて彼らの権威を高める機能である。また「社会規範の強制機能」は，マス・メディアが汚職などの社会規範に逸脱する行動を公表することによって，人々に事件や違反を認知させ，組織的な社会的行動の口火をきる役割を果たす機能である。そして「麻酔的逆機能」は，マス・メディアが大量の情報を日々提供することによって，受け手を情報の刺激に慣れさせ，社会的・政治的諸問題に対して無関心にしてしまう機能である。これらの機能は，マス・メディアの存在自体が私たちの生活に深く根づいていることを示唆する。その機能が実社会で作用すれば，私たちの思考や行動におよぼす影響は必然的に大きくなるだろう。

　では，社会的機能を備えたマス・メディアは，どのような基準に準拠して犯罪報道を行なっているのだろうか。本来，事件の当事者や関係者が事件であると認識すれば，その現象は個人レベルであれ事件といえるであろう。したがって，絶え間なくマス・メディアから発信される現実の事件や事故といったニュースは，そのごく一部に焦点を当てたものに過ぎない。タックマン（G. Tuchman）は，ニュースが「社会的構成物」であると述べている。つまり，ニュースはマス・メディアという組織，取材者自身の人間関係，そして取材対象の三者の関係が作用して構成されており，ただ事実が客観的に報道されるのではなくストーリーとしてつくられることを明らかにしている（Tuchman 1978=

1991)。

■ニュース価値

　ここで重要なのは，ニュースが主観的にマス・メディアによって選択され，ストーリーとして形成される点である。そこで優先される選択の基準が「ニュース価値」である。矢島は，ニュース価値とは「公共性」（社会正義の実現のための社会的使命）と「営利性」（企業利潤に基づく話題の提供）から形成されるとする（矢島 1991）。そして，このニュース価値が報道事実の取捨選択とアレンジの判断基準となり，「社会的使命」と「話題の提供」を多く含む事件はニュース価値が高く，その事件は大きく報道されると指摘する。さらに話題の提供は，「犯罪行為に対してだけでなく，容疑者の属性，被害者の属性，容疑者と被害者の関係，犯罪の起きた場所や時期とそのタイミング，犯罪を取り巻くもろもろの状況なども，射程に入れている」（矢島 1991: 41）と言及している。犯罪が事件としてマス・メディアに取り上げられて報道される過程には，マス・メディアのニュース価値に基づく判断基準が大きく影響しているのである。

　また村上は，ニュース価値の本質について，ニュースの持つ力によって個々の散在した驚きなどの感情が絶え間なく喚起され，この非連続でばらばらな感情が集合的・連続的なものへと飛躍すると指摘し，犯罪ニュースは社会の象徴的秩序（善悪や規制領域における境界の明確化）の再生産を行なうと論じている（村上 1999）。

　ここで注視しなければならないのは，ニュース価値を判断基準として社会的出来事の取捨選択をしている「ゲートキーパー」（gatekeeper）の存在である。新聞メディアを例に挙げると，日々の社会的出来事のなかからトピックが選択され，取材，記事の作成，編集，整理を経た後に，印刷された記事として購読者に伝えられる。このなかで編集および整理を行なう人をゲートキーパーと総称している。このゲートキーパーの存在とその編集や整理は，ニュース価値に基づいてニュース全体を構成するといえる。

　ガルトゥング（J. Galtung）とルーゲ（M. H. Ruge）は，ニュース価値の構成要素として表5-1のような内容を挙げている（Galtung and Ruge 1970）。マス・メディアは，その発信する情報とともにその存在自体が社会的に大きな影響を与えている。とくに犯罪報道に関して私たちは，日々頻発している事件のなかで

表5-1　ニュース価値の構成要素

①周期性	事件がマス・メディアの報道の周期に合っていればニュースとして報道されやすい。長期的なサイクルで展開している事件は，その頂点の時期を除けばニュースになりにくい。
②振幅性	社会的にインパクトのある事件ほどニュースになる。
③明瞭性	曖昧な事件よりも，単純で明瞭な事件ほどニュースになりやすい。
④文化的関連性	日頃慣れ親しんでいる文化的枠組みのなかで解釈が可能な事件ほど，ニュースになりやすい。
⑤協和性	受け手の予測や欲求に合致する事件ほどニュースになりやすい。
⑥意外性	まれにしか起こらない予想外の事件ほどニュースになる。
⑦持続性	一度ニュースとなった事件は，振幅性が極度に減少しても引き続いてニュースとして報道される。
⑧構成的均衡性	ニュース報道の全体的均衡を構成するのに役立つ事件はニュースとなりやすい。たとえば，外国のニュースが氾濫しているときは，それほど重要ではない国内の事件であってもニュースになる可能性が高まる。
⑨エリートに対する指向性〔A〕	エリート国家に関する事件ほどニュースとなりやすい。
⑩エリートに対する指向性〔B〕	エリート層に関する事件ほどニュースになりやすい。
⑪擬人性ないし人物指向性	特定の人物ないし固有名詞でありうる複数の人物の行動を主題とする事件ほどニュースになりやすい。
⑫否定性	社会的に肯定的な事件よりも否定的な事件の方がニュースになりやすい。

（出所）　Gatlung and Ruge（1970）を元に作成。

ゲートキーパーを介して取捨選択されている断片的な事件の内容を一方的に受け取っているのである。

　すなわち概括するならば，マス・メディアによる犯罪報道は，その時代における新たな犯罪や特徴的な事件を「ニュース価値」が高いものとして積極的に報道することで，私たちの社会のなかに新たな犯罪（事件）の存在やその解釈を構成してきたといえよう。

4　戦後日本における少年事件報道の変遷とその特徴

■少年事件報道に対する先行研究と少年事件の特徴

　これまで見てきたように犯罪や少年非行を人々に周知させ，時として社会問題として提起する役割を担っているのはマス・メディアといえる。本節では，マス・メディアのなかでも文字情報として各時代の網羅的な分析が可能であり，

検索システムが充実している新聞に焦点を絞り，少年事件報道の変遷をたどることで少年非行がいかに時代とともに特徴的に報道されてきたかを概観したい。

戦後の少年事件に関しては，これまでに多くの先行研究が蓄積され，その報道についても詳細な分析が行なわれてきた。近年の少年事件報道に限ってみると，青少年の凶悪化という言説に対する批判的な論考として広田（2001）や土井（2003）の研究が挙げられる。また牧野は，1945年から2005年までの『朝日新聞』の少年事件（殺人事件）を中心とする分析により，1997年の神戸連続児童殺傷事件以降に少年事件の報道量が急激に増大したと指摘し，「普通の子」による事件の前面化と報道の肥大化という構造について明らかにしている（牧野 2006）。とくに1990年代後半以降の「普通の子」というメディア・フレーム（メディア報道の切り口や解釈の枠組み）によって報道される少年事件が「リスク化」（犯罪の生じる危険性が増大し，それが予測不能になり，その回避を自己責任で行なうべきとみなされる事態）される論理について分析した赤羽（2010）や，「普通の子」の犯罪に対する一般化を指摘した大庭（2010）の論考も少年事件報道においては重要な視点である。

ここでは，『朝日新聞』および『読売新聞』の「社説」を対象にして各時代の少年事件報道を通観したい。社説は各新聞社の意見や立場を表明したものであるが，一方ではその時代の社会問題を敏感に反映した内容を中心に取り上げている。またその内容から，購読者に対する新聞メディアとしてのメッセージや報道姿勢を知ることができる。同じ新聞社の社説のなかでも各年代において少年事件に対するとらえ方や表現も異なっているため，社説のなかで展開される少年事件の原因や各時代の少年非行の特徴に注目して概観してみたい。

分析の対象は，戦後（1945年8月15日から2019年12月31日まで）の『朝日新聞』および『読売新聞』の社説である。各社の記事データベースを用いて，「少年」の「非行」または「犯罪」が内容として触れられているもののうち，非行の要因や対策に言及されている社説（329件）を対象とした。

各時代における社説で展開される少年事件の特徴は，次の4つにまとめることができる。

・戦後の混乱期と浮浪児（1950年代）
・中流家庭の少年非行化と集団就職（1960年代）

・「シンナー」「スピード」「セックス」の非行（1970 年代〜 1980 年代）
・「普通の子」と「いきなり型」非行^用（1980 年代半ば〜現在）

　戦後まもない日本における少年非行は窃盗が中心であり，生活型の犯罪が中心であった。当時の社説には，「戦前戦後の心理的不均衡」や「敗戦日本の特殊な事情（食糧事情，インフレの悪化，青少年の精神的不安定）」が少年犯罪の原因として挙げられている（読売新聞 1946/6/1）。また非行少年は，戦災孤児とともに「浮浪児（戦災孤児 55％と不良児 45％）」（読売新聞 1946/8/5）と同じ扱いを受けていた。

　その後，戦後復興が進められていくなかで，青少年の性犯罪の増加（読売新聞 1953/9/12）や「ヒロポン（覚せい剤）」の青少年の汚染（読売新聞 1954/5/11）が問題視される。またこの時期は，高校生を含めた年長少年の犯罪が凶悪化し集団化する傾向（朝日新聞 1958/9/21）が注視され始め，グレン隊（違法行為や暴力行為を行なう非行少年集団）への高校生の加入（読売新聞 1956/9/2）が取り上げられている。

　1960 年代に入ると「ローティーン（14 〜 15 歳）」の犯罪が問題にされ，社説においても「戦前と戦後のちがいは，この暴力が激増して悪質になったことと，隠然とおこなわれたものが公然となったこと」（読売新聞 1964/3/12）と指摘している。またこの時代は，中流家庭の子どもたちの非行化とともに都心部における集団就職の少年少女たちの非行化が問題視されている。当時の社説では青少年の離転職が急増しており，そのなかでも集団就職で上京してきた少年の孤独感（読売新聞 1969/4/8）や上京してきた少年に対する「世間の非情」（読売新聞 1967/4/12）が彼らの犯罪や非行につながると批判している。

　その後，第三の波にあたる 1970 〜 80 年代の社説は，「犯罪少年の 7 割以上の家庭は中流以上であり，6 割以上は実父母がそろっている」ことや犯罪年齢の低下傾向および地方中小都市への少年犯罪の拡散（読売新聞 1971/10/30）に注目している。また「最近の青少年非行の目立った現れとしては，暴走族同士の大抗争事件，シンナー遊びにかわるトルエン遊び，少女のグループ売春などが，つぎつぎと明るみに出されているが，見落としてならないのは，そこに共通してみられる暴力への傾斜である」（朝日新聞 1975/8/21）とあり，暴走族やシンナー遊び，少女の売春が注目された時代であった。さらに同時代では，家

庭内暴力や校内暴力事件も多発していた。

　一方では，「物質的に恵まれた社会のなかで，遊び型非行が広がっている。少年非行の一般化とか低年齢化が進んでいる」（朝日新聞 1981/7/2）のように，社説では「初発型非行」（遊び型非行）とともに非行の一般化と低年齢化がこれまでと同様に論じられている。その他にも「登校拒否，家庭内暴力をはじめ，中学生を中心にした年齢層の子どもたちにあらわれている現象……荒れている子どもたちは，その原因・背景が何であれ，心が病んでいることは間違いない。病気は治療の対象である」（朝日新聞 1985/6/7）など，家庭内暴力に関する心の問題についても言及している。

　1990 年代には，「豊かな社会の中で，非行少年と一般少年の境界が不鮮明になっている」（読売新聞 1990/10/21）や「最近では，一人かせいぜい二人による『個人型』が多くなり，さしたる理由も見当たらないまま，せつな的・偶発的に暴力に及ぶ。ちょっとしたストレスやいらいらが，短絡的に他人や物への暴力につながってしまう傾向も見て取れる。それも『まじめで成績のよい子』やごく普通の子と，教師や周りから見られている生徒が，突然『むかついて』『キレてしまう』事例も見られる」（読売新聞 1997/12/28）という内容からもわかるように，「普通の子」が「キレてしまう」ことが注目されはじめる。

　また，「少年犯罪は動機が不明なものやあっても大人にはとても理解できないものも多い。……注目されるのは，いじめが事件の背景に色濃く影を落としていることだ」（読売新聞 2001/1/17）や「あなたにとって，非行を思いとどまらせる心のブレーキになるものは何ですか。……少年院に収容されている非行少年を法務省が調査したところ，四割以上が『家族』と答えたという。殺人の疑いで検挙された少年の約半数はいじめに遭った経験をもち，両親の間のもめ事や家族の不和に悩んでいる者が多い」（朝日新聞 1998/10/20）など，少年事件の背景にある「いじめ」の存在に関心が向けられる。このいじめは，非行よりも「普通の子」となじみやすい現象といえる。つまり「普通の子」が「いじめ」を受けて，突発的に凶悪事件を起こす構図がメッセージとして読み取れる。

　近年は，非行少年の特徴よりも成人年齢変更にともなう少年法の適用年齢の引き下げの是非や学校と警察の連携など，少年非行を取り巻く法制度に関する言及が目立ちはじめている。

■少年事件報道におけるメッセージとニュース価値

　次に少年事件に関する社説を用いて，その内容や表現の特徴を整理してみる。次の7点が指摘できよう。

　①公式統計（白書）の結果と少年非行　　社説における少年事件は，白書などの公式統計の発表に際して掲載されることが多い。『犯罪白書』や『青少年白書』（『子ども・若者白書』），『警察白書』が発表される時期に，そのデータや解説を用いて現状の少年非行の諸問題を提起するスタイルが見受けられる。その他にも各省庁が行なった調査報告（総理府や警察庁など）や審議会（青少年問題審議会）の意見具申なども同様に社説として取り上げている。

　②青少年関連のイベント期間における非行化の注意喚起　　「子どもの日」や「児童福祉週間」などの青少年にかかわるイベントに際して，子どもの教育や非行化に対する注意を喚起している。また，東京都の「青少年健全育成条例」（朝日新聞 1964/4/26，読売新聞 1964/6/19）や奈良県の「少年補導に関する条例」（読売新聞 2005/11/22）など，青少年に関する条例が成立する際に，現状の少年犯罪や青少年の非行化について言及している。

　③夏休みおよび新学期の非行化　　長期間の休みが，規則に支えられた学校空間からの解放と同一視され，その自由が犯罪の接触と結びつけられて語られている。夏休みの子どもたちは，長期間にわたり学校外の社会に接する機会が多くなる。この状況に注目した非行化の内容が掲載されている（読売新聞 1966/7/20）。また「春休みは少年たちにも開放感が生まれる。生徒たちが学校の外の，非行グループと新たなつながりを持ったり，番長グループが世代交代したり，下級生に受け継がれたりする機会も多いといわれる」（読売新聞 1981/3/4）など，新学期を前にした非行化の問題を批評している。

　学校の長期休業期間を原因とする非行化の内容は，1950年代から70年代を中心に掲載されており1980年代以降は掲載されていない。これらの社説の多くには，親や社会に対する注意喚起の内容も認められることから，身近な子どもの非行化への懸念と注意喚起が社説の見解として読み取れる。

　④具体的な少年事件の解説とその原因　　「神戸連続児童殺傷事件」や2000年の「西鉄バスジャック事件」など，インパクトのある少年事件がメディア報道を通じて人々に大きな影響を与え，その後の少年法の改正や厳罰化へとつながった。社説においても話題となった少年事件を取り上げて，その事件の背景

表 5 − 2　注目された主な少年事件

定時制高校決闘事件（朝日新聞 1955/7/7）	東京中学2年生家族3人刺殺事件（朝日新聞 1988/7/11）
高校生4人組強盗事件（朝日新聞 1955/11/2）	東京・足立区女子高生監禁・コンクリート詰め殺人事件（読売新聞 1989/4/2, 朝日新聞 1989/5/5）
鎌倉親日米人夫妻強盗殺人事件（朝日新聞 1957/2/3）	
法政二高生集団万引事件（読売新聞 1957/12/5）	山形県新庄市いじめマット死事件（読売新聞 1993/8/24, 朝日新聞 1993/8/24）
東京三鷹市中学3年生無期停学事件（朝日新聞 1963/2/16）	東京・調布市駅前予備校生暴行事件（朝日新聞 1995/6/24）
北海道少年列車強盗事件（読売新聞 1963/4/26）	神戸連続児童殺傷事件（読売新聞 1997/6/29, 朝日新聞 1997/6/29）
少年ライフル殺傷事件（朝日新聞 1965/8/1）	栃木県黒磯市中学校教師刺殺事件（読売新聞 1998/1/30, 朝日新聞 1998/12/20）
大阪吹田市中学3年生主婦殺し事件（読売新聞 1965/10/30）	大阪府寝屋川市中学3年生強盗殺人事件（読売新聞 1998/12/25）
京都少年ピストル殺傷事件（朝日新聞 1966/2/16）	大阪府堺市通り魔事件（読売新聞 2000/3/2）
鳥取こまどり姉妹刺殺事件（読売新聞 1966/5/17）	名古屋市中学校5000万恐喝事件（朝日新聞 2000/4/22）
ひかり号爆破未遂事件（読売新聞 1968/2/21）	愛知県高校3年生主婦殺人事件（読売新聞 2000/5/4）
連続ピストル射殺事件（読売新聞 1969/4/8）	西鉄バスジャック事件（読売新聞 2000/5/16, 朝日新聞 2000/6/6）
兵庫県同窓会集団恐喝事件（朝日新聞 1975/8/21）	岡山少年金属バット殺傷事件（朝日新聞 2000/9/16）
兵庫県中学2年生プロパン爆破事件（朝日新聞 1975/12/30）	長崎市幼稚園児誘拐殺害事件（朝日新聞 2003/7/16）
滋賀県男子中学3年生の殺傷事件（読売新聞 1978/2/14）	長崎県佐世保市小学6年生同級生刺殺事件（読売新聞 2004/6/2）
栃木県小学1年幼女殺人事件・徳島県中学1年銃殺事件（読売新聞 1980/2/5）	川崎市中1男子生徒殺害事件（朝日新聞 2015/2/28, 読売新聞 2015/3/3）
小学6年生通り魔事件（読売新聞 1981/8/31）	埼玉県16歳暴行死事件（読売新聞 2016/8/30）
大阪中学3年生刺殺事件（朝日新聞 1988/3/24）	
姫路市中学3年生誘拐事件（朝日新聞 1988/3/2）	
東京担任教師刺殺事件（朝日新聞 1988/3/25）	

（注）　日付は社説掲載日。

（原因）に言及する内容が多く掲載されている。表 5 − 2 は，社説に掲載された主な少年事件をまとめたものである。この表から殺人事件が大半を占めていることがわかる。

　とくに「神戸連続児童殺傷事件」以降は，個別の事件を具体的に挙げてその事件の背景にある家庭問題や心の問題に注目した内容が増えている。「神戸連続児童殺傷事件」では，「少年犯罪史上まれにみる残忍，異様な事件であり，私たちの社会に及ぼした衝撃ははかり知れないものがある」（読売新聞 1997/7/26）や「愛知県高校3年生主婦殺人事件」では，「罪の意識に苦しむ風もなく，淡々としているという。そのことがまた，底知れない不気味さを感じ

させる」（読売新聞 2000/5/4）と，不安を煽る表現が用いられている。

　　⑤青少年犯罪の減少と個別事犯の増加　　少年犯罪が増加する際は公式統計等を用いて少年犯罪を危惧する内容を掲載しているが，少年犯罪が減少傾向にあるときにも個別の事犯を用いて青少年の非行化に対する注意を喚起している。

　この公式統計（『犯罪白書』など）において少年刑法犯の検挙人員を見てみると，大きく３つの波があったといわれている。第一の波は，戦後の貧困状況のもとに生じた生活型の犯罪が中心であり，第二の波は高度成長期における大学紛争に象徴されるように社会体制に対する反抗型の犯罪が中心だったといわれている。その後，物質的に豊かになった社会状況においてスリルを楽しむようなゲーム感覚の遊び型の犯罪が第三の波の特徴として指摘されている。

　たとえば，第一の波の時期には，「昭和 27 年いらい，青少年の犯罪は幸いにも減ってきているが，性に関連する暴力ざた，あるいは一般に暴力的な傾向は，むしろ増える一方である」（読売新聞 1954/5/11）とあり，青少年の性犯罪の増加に着目した内容となっている。また第二の波以降は，「事実三十七年度は少年犯罪は頭打ちしている。ただ中，高校生などが全少年犯罪の六割以上を占めているのは憂うべき事実」（読売新聞 1963/8/25）と論じている。その後の第三の波では，「非行の減少傾向が前年から引き続いていることを示している。この下降カーブを，今後も維持したいものだ。……しかし，楽観はできない。校内暴力をはじめ少年非行が減ってきたとはいっても刑法犯で補導される少年は，年間に十九万人前後を記録している。以前の二つの波に比べて，絶対数でははるかに多いし，まだ高原状態は続いているとみなければならない」（読売新聞 1985/8/24）と以前の２つの波と比較した分析で注意を喚起している。そして，第四の波に際しては，「少子化であっても，少年の検挙者数こそ横ばいだが，少年人口千人当たりでは増加傾向が顕著だ」（読売新聞 2004/1/9）や「中学，高校での校内暴力が減少傾向にある中で，唯一，小学校だけが発生件数を増やしている」（読売新聞 2005/9/28）など，少子化おける少年犯罪の相対的な増加や特定の学齢だけで見られる件数の増加に焦点を絞って少年の非行化に対する警鐘を鳴らしている。

　　⑥少年事件判決と少年司法に対する意見　　1980 年代以降は，社会的に注目を浴びた少年事件の判決に目が向けられる傾向にある。表５−３は，社説に掲載された主な少年事件の判決である。この表を見る限り，社会が注目するよう

表5-3　社説に掲載された主な少年事件判決

「千葉県柏市小学6年生刺殺事件」最高裁判決（読売新聞 1983/9/8）
「名古屋アベック殺人事件」地方裁判所判決（読売新聞 1989/7/1，朝日新聞 1989/6/29）
「山形県新庄市いじめマット死事件」家庭裁判所審判（朝日新聞 1993/8/24，朝日新聞 1993/9/15）， 　地方裁判所判決（朝日新聞 2002/3/21）
「調布市南口集団暴行事件」最高裁判決（読売新聞 1997/9/19，朝日新聞 1997/9/20）
「草加市女子中学生殺害事件」最高裁判決（読売新聞 2000/2/8）
「神戸児童連続殺傷事件」家庭裁判所少年院収容継続決定（読売新聞 2002/7/18），加害者仮退院 　（読売新聞 2004/3/11）
「長崎男児誘拐殺害事件」家庭裁判所保護処分決定（読売新聞 2004/9/16）
「佐世保小6女児同級生殺害事件」家庭裁判所保護処分決定（読売新聞 2004/9/16）
「光市母子殺害事件」最高裁判決（読売新聞 2006/6/23），高等裁判所差し戻し控訴審（読売新聞 　2008/4/23，朝日新聞 2008/4/23）
「寝屋川教職員殺傷事件」地方裁判所判決（読売新聞 2006/10/20）
「板橋管理人両親殺害事件」地方裁判所判決（読売新聞 2006/12/3）
「石巻市3人殺傷事件」地方裁判所判決・裁判員裁判（朝日新聞 2010/11/27），最高裁判決（朝日 　新聞 2016/6/27）
「大阪・愛知・岐阜連続リンチ殺害事件」最高裁判決（読売新聞 2011/3/11）
「川崎市中1男子生徒殺害事件」地方裁判所判決（読売新聞 2016/12/12）

な少年の殺傷事件が中心に取り上げられており，各裁判の結果とともに少年審判のあり方や少年法についての内容が多く認められる。

　⑦少年犯罪に対する責任の所在　　社説の少年事件に関する掲載内容には，原因とともにその事件に対する責任を追及するものが多い。少年事件に関する責任についてまとめてみると，「教師」「保護者」「業界（映画，テレビ，週刊誌など）」「大人」「国民」「家庭」「暴力団」「第三次産業」など，その責任の帰責対象はさまざまである。

　1960年代には，学校まかせにする保護者や社会の問題に責任を転嫁しようする学校の態度を「指導力の領域外感覚」として，「こどもたちを"教育の浮浪児"化し，非行化に追いやる結果になっているとも言える」（読売新聞 1962/5/8）と批判している。また70年代頃までは，ナイフ類に対する販売業者への規制（読売新聞 1960/11/23）や「暴力卒業式」に対する教師の責任（読売新聞 1961/2/20）を追及し，テレビの影響に対するテレビの編成者やスポンサーの責任（読売新聞 1962/5/8）にも言及している。

　ところが，1980年代から「思いやりや譲り合いの心を育てる教育の欠如」（読売新聞 1980/2/5）や「家庭，学校，地域，社会全体が，子どもを育てる機能を協力して果していくことが大切だ」（朝日新聞 1982/6/25）など，直接的な少年の非行化に対する個別の責任の言及は少なくなる。そして，1990年代には，

「最大の責任を負うのはむろん，加害者の生徒らである。その親たちも本気で子どもと向き合い，非を正そうとしただろうか。教師も少年係警察官も，そして親たちも……」（朝日新聞 2000/4/22）や「（非行防止に）家庭，学校，警察などが個別に取り組むことの限界でもある。荒れた心を治すには専門家の協力が必要だ。その意味で，地域の関係機関や専門家のネットワークが不可欠だ」（読売新聞 2001/1/17）など，責任は非行少年にかかわるすべての大人たち全体にあるとして，その責任を全うするための連携の必要性を問う論調へと変化する。

　2000 年代には，「親の児童虐待，配偶者間暴力などが日常的に行われているようでは，こどもへの悪影響は目に見えている」（読売新聞 2005/9/28）など，虐待を含めた保護者に対する責任論が主張されている。各年代の少年犯罪に対する責任の所在はさまざまであるが，その多くが犯罪の行為主体である少年を取り巻く社会環境に注目していることがわかる。

　本節で考察した社説は限定的な資料であり，すべての新聞社を網羅したものではないが，社説が各時代の動向を敏感に反映しながら少年非行に関する新聞メディアとしてのメッセージを発信してきたことは確かである。たとえば，神戸連続児童殺傷事件の報道は，刑事罰対象年齢の引き下げや少年院送致の対象年齢の引き下げの動因になった。さらに同事件は，加害少年の実名などの個人情報の掲載に関する少年法の規定（第 61 条）への議論を生んだ。

　しかし，少年事件の原因として列挙された社説の内容を大局的に検討すると，共通する点は「薬物」「低年齢化」「凶悪化」「普通（一般家庭・普通の子）」であることが見えてくる。各社説において，これらの少年事件のキーワードと「テレビ」「いじめ」「児童虐待」などの各時代で注目された事象を結びつけて語ることで，受け手の注意や関心をひくニュース価値の高い内容となっている。つまり，少年事件は，ニュース価値という基準に照らされることでその時代の特徴的な少年非行現象として報道され，人々に認識されてきたともいえよう。

5　少年事件報道とメディア・リテラシー

■マス・メディアと体感治安

　近年の少年事件報道を見るとき，「少年事件の凶悪化」や「体感治安」など

のマス・メディアが作り出す「擬似環境」に着目することが重要であろう。リップマン（W. Lippmann）は，「擬似環境の環境化」という概念を提起している。彼は，社会の拡大によって人々は真の環境の全容を正しく認知することができず，抽象化された擬似的な環境像を頭に描いてそれに適応せざるをえない状況下に置かれると説明している（Lippmann 1922=1987）。すなわち，「外界」である真の環境と頭の中にある「擬似環境」の乖離が，世論の深刻な危機であるという所論である。この指摘は，「擬似環境」が形成されやすいインターネット社会において少年事件の報道を考察するうえで有用である。情報源が多岐におよびその情報の真意が確かめがたい状況の下で，私たちは擬似的に事件像を頭に描かざるをえないのである。

　また少年事件は，話題性があり，かつ子どもの健全育成を支える大人の社会的使命に関わるという意味で公共性が高いため，高いニュース価値を持つ報道対象であるといえる。特にニュースの受け手が子どもをもつ親や祖父母であれば，その関心は強くなる。しかし，この関心の背景にはさまざまな問題も混在する。フェスティンガー（L. Festinger）は，人が何らかの物事を認知した場合に自分自身の考えや行動と相容れない矛盾（不協和）を解消（逓減）し，または回避しようとする心理状態となることを明らかにしている（Festinger 1957=1965）。少年犯罪において動機のわかりづらい事件は，人々にとって認知的に不安定な状態を強いる。大村（1980）は，「認知不協和の逓減」法則を用いてどの少年も凶悪犯罪に向かう危険性があるという人々の解釈と少年犯罪の衰退の事実の乖離を説明している。

　また，培養理論を受けて佐藤は，「『体感治安』悪化には別のメディア要因も考えられる。犯罪者の人権保護が意識されるようになったため，ワイドショーの取材は被害者へ集中しがちになる。視聴者は被害者インタビューに感情移入して被害者意識を共有するようになっていく。この結果，社会全体が犯罪者へ厳罰を望むようになるのは自然である」（佐藤 2006: 177）と述べている。この「体感治安」の悪化について浜井は，他国にくらべて日本は実際の犯罪被害が低いにもかかわらず，犯罪被害に対する不安が高く，厳罰化を求める傾向が高いことを明らかにしている（浜井 2001）。

■ メディア・リテラシーの重要性

　一方，インターネットが身近な存在となった現在，メディアに対する人々の
かかわり方は，さまざまな選択や思考の場面に大きな影響を及ぼしている。そ
こで問われるものは，メディア・リテラシー^{→用}であろう。メディア・リテラシーと
は，メディアが提供する情報に対して正しく読み解き，使いこなす能力を指す。

　見城は，メディア・リテラシーに関して「文法性」「文脈性」「批判性」の3
つのポイントを挙げている（見城 2010）。「文法性」とは受け手が得る情報が，
各メディアの表現上の技法を通じて構成された現実であるということ，「文脈
性」とは，メディアが発信するメッセージの背景に政治的文脈や経済的文脈な
どの意味づけがあるということである。そして「批判性」とは，誤報や過剰報
道などのメディアの問題点を批判するとともに，「自省・反省」の作業を通じ
てメディアとの関係を省みることである。つまり，メディアを否定し非難をす
るだけの限定されたリテラシーだけではなく，その批判のなかにメディアと受
け手の関係を組み替えていく作業が求められるということである。

　電子書籍や電子新聞が登場し，これまでのマス・メディアの情報発信方法は
多様化している。そのなかで受け手である私たちのメディア・リテラシーも，
メディアの進化とともに常に更新することが迫られている。ティチェナー（P.
J. Tichenor）らは，情報環境や情報量が充実していても，情報を得ることが未
熟な人々と情報処理に習熟した者との間の知識の格差は広がると論じている。
その差は，価値観や行動様式の面における両方の間の溝を深めていくことにな
り，犯罪報道に関してもメディアを通じた一面的な情報に基づく加害者に対す
る攻撃的なリアクションなどは，情報処理の格差という側面から注視しなけれ
ばならない。

　今後も実生活レベルの事件から世界規模の事件まで，私たちが犯罪報道に触
れる機会はますます増えていくはずである。そのなかで，事件の内容を複眼的
に判断するためには，マス・メディアの特徴を把握し，受け入れている情報が
マス・メディアという装置を通じた情報であるということを自覚する必要があ
る。モラル・パニック^{→用}に動じない思考と言動はそうすることで生み出されるこ
とになるだろう。

🔍 本章で紹介したメディア理論をひとつ取り上げて，その理論を掘り下げて理解
してみよう。その理論に依拠した視点から興味や関心のある犯罪報道について，
各マス・メディアの報道方法や特徴，その影響について考えてみよう。

🔍 実生活のなかでメディアに接する際のルールはあるだろうか。テレビの長時間
の視聴やインターネットを介した情報収集などに関する，メディア批判的な言
説と自らのメディアに接するルールをくらべて，その違いや共通点について検討し
てみよう。

Book Guide

▶ スタンリー・J・バラン／デニス・K・デイビス『マス・コミュニケーショ
ン理論——メディア・文化・社会』（上・下，李津娥ほか訳）新曜社，
2007 年。

　マス・コミュニケーションの理論を網羅的に整理されている初学者向けのテキ
ストである。各理論の長所と短所を簡潔にまとめた「インスタント・アクセス」
や理論と関連する事例などを紹介する「ボックス」があり，読み手にマス・コ
ミュニケーションへの興味や関心を喚起する構成となっている。原著の初版は
1995 年刊。

▶ マーシャル・マクルーハン『メディア論——人間の拡張の諸相』（栗原裕／
河本仲聖訳）みすず書房，1987 年。

　原著はやや古く（1964 年），初学者にとってはやや理解しにくい内容もある。
しかし，メディアを学んでみたい学生やコミュニケーションの過程に興味がある
初学者には，一度は手に取ってもらいたい基本的な文献である。

▶ 鮎川潤『少年犯罪——ほんとうに多発化・凶悪化しているのか』平凡社新書，
2001 年。

　日本の少年事件報道に着目しながら，戦前戦後の少年非行を概観している。新
書なので分量的にも読みやすく，新たな少年非行のイメージを示唆してくれる良
書である。

Column 5　報道被害

　報道被害とは，マス・メディアが事件などの報道をする際に，報道内容が誤りであったり，社会的な関心を集めるために事実を誇張した内容に編集されたりすることによって，結果として報道された人の実生活や人間関係に被害を与えることを指す。

　犯罪報道の問題点としては，たとえば，有罪判決を受ける前の被疑者に対して逮捕のみで有罪であると決めつけてかかるような報道姿勢や，スクープを得るために事件の関係者に対して各報道機関が集団で押しかけて執拗に取材するメディア・スクラムなどが挙げられる。

　このような問題点を背景として，時として甚大な報道被害が生じてしまうことがある。たとえば，1994年の松本サリン事件では，まったくの無実の人が警察から被疑者扱いをされたのを発端に，マス・メディアによってしばらく犯人扱いを受けた。

　また近年では，インターネットの普及にともない，容疑者の顔写真や経歴などが流布しやすい情報環境にある。とくに少年事件の場合には，実名や顔写真の報道には慎重でなければならない。マス・メディアの犯罪報道が報道被害をもたらしていないか，私たちは注視しなければならない。

第 **II** 部

犯罪・非行の社会学理論と
現代社会

「不夜城」© 1998/「不夜城」製作委員会

第6章

犯罪・非行とコミュニティ
社会解体論と環境犯罪学

🔍 KEY WORDS	▶人間生態学	▶クライム・マッピング
	▶犯罪機会論	▶安全・安心なまちづくり

　「眠らない街」といわれ，犯罪と暴力が渦巻く新宿歌舞伎町では，中国系マフィアが勢力争いを繰り広げていた。日本と台湾のハーフである主人公の劉健一は，上海マフィアのボスから，組織の幹部を殺害した呉富春を探すよう命じられるのだが……。

　馳星周のベストセラー小説を原作とするハードボイルド映画『不夜城』（1998年）は，新宿歌舞伎町が舞台であり，ロケの一部も現地で行なわれた。作品自体はフィクションであるが，当時の新宿歌舞伎町を知る者であれば，現実の一場面を観ているような感覚になるだろう。それでは，当時の「新宿歌舞伎町」のように，アウトローが集まる街が実在するのはなぜなのか。「中国系マフィア」のような移民の勢力争いが，異国の街を舞台に描かれたのはなぜだろうか。また，そのような街の治安回復はあり得るのだろうか。これらの疑問を念頭

に置きつつ，本章では「コミュニティ」に着目して，犯罪・非行を考えてみたい。

　みなさんは「治安を回復するためにどうすればよいか」と問われて，何を考えるだろうか。そのとき，精神病質（psychopathy）や成育歴など，犯罪者や非行少年の個人的な特質に着目する人もいるかもしれない。しかし，個人の特質だけに着目すると，「なぜ，精神病質や成育歴が犯罪・非行につながるのか」「なぜ，特定の街に犯罪・非行が集中するのか」という疑問に答えられないだろう。つまり，個人をとりまく環境や，犯罪・非行が集中しやすいコミュニティの特質も視野に入れて考える必要があるのだ。

1 コミュニティの「解体」による犯罪・非行

■ シカゴ学派の人間生態学

　19世紀後半から20世紀前半にかけて，犯罪・非行の社会学的な研究が急速に進展した。その舞台となったのは，アメリカのシカゴである。当時のシカゴは，産業の発達によって多くの労働者が必要となり，主にヨーロッパからの移民を大量に受け入れていた。そのために，シカゴの人口は急増した。1840年にわずか4500人程度であったシカゴの人口は，半世紀後の1890年に約110万人，1世紀後の1940年に約340万人となった。その結果，さまざまな民族や階層が混在することになったのである。

　同時に，シカゴは「犯罪都市」ともいわれ，殺人，窃盗，強盗，売春，賭博などが多発していた。1987年公開の映画『アンタッチャブル』に登場するギャングのアル・カポネ（A. Capone）が暗躍したのも，1920年代のシカゴであった。

　そのような社会的背景のもと，1892年にシカゴ大学に世界初の社会学部が創設され，シカゴ学派という一大勢力が築かれる。その発展に貢献した中心人物は，パーク（R. E. Park）とバージェス（E. W. Burgess）である。

　パークは1916年に人間生態学（human ecology）を提唱した（Park 1916=1978）。シカゴという都市を巨大な実験室とみなし，そこに住む人々を生態学的にとらえようとしたのである。人間生態学的に考えると，人間は動物であるにもかかわらず，コミュニティの慣習や規範にしたがって個人的な衝動を抑え，社会を統制している。しかし，さまざまな民族や階層が混在する都市では，慣習や規

図 6-1 同心円地帯理論

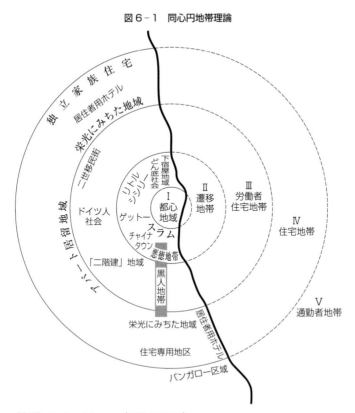

独立家族住宅
居住者用ホテル
栄光にみちた地域
二世移民街
ドイツ人社会
リトルシシリー
下宿屋地域
どん底社会
ゲットー
チャイナタウン
スラム
アパート居留地域
「二階建」地域
悪徳地帯
黒人地帯
栄光にみちた地域
居住者用ホテル
住宅専用地区
バンガロー区域

I 都心地域
II 遷移地帯
III 労働者住宅地帯
IV 住宅地帯
V 通勤者地帯

（出所）　Park and Burgess（1925=1972: 53）。

範が統一されず，社会統制が弱まると考えたのだ。つまりパークは，シカゴで
発生する犯罪・非行などの原因を，人間とコミュニティの相互関係から明らか
にしようとしたのである。

　そして，バージェスは 1925 年に，シカゴの都市空間が同心円状に広がり，
人々の分布ができていることを，人間生態学の立場から明らかにした。それが，
図 6-1 の同心円地帯理論である（ちなみに，図の右側の破線部分はミシガン湖で，
中央の太線は湖岸を意味している）。同心円地帯理論では，シカゴを 5 つの層にわ
けている。それぞれの層の特徴について，中心部から順にみていこう。

　まず，「I 都心地域」は高層ビルが立ち並ぶ中心的な業務地区であるととも
に，百貨店や美術館などがある商業地区である。つまり，シカゴという都市の
中枢にあたる地帯だ。ついで，「II 遷移^{→用}地帯」は軽工業地区であるとともに，

安価で劣悪な住宅や宿屋がある地区である。スラム（貧民街）のイメージが強く，シチリア人街（リトルシシリー），ユダヤ人街（ゲットー），中国人街（チャイナタウン）などがあり，移民が集中している。

これ以降はすべて住宅地となる。まず，「Ⅲ 労働者住宅地帯」は，住民の多くが工業に従事する労働者階級の移民であり，富裕ではないが貧しくもない人々が集まっている地帯である。「Ⅳ 住宅地帯」は，住民の多くが中産階級であり，比較的高級な賃貸マンションや住宅が多い地帯である。最後に，「Ⅴ 通勤者地帯」は，住民の多くが上流階級であり，バンガローハウスなどがある郊外住宅地になっている。

これら5つの層のなかで，きわめて治安が悪かったのは遷移地帯である。犯罪・非行が多発していた遷移地帯を避けて，富裕層は郊外に住むようになり，シカゴは同心円状に拡大していったのだ。

■ 社会解体論の隆盛

バージェスは同心円地帯理論の提唱にあたって，身体の新陳代謝になぞらえて，都市の成長を組織化と解体の結果現象として考えることを主張した。都市の成長は，新たな人間が加わることで，それまで組織化されていた社会が解体し，再組織化されていく過程なのだ。この考えは，**社会解体論**（social disorganization approach）に依拠している。

社会解体論は，クーリー（C. H. Cooley）の『社会組織論』（1909），およびトマス（W. I. Thomas）とズナニエツキ（F. Znaniecki）による全5巻の共著『ヨーロッパとアメリカにおけるポーランド農民』（1918～1920）で提唱された理論である。社会解体とは，クーリーによれば「人間性と制度が不調和であり，制度的な安定性が損なわれている状態」であり（Cooley 1909＝1970），トマスとズナニエツキによれば「それまでの社会的な行動規則が，個々の集団（主に家族とコミュニティ）の成員に影響力を及ぼさなくなる状態」である（Thomas and Znaniecki 1918 -1920＝1983）。

トマスとズナニエツキは膨大な資料をもとに，ポーランドからの移民がアメリカに適応する過程を詳細に記述した。ポーランド移民たちは，アメリカという新天地に来たことで，社会解体を経験していた。その結果として，殺人，青少年の性的非行や家出などの現象が発生しやすくなっていると考えたのである。

また，トマスとズナニエツキは社会解体と個人解体を区別した。個人解体とは，個人の生活全体を進歩的かつ継続的に組織化する能力が衰退することである。個人解体は人格解体（精神病質など）と生活解体（生活行動の異常や逸脱）に分けられるが，両者が同時に発生するとは限らない。たとえば，精神病質でありながら生活行動に異常がない者がいる一方で，生活行動が異常であっても精神病質ではない者もいる。もちろん，社会解体と個人解体に関連性がないわけではないが，個人解体が犯罪・非行の原因であるとは断言できない。そのため，1920年代のシカゴ学派による犯罪・非行研究では，社会解体が重要視されたのである。

　その後，社会解体論を基調とした犯罪・非行研究が続々と登場する。たとえば，トマスの『不適応少女』（Thomas 1923），モウラー（E. R. Mowrer）の『家族解体』（Mowrer 1927），スラッシャー（F. Thrasher）の『ギャング』（Thrasher 1927）などが有名である。ただし，この段階の社会解体論は，理論的には充分に整備されたものではなかった。

　社会解体論が理論的に整備されるのは，1930年代以降である。エリオット（M. A. Elliott）とメリル（F. E. Merrill）の共著『社会解体』（Elliott and Merrill 1934）では，社会解体は社会の組織化（social organization）の反対概念であり，集団の成員間の関係が壊れて集団が崩壊する過程として提示される。集団の成員間の関係は地位と役割によって規定されるが，社会の急速な変化は旧来の地位と役割を不明確にし，混乱や葛藤をもたらす。その結果，集団が機能障害におちいることで，社会解体は発生しやすくなるのである。

　その後，フェアリス（R. E. L. Faris）は『社会解体』（Faris 1955）において，社会解体の特質として，①役割の分裂，②役割の曖昧性，③統一と調和の衰退，④機能の失敗という4点を挙げている。そのうえで，神聖的要素の衰退，関心や趣味の個別化，快楽主義の出現，相互不信などが，社会解体が発生する兆候であると指摘している。以上のように，社会解体論はシカゴ学派の多くの研究者に共有され，30年ほどの年月をかけて発展したのである。

■ 社会解体論への批判と新たな理論的潮流

　一方で，社会解体論には多くの研究者からきびしい批判がよせられた。批判の要点をまとめると，①社会解体と社会変動は同じだ，②社会解体論とアノ

ミー論（第7章参照）は同じだ，③反社会的な価値や規範であっても，高度に組織化されているのであれば解体ではない，④解体が悪で組織化が善であるようにみなしているが，それは主観的な価値判断だ，⑤解体と組織化の程度を測定していない曖昧な概念だ，といったものになる。

結果的に，社会解体論はこれらの批判に応えることができず，理論としての有効性が疑問視された。

同時に，犯罪・非行の原因として，社会的な規範からの逸脱に着目した研究が続々と登場する。その先駆となったのはフォード（J. Ford）の『社会的逸脱』（Ford 1939）であった。その後，1950年代にはレマート（E. M. Lemert）やクリナード（M. B. Clinard）などによって，逸脱行動論（deviant behavior theory）が体系化される。

また，学習理論では，サザランド（E. H. Sutherland）が1947年に分化的接触理論を9つの命題に定式化し，後にクロワード（R. A. Cloward）とオーリン（L. E. Ohlin）による分化的機会構造理論の提唱につながっていく（第8章参照）。とくにサザランドは社会解体を否定し，社会組織の分化によって犯罪・非行の文化に触れることが犯罪・非行の原因になると論じた。分化的接触理論が定式化された段階で，社会解体論は説得力を失っていったのである。

さらに，1960年代にはベッカー（H. S. Becker）によってラベリング論が大きく発展し，1970年代になるとスペクター（M. Spector）とキツセ（J. I. Kitsuse）が構築主義を展開する（第10章参照）。そのような理論的潮流の中で，社会解体論は過去の遺物とみなされるようになったのである。

2 犯罪・非行の地域的な分布

■非行地域

同心円地帯理論では，人間の地域的な分布が5つの層として描きだされた。しかし，人間の地域的な分布は，木の年輪のように規則的に広がるとは限らない。一部には，貧困層と富裕層が隣接する地区もあったのだ。

たとえば，ゾーボー（H. W. Zorbaugh）は『ゴールド・コーストとスラム』（1929=1997）において，パーク，バージェス，トマスの理論をそのまま用いな

がら，富裕層の住むゴールド・コーストと貧民層の住むスラムが隣接している地区で発生する犯罪・非行を鮮やかに記述した（Zorbaugh 1929=1997）。

　ただし，地理的に隣接していても，犯罪・非行が富裕層の地区で多発することはない。あくまで，犯罪・非行が多発するのは貧困層の地区である。この傾向は，シカゴ以外の都市にもみられた。

　『ジャック・ローラー』（第2章参照）の著者として知られるショウ（C. R. Shaw）は，マッケイ（H. D. Mckay）らとともにアメリカの主要都市における犯罪・非行の発生状況を比較した。その結果，15の都市において，都心地域をとりまく遷移地帯で犯罪・非行が多発していることを明らかにした。つまり，特定の地域に犯罪・非行が集中していたのである。マッケイはこのような地域を，**非行地域**（delinquency area）と名づけた。

　非行地域では，反社会的な規範が主流となり，周囲の人々から法を犯すことを奨励されることさえある。そのため，非行地域で生まれ育った人々は一般的な規範を知らないか，知っていたとしても反社会的な規範の方に従おうとするのである。非行地域が犯罪・非行を発生させやすいコミュニティであることは，商業施設と交友関係の点から説明される。商業施設としては，遊戯場（現代であればゲームセンターなど），古物店（盗品売買が行なわれる商店），酒場などが多い。また，そのような商業施設に出入りすることで，窃盗団などの犯罪・非行グループと知り合う可能性も高まるのである。

　実際に，ショウとマッケイはシカゴの少年裁判所の記録から，窃盗を犯した男子少年の93.1％が複数名の共犯であることを明らかにしている。もちろん，非行地域のすべての居住者が犯罪・非行に関与するわけではないが，他の地域に比べて犯罪・非行に関与しやすい環境があるのだ。

　以上のように，人間生態学は犯罪・非行の地域的な分布をとらえる視点として重要視され，その後の研究に引き継がれているのである。

■非行少年の生態と動態

　日本では，『東京都における非行少年の生態学的研究』（柏熊・松浦 1958）がショウの理論の追試として行なわれた。この研究では，1956年度に東京家庭裁判所が受理した少年保護事件のうち，事件調査が可能であった者を対象として，非行少年の生態と動態が明らかにされた。

表6-1　非行少年の流入・流出の傾向

地　域	区
1　流入が高率で流出が低率な地域	千代田，中央，港，新宿，台東
2　流入が低率で流出が高率な地域	中野，練馬，北
3　流入，流出ともに低率な地域	大田，板橋，足立，葛飾，江戸川
4　流入，流出ともに高率な地域	文京，渋谷，豊島
5　その他の地域	品川，荒川，墨田，江東，杉並，目黒，世田谷

（出所）　岩井ほか編（1969: 378）。

　非行少年の生態は，非行少年の居住地と，犯罪・非行が行なわれる行為地に
分けられる。まず，居住地についてはシカゴのような同心円状の遷移地帯がみ
とめられなかった。中心地域（千代田区，中央区，港区など）の分布は低いもの
の，都内全般に分散していたのである。その中で非行少年の分布が比較的高
かったのは，大田区，足立区，江戸川区などであった。一方で，行為地は分布
が密集していた。銀座，新宿，上野などは多発地であり，都心に近いほど分布
が高まる傾向があった。つまり，非行少年の居住地分布と行為地分布に大きな
差があったのである。
　そこで，非行少年の動態をみると，表6-1のようになる。この中で，「流
入が高率で流出が低率な地域」は，居住する非行少年が少ないにもかかわらず，
犯罪が多発している地域である。つまり，他の地域から流入してくる少年たち
によって行なわれる犯罪が多いという特質をもっている地域ということだ。具
体的には，千代田区，中央区，港区などが該当している。また，「流入，流出
ともに高率な地域」は，他の地域から流入する少年による犯罪が多いと同時に，
その地域に居住する少年が他の地区へ行って犯罪を行なうということである。
具体的には，文京区，渋谷区，豊島区が該当している。
　このように，1950年代後半の東京の場合，非行少年の動態から，居住する
非行少年が少ない中心地域で犯罪が多発する傾向が明らかになったのである。

■GISによるクライム・マッピング

　犯罪・非行の地域的な分布を地図上であらわすことを，クライム・マッピング

図6-2　警察が公開している犯罪発生マップ

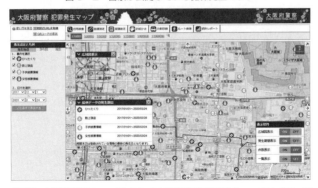

（出所）大阪府警察ウェブサイト「大阪府警察犯罪発生マップ」（http://
www.machi-info.jp/machikado/police_pref_osaka/infopage.html
2020 年 3 月 25 日閲覧）。

（crime mapping）という。クライム・マッピングは，1800 年代前半のヨーロッ
パにおいて，人口学や統計学のデータをもとにして行なわれていた。シカゴ学
派が人間生態学でクライム・マッピングを展開した頃には，すでに約 100 年の
歴史がある手法として，犯罪・非行研究に用いられていたのだ。

　クライム・マッピングの長所は，図6-2のように犯罪の多発地（hot spot）
が一目でわかることだ。しかし，コンピューターが登場する以前は，データ作
成や作図をすべて手作業で行なっていたため，膨大な時間と労力を必要とした。
そのため，警察活動などの実務で活用されるようになったのは，コンピュー
ターの登場以降である。

　コンピューターによるクライム・マッピングは，1960 年代にはアメリカで
実用化されたが，当時は大型コンピューターによる専門的なプログラムであっ
た。急速に犯罪・非行研究や警察活動などの実務に普及していくのは，1990
年代に**地理情報システム**（GIS: geographic information system）のソフトウェアが登
場してからである。

　そして，インターネットが普及した 2000 年代から，日本でも各都道府県の
警察が図6-2のように GIS を活用した犯罪発生マップを公開するまでになっ
た。つまり，GIS とインターネットの活用により，誰もがクライム・マッピン
グの形式で犯罪発生情報を取得できるようになったのだ。

　GIS によるクライム・マッピングは，最新の犯罪発生情報を反映し，最新の

地図情報に基づいて犯罪発生地点を確認できることから，即時性と正確性を兼ねそなえている。つまり，犯罪発生マップを閲覧すれば，いつ，どの地区で犯罪が発生したのかを即時かつ正確に把握することが可能となっているのだ。そのため，人々は自らのコミュニティについて，どこが犯罪の多発地であるかを見定めたうえで，防犯活動に参画することができるのである。

3 犯罪・非行を起こしにくい環境づくり

■ 犯罪原因論から犯罪機会論へ

防犯とは，犯罪を未然に防止することである。しかし，これまでの犯罪・非行研究で提唱された理論は，必ずしも防犯に役立つものではない。なぜなら，「犯罪者」という人物に着目して，犯罪の原因を究明しようとする視点に立っているからだ。学習理論はもちろんのこと，社会解体論でさえも「移民」や「非行少年」などの人物に着目し，その人々の境遇や規範に犯罪・非行の原因を求めている。つまり，「人はなぜ罪を犯すのか」という疑問に基づいているのだ。このような視点に立つ従来の犯罪・非行研究は，犯罪原因論といわれる。

GIS によるクライム・マッピングは，地理情報をもとにして犯罪発生状況を一覧的に示す手法であり，防犯に活用することが可能だ。しかし，クライム・マッピングから得られるのは，すでに発生した犯罪情報である。つまり，未然に防止できなかった犯罪を示しているのだ。クライム・マッピングを防犯に活用するためには，犯罪原因論ではない新たな理論的枠組みが必要となる。

そこで注目されたのが，犯罪・非行が起こりにくい環境設計である。その先駆けは，ジェイコブス（J. Jacobs）の『アメリカ大都市の死と生』（Jacobs 1961=2010）やニューマン（O. Newman）の『まもりやすい住空間』（Newman 1972=1976）で展開された防犯空間（defensible space）理論である。いずれも，建築学や都市計画の視点から，物理的な環境設計によって防犯性を高めようとするものであった。

たとえば，ジェイコブスが提言した環境設計は，①街路に目が向くよう建物を街路に面して配置する，②公共空間と私的空間を明確に区別する，③公共空間を利用度の高い地域に隣接して配置する，というものだ（Jacobs 1961=2010）。

つまり，監視性と領域性を高めることで，犯罪者が見つかりやすく，侵入しにくい空間を設計するのである。

　防犯空間理論の要点は，犯罪者という人物ではなく，犯罪が起こりそうな「場所」に着目していることにある。つまり，「犯罪の機会がない環境であれば，犯罪は発生しない」という発想に基づいているのだ。このような視点に立つ犯罪・非行研究は，**犯罪機会論**といわれる。

　犯罪機会論の発展に貢献したのは，偶然にもニューマンと同時期に犯罪機会論を展開したジェフェリー（C. R. Jeffery）である。ジェフェリーはシカゴ学派の人間生態学について，物理的環境を社会的環境に置き換え，犯罪を犯罪者に言い換えていると批判した。つまり，物理的環境にあまり注目せず，社会的環境や犯罪者に注目しすぎているというのだ。そのうえでジェフェリーは，1971年に防犯環境設計（CPTED: crime prevention through environmental design）を提唱した（Jeffery 1971）。

　CPTED では，①監視性の確保（見通しをよくする），②領域性の確保（侵入されにくくする），③接近の制御（犯罪者を近づけない），④抵抗性の確保（被害対象者や対象物の強化），という 4 つが基本原則となっている。

　ニューマンの防犯空間理論もこれと似ているが，ニューマンが住宅地の環境に特化したのに対して，ジェフェリーは学校や商業地にも視野を広げている。そのため，CPTED はアメリカやイギリスなどで多くの防犯プログラムの基礎理論として用いられた。日本でも，2000 年前後に CPTED に関するワークショップが多く開催され，都市計画の防犯関連分野で注目を集めた。このように，防犯空間理論や CPTED は犯罪・非行の研究や政策において，「犯罪原因論から犯罪機会論へ」という転換をもたらしたのである。

　一方で，防犯空間理論や CPTED の基礎は建築学や都市計画であるため，物理的な「設計」というハード面に特化している。このことから，大きく分けて 2 つの課題が浮かび上がる。

　ひとつは，都市や建物にはさまざまな機能があり，防犯のみを重要視して設計することは難しいということだ。たとえば，街路に面している見通しのよいマンションは，防犯性の高い環境設計であるが，住民は街路からの視線を受けやすい環境におかれる。つまり，私的空間のプライバシーが損なわれやすいのである。

もうひとつは，コミュニティの人々がどのように防犯に関与するのか不明確であるということだ。建築学から派生した理論では，人々の「活動」や「意識」といったソフト面に充分に応えることが難しいのである。後に CPTED は改良され，コミュニティの人間関係の強化や防犯活動の啓発を含めるようになったが，よりソフト面を考慮した理論も続々と登場した。

■環境犯罪学の成立

　環境設計のハード面だけでなく，人々のソフト面も考慮した理論として，合理的選択理論（rational choice theory），状況的犯罪予防（situational crime prevention）論，日常活動理論（routine activity theory）がある。

　合理的選択理論はもともとアメリカの経済学者ベッカー（G. S. Becker）らが提唱した経済学の理論であるが，1970 年代から犯罪・非行研究にも応用されるようになった。そして，コーニッシュ（D. Cornish）とクラーク（R. Clarke）によって，1980 年代には犯罪学の理論として台頭した。

　犯罪学的な合理的選択理論は，「犯罪によって得られる利益が犯罪のリスクを上回ったとき，人は合理的に犯罪行為を選択する」というものである。つまり，「犯罪から得る利益が最小であるにもかかわらず，犯罪を失敗した際の損失やリスクが最大」であれば，犯罪は実行されないのだ。合理的選択理論では，犯罪の選択は 3 段階に分けられる。

　まず，犯罪行動の選択が行なわれ，犯罪者は犯罪から得られる利益を，逮捕の危険性や刑罰の重さと比較して，犯罪を実行するか否かを決定する。そこで犯罪の実行を決定すると，次に罪種の選択が行なわれる。ここで犯罪者は，時間や空間といった現場の状況，自身の能力などを分析して，どのような標的がよいかを大まかに考える。そして最後に，合理的な計算の上で犯罪の標的を具体的に選定する。以上の 3 段階を経て，犯罪は実行されるのである。

　それでは，犯罪の損失やリスクを高め，標的として選定されないためには，どうすればよいのだろうか。その具体的な対策を示したものが，**状況的犯罪予防論**である。状況的犯罪予防とは，①具体的な特定の犯罪形態を対象とし，②犯罪が発生しにくい環境を持続的に管理，設計，操作して，③犯罪の労力とリスクを増やすことによって，「犯罪の機会を与える状況」を改善することである。③は合理的選択理論の視点であるが，状況的犯罪予防論を発展させたのも

クラークである。

　状況的犯罪予防の基本的な考え方は，1970年代のイギリス内務省の防犯活動にみられているが，体系化されたのは1992年である。そのときに防犯の技法として，「犯行対象の強化」「出入検査の実施」「所有物への記名」などの12の分類が提示された。その後，2003年には「武器の規制」などが加わり，分類が25に充実した。

　状況的犯罪予防論の目的は，具体的な建物や路地の防犯性を高めることである。たとえば，「銀行強盗」という犯罪を広くとらえるのではなく，「A銀行B支店」に特化して，銀行強盗の被害にあわないための状況を形成する。そのため，A銀行B支店の立地条件や間取りなどを勘案して，ATMの設置箇所を変更したり，店内の見通しを良くするために照明を明るくするなどの個別的な対策がとられるのだ。

　このように，状況的犯罪予防論が具体的かつ個別的な対策を提示しているのに対し，コーエン（L. E. Cohen）とフェルソン（M. Felson）は日常生活の監視を重要視し，1979年に日常活動理論を提唱した。彼らは，「①動機を持った犯罪者がいて，②適当な犯罪標的があり，③有能な監視者が不在であることから犯罪は起こる」と指摘した（Cohen and Felson 1979; Felson 2002=2005）。つまり，犯罪者と犯罪標的が存在しても，監視者が存在すれば犯罪を大幅に減少させることができるのだ。

　ここでいう監視者とは，警察官や警備員などの専門家よりも，住民や通行人などの一般人が想定されている。ビル管理人，商店経営者，警備員などは場所管理者といわれ，安全な環境を維持・向上するために場所を管理するが，常にすべての場所や人々を監視できるわけではない。そのため，日常活動理論では，自然監視が重要視される。監視の重要性は他の理論でも指摘されているが，場所管理者以外の人々の日常活動による自然な監視こそ，日常活動理論の核心的な監視性なのである。

　以上のように，ジェイコブスの防犯空間理論以降に，犯罪が起こりやすい場所や環境に着目した理論が続々と登場した。しかし，これらの理論は時期的に重複して展開されたものが多く，犯罪機会論を統合的に扱う学問領域が存在しなかった。そこで，1981年にブランティンガム夫妻（P. J. Brantingham and P. L. Brantingham）はこれらの理論を統合する新しい学問領域として，**環境犯罪学**

（environmental criminology）を提唱した（Brantingham and Brantingham 1981）。

　環境犯罪学の特徴は，シカゴ学派の人間生態学を源流としながら，学際性をもたせていることである。具体的には，建築学（建物の設計），都市工学（まちづくり），地理学（マッピング），社会学（人の移動など）などの視点を統合することで，個別的な防犯対策から都市全体の治安政策までを，幅広く扱うことができるのだ。

■ 割れ窓理論の登場

　環境犯罪学が提唱された翌年に，**割れ窓理論**（broken windows theory）が登場した。割れ窓理論の発想は，「一枚の割れた窓ガラス」という小さな無秩序を放置することが，いずれは「治安悪化」という大きな無秩序になるというものである。当初はウィルソン（J. Q. Wilson）とケリング（G. L. Kelling）が 1982 年に提示した仮説であったが，後にケリングとコールズ（C. M. Coles）が発展させ（Kelling and Coles 1998=2004），環境犯罪学の主要理論のひとつになった。

　割れ窓理論によれば，「割れた窓ガラス」は管理の意識が低い場所の象徴であり，コミュニティ崩壊の兆候と考えられる。まず，建物の窓ガラスが割れていると，その建物は管理が行き届いていないイメージをもたれる。そのうちに，すべての窓が割られてしまう。そうなれば，犯罪者や非行少年は，警戒心を抱かずにその建物に侵入できてしまう。建物全体が荒廃すると，周辺の街路まで荒廃したイメージがつきまとい，多くの市民がその街路から離れていく。コミュニティを守る人がいなければ，コミュニティは崩壊して無秩序になる。そのようなコミュニティであれば，犯罪者や非行少年は，「犯行は発見されない」「発見されても通報されない」と考えて犯行に着手する。このように，小さな無秩序が次第に大きな無秩序に拡大し犯罪の発生に至ると，割れ窓理論では考えるのである。

　秩序のあるコミュニティを維持するためには，秩序違反行為への適切な対応が必要となる。秩序違反行為とは，人々に不快感や不安感を与える振る舞いである。具体的には，落書き行為，公園での飲酒，ゴミの投げ捨て，公共物の破壊，バスや電車内での大騒ぎ，街頭での暴力的行為，押し売り，深夜の騒音などがあげられる。つまり，割れ窓理論が主眼に置く秩序違反行為は，重大犯罪ではなく，器物破損などの軽犯罪や「迷惑防止条例」の違反である。

割れ窓理論の知名度を上げたのは，ゼロ・トレランス政策[用]（zero tolerance policies）である。ゼロ・トレランス政策とは，犯罪・非行に一切の寛容を示さず厳しく取り締まるもので，1990年代半ばにニューヨークの治安政策として実施された。ニューヨーク市は1980年代から治安が悪化し，アメリカで有数の犯罪多発都市となっていた。そこで，当時のニューヨーク市長であったジュリアーニ（R. W. Giuliani）は，ケリングを顧問に任用して，治安政策に割れ窓理論を応用したのである。具体的には，警察予算の増大，警察官の増員，街頭パトロールの強化により，落書き，未成年者の喫煙，無賃乗車，違法駐車などの軽犯罪を徹底的に取り締まったのだ。

有名な事例は，ニューヨーク地下鉄の治安回復である。当時のニューヨークの地下鉄は，物乞いや軽犯罪者が多く，車両も落書きだらけの状態であった。そこで，警察はキセル乗車などの取締りを強化するとともに，車両の落書きを消去した。すると，犯罪が減少し，利用客は増加していった。つまり，荒廃したイメージの払拭に成功したのである。

それから5年間で，ニューヨークの刑法犯認知件数が大幅に減少し，治安の回復に成功したといわれている。ただし，ニューヨークの治安回復は，割れ窓理論の実効性とは無関係であるという主張もある。1990年代にはアメリカの多くの都市で刑法犯認知件数が減少しており，ニューヨークもジュリアーニが市長になる以前から，その傾向がみられていた。また，ゼロ・トレランス政策の成果についても，警察官の増員を決めたのは前市長であり，すべてがジュリアーニの功績であるとは言い切れない。

しかしながら，ニューヨークの成果は日本の治安政策にも影響を及ぼすこととなった。日本でも，割れ窓理論を中心に，環境犯罪学が防犯活動の理論的根拠として普及していったのである。

4 安全・安心なまちづくりの推進

■ 環境犯罪学に基づく政策

シカゴの遷移地帯や一時期のニューヨークのように，日本にも犯罪・非行の温床とみなされた繁華街や歓楽街がある。2003年に東京都は，都，市区町村，

都民，事業者，地域団体などの協働による「東京都安全・安心まちづくり協議会」を発足させた。協議会の目的は，自主的な防犯活動や防犯に配慮した環境整備を促進し，都民や東京都を訪れる人々が安全に，かつ安心して暮らすことができ，また活動できる街を実現することである。そこで，警視庁は新宿歌舞伎町などの四地区において，違法な風俗営業，暴力団，外国人犯罪の取締りを強化した。同時に，地域住民らと協働して街路清掃や放置自転車の撤去などの環境浄化活動を展開し，各地区の治安回復に取り組んだ。

この取り組みを受けて，政府は2005年6月の犯罪対策閣僚会議と都市再生本部の合同会議において「安全・安心なまちづくり全国展開プラン」を決定した。これをきっかけに，警察が地域住民と協力・連携して，防犯に関するさまざまな活動を展開する**コミュニティ・ポリシング**（community policing）の動きが高まった。多くの人々が「治安悪化」を意識するようになり，警察に頼るだけでは犯罪情勢の好転が望めないという風潮が高まったことで，地域住民や事業者などによる自主的な防犯活動も活発化したのである。

すでに述べたとおり，GISによる犯罪発生情報を誰もが閲覧できるようになり，多くの人々が防犯活動に参画しやすくなった。そのときに，誰もが実践できる知見をもたらしたのが，環境犯罪学なのだ。たとえば，環境浄化活動の街路清掃や放置自転車の撤去は割れ窓理論に基づいている。ほかにも，CPTEDや状況的犯罪予防などに基づいて，行政は見通しのよい公園を整備し，事業者は「防犯マンション」などを販売している。

また，官民を問わずに人々が協働することにより，コミュニティの結束が強まることも期待されている。住民の転出入やライフスタイルの多様化によってコミュニティの結束が弱まるなかで，「安全・安心なまちづくり」がコミュニティの目的として共有され，人々を結びつけている側面は確かにあるだろう。

■ 環境犯罪学への批判

ただし，ここで留意したいのは，環境犯罪学に基づく「安全・安心なまちづくり」が，必ずしも人々にとって「魅力的なまちづくり」になるとは限らないということである。なぜなら，環境犯罪学に対しては以下のような批判があるからだ。

1点目は，環境犯罪学に基づく対策は表面的なものであり，根本的な問題解

決ではない，ということである。犯罪・非行に関する根本的な問題を解決するには，やはり犯罪原因論の視点が必要である。

　2点目は，環境犯罪学に基づくと，いずれ社会が「要塞化」してしまう可能性がある，ということである。たとえば，「ゲーティッド・コミュニティ」[用]（第13章参照）といわれる塀に囲まれた住宅地では，開放性とひきかえに防犯性を高めている。防犯性を追求するあまり，ゲートなどを何重も設置し，些細な移動で何回も手続きが必要になれば，日常生活が不便になるのだ。

　3点目は犯罪転移（crime displacement）である。環境犯罪学に基づく対策は犯罪を減少させるのではなく，他の地域に転移させているという抑制だ。たとえば，犯罪が多発していたA地区とB地区において，A地区で防犯を強化して犯罪が減少すると，B地区ではA地区で起こるはずだった分の犯罪が流入し，以前より犯罪が多くなってしまう，と考えられるのである。

　4点目は，ホームレスや精神障害者など，社会からその存在が「望ましくない」と思われている人々に対する社会的排除や差別を助長する，というものである。彼らをコミュニティの「割れ窓」とみなして排除すれば，人権問題や対立を引き起こすことになる。

　5点目は，プライバシーの侵害である。監視カメラに撮影されたり，出入りの際にIDカードの提示を求められたりすることで，プライバシーは著しく侵害される。加えて，個人情報の漏えいやインターネット上への画像流出などが発生すれば，二次的，三次的な被害が発生する危険性もある。

　6点目は，環境犯罪学に基づくと，街の景観を損ね，街並みを無機質で殺風景にする，というものである。たとえば，「緑の多い街」に必要なはずの街路樹や植込みは，監視性を損ねる「障害物」として伐採や撤去の対象となってしまうのだ。

　「安全・安心なまちづくり」には，このようにいくつもの問題点がある（第13章参照）。魅力的なまちづくりを考える際には，これらの点を一つひとつ慎重に吟味する必要があるだろう。

🔍 なぜシカゴ学派は犯罪の原因をコミュニティに見出したのか，当時の社会的背景をふまえて説明してみよう。

🔍 犯罪原因論が必ずしも防犯の理論的根拠にならない理由を説明してみよう。

🔍 環境犯罪学に基づいた「安全・安心なまちづくり」は，どのような視点からすれば「魅力的なまちづくり」だといえるのか，考えてみよう。

Book Guide

▶ **中野正大／宝月誠編『シカゴ学派の社会学』世界思想社，2003 年。**

　　シカゴ学派の名著や理論が幅広く紹介されており，本書のほかの章との関連性も高い。コラムや文献一覧も充実している。シカゴ学派を理解するための必読書。

▶ **小宮信夫『犯罪は「この場所」で起こる』光文社新書，2005 年。**

　　犯罪機会論の基本的な考え方だけでなく，「地域安全マップ」や「修復的司法」などの応用実践についても紹介されている。写真も多く，文章も読みやすい。各地の大学図書館に所蔵されている。

▶ **吉原直樹『コミュニティ・スタディーズ──災害と復興，無縁化，ポスト成長の中で，新たな共生社会を展望する』作品社，2011 年。**

　　都市社会学の視点から，コミュニティの現状と課題を的確に論じている。その中で，ゲーティッド・コミュニティや安全・安心なまちづくりの排他性や閉鎖性に警鐘を鳴らし，都市空間を「開いて守る」ことを提唱している。

Column 6　防犯の民間委託

「●月×日午後３時頃，△市◆町▽番地付近の路上で，女子高校生が徒歩で帰宅中，後方より自転車で接近した男性に腕をつかまれる事案が発生しました」。

このようなメールが携帯電話に着信すると，その地域の住民は治安が悪化したと感じ，不審者の存在におびえることになる。自治体や警察からリアルタイムで不審者情報が配信される昨今，コミュニティ，住まい，そして自身の安全を守るよい方法はあるのだろうか。

そこで注目されているのが，防犯の民間委託である。防犯を委託される民間は，NPO と民業に分けられる。主な NPO としては，1979 年にアメリカで設立されたガーディアン・エンジェルスが挙げられる。日本での活動は 1995 年にはじまり，割れ窓理論に基づく落書き消しや防犯パトロールのほか，子どもの安全セミナーなどを開催している。防犯に特化した団体ではあるが，武器などの道具は携帯せず，活動場所も繁華街や歓楽街，もしくはイベント会場などの雑踏が中心である。なお，メンバーの多くはボランティアである。

また，主な民業としては，警備業がある。最初の警備業者は 19 世紀中葉にシカゴで創業されたピンカートン探偵社であるといわれるが，日本では 1962 年に２社が創業されてはじまった。警備業の場合，警備員による防犯パトロールや安全セミナーの開催だけでなく，機械を用いたホームセキュリティ（家庭用警備システム）や，GPS（衛星通信システム）を用いた現場急行サービスなどを幅広く展開している。

いずれも民間の活動であるため，特別な権限は与えられていないが，高度な専門性と組織性を備えていることから，防犯の主体としてはセミフォーマル・コントロールに位置づけられる。もともと，防犯の主体は，公的権限をもつ警察などのフォーマル・コントロールと，人々の日常的な目配りなどのインフォーマル・コントロールに二分されていたが，民間の防犯委託によって第三の立場が開拓されたのだ（小宮 2001；田中 2009）。警察官の大幅な増員やコミュニティの人々の自主的な防犯活動が困難であれば，防犯の民間委託がコミュニティ，住まい，自身の安全を守る方策として活用されることになる。

ただし，NPO や民業へ過度に依存することにより，コミュニティの結束が弱まったり，自主的な防犯が疎かになるようでは，本末転倒である。民間委託はあくまで，自主的な防犯活動を補完するものであり，コミュニティの一人ひとりが防犯の主体であるということを忘れてはならない。

第 7 章

緊張が犯罪を生む？
緊張理論

🔍 **KEY WORDS**　▶社会構造　▶アノミー論　▶適応様式
▶非行サブカルチャー論　▶貧困と犯罪

　アメリカ生まれの教育番組『セサミストリート』（1969 年～）は，日本でも長きにわたって放映された。あのユニークなキャラクターたちに親しみを感じている人は多いだろう。もともとこの番組は，ヘッドスタートと呼ばれる一連のプログラムのなかで制作されたものである。社会的・経済的に恵まれない地域や家庭に育った子どもは，就学時点ですでに大きな学力面のハンディを背負っている場合が多く，そのことが学校からの脱落，ひいては就職の困難，将来の経済的困窮へとつながっている。ヘッドスタートは，そのような負の連鎖を断つために，困難を抱える家庭を対象に積極的に行なわれた，一連の教育的・福祉的な働きかけのことである。セサミストリートはその中核的なツールとして制作された番組であり，主なねらいは，親しみやすい映像を通じて，厳しい家庭環境で育つ幼児たちに，読み書きなどの基礎的能力を身につけさせることにあった。

ヘッドスタートは，合衆国36代大統領ジョンソン（L. B. Johnson）が「貧困との戦い」という旗印のもとに遂行した広範な社会福祉的政策の一部をなしている。そしてこの「貧困との戦い」を推し進める根拠となったのが，本章で扱う緊張理論である。セサミストリートの生まれた1960年代のアメリカ合衆国に思いをはせながら，緊張理論について考えてみよう。

1　マートンのアノミー論

■2つのアノミー論

　誰しも，晴れの舞台で緊張した経験を持っているはずだ。しかし，これから論じる**緊張理論**（strain theory）における緊張の意味は，その緊張とは少し違う。平たく言えば，今にも爆発しそうな不安定な状態といったような意味である。「A国とB国の間で緊張が高まっている」という表現を，ニュースで聞くことがあるだろう。緊張理論の緊張とは，このような用法に近いと考えればよい。

　そのように聞くと，第1章で紹介したアノミーという概念を想起した人もいるかもしれない。それは，ある意味で当然のことである。デュルケム（É. Durkheim）のアノミーの概念にヒントを得て，アメリカの社会学者マートン（R. K. Merton）が提唱したのが，緊張理論の最初の形態，**アノミー論**なのである。

　マートンは，20世紀を代表する社会学者のひとりであり，科学社会学，知識社会学，マス・コミュニケーション論などの分野で，きわめて多くの業績を残した。彼は，東欧出身の移民の子どもとして，フィラデルフィアのスラムで生まれ育った。アノミー論が提起された背景には，そのような彼の生い立ちが深く関わっていると考えられる。

　マートンの主著のタイトルは『社会理論と社会構造』（Merton［1949］1957=1961）である（アノミー論の初出論文もこれに収録されている）。ここからわかるように，彼が注目したのは，**社会構造**である。社会学において社会構造という概念は，しばしば登場する。文脈によって意味するところがやや異なるものの，要するに社会全体を形作っている強固で持続的な仕組みやパターンのことである。第8章で紹介するサザランド（E. H. Sutherland）が，犯罪・非行を社会心理学的な観点からとらえたのに対して，マートンはマクロな観点から犯

罪・非行について論じた。

　マートンのアノミー論の前提には，本来人間は善良なものであり（性善説），犯罪に手を染める者は，そのように社会的に駆り立てられているのだとする考え方がある。そして，犯罪へと人々を駆り立てるものこそが，彼の考えるアノミーである。

　第1章で述べた通り，デュルケムの定義によれば，アノミーとは人間の欲望に規制が及ばなくなった状態のことであった。人間は生来的に欲望（犯罪への欲望も含まれる）を抱く存在であり，正常な社会においては，それを抑えるメカニズムが働いている。そのメカニズムが効かなくなった状態（規範の不在）が，デュルケムの考えるアノミーである。

　これに対してマートンは，同じアノミーという言葉を用いながら，デュルケムとは似て非なる見解を示している。マートンの定義では，アノミーとは，文化的目標と制度化された手段とのバランスが崩れた緊張状態のことである。文化的目標とは，いかなる社会にも存在する，その成員なら誰もがめざす目標のことである。成員を強く拘束する規範と言い換えてもよいだろう。一方，制度化された手段とは，文化的目標の達成に用いられる，社会で是認された合法的な手段のことである。

　マートンは，アメリカ社会においては，富の獲得が強力な文化的目標となっているという。経済的に成功したいという欲望に，万人が煽り立てられているということだ。しかし，富の獲得を達成するための合法的手段は，万人に与えられているわけではない。下流階層に属する人々が持つ制度化された手段は，決定的に少ない。たとえば，大学へ進学したり，高収入の職に就いたりする機会は，明らかに不平等に分配されているであろう。

　この場合，文化的目標と制度化された手段の間にはアンバランスが生じる。このアンバランスな緊張状態，すなわちアノミーを受けて，人々はどのように対処するだろうか。富の獲得という文化的目標を捨てることができないとすれば，制度化された手段にコミットすることを拒否して，非合法の手段によってでも，それを達成しようと行動することになるだろう。こうしてアノミーは，窃盗や詐欺などの犯罪へと人を駆り立てることになる。下流階層の人々は，上記の理由によりアノミーの問題を抱えやすいがゆえに，この種の犯罪に走ることも多くなってしまうのである。

■アノミーへの対処としての逸脱

　マートンは，アノミーに対する人々の対処のしかたには，いくつかのタイプがあると主張した。そして，このタイプに応じて，犯罪を含む各種の逸脱が生じると考えた。なおマートンは，アノミーへの対処のことを適応と呼んでいる。通常，適応という言葉には，既存の状況や秩序に合わせるというニュアンスが含まれるが，アノミー論における適応にはそのような含みはないと理解すべきである。

　表7-1は，マートンによる個人の適応様式の類型を示したものである。このうち「同調」とは，文化的目標と制度化された手段の両方が受容されている場合にみられるもので，もっとも選択されることの多い適応様式である。この類型が，犯罪・非行と結びつくことはない。逆に言えば，この類型以外の4つが，逸脱とみなされる類型である。

　では逸脱につながる4つの適応様式を，順にみていこう。まず「革新」は，マートンのアノミー論において，もっとも重要な意味を持つ類型である。すでに述べたように，下流階層の人々は，富の獲得という文化的目標は受け入れているが，合法的な手段によってそれを達成する見込みがないことは明らかである。それゆえ，制度化された手段を受け入れることを拒み，それとは別の手段，すなわち犯罪を犯すことで富の獲得をめざそうとするのだ。マートンは，「大望」というアメリカの基本的な美徳が「逸脱的行動」という悪徳を促すアイロニーを，浮き彫りにしたのである。

　なお彼は，脱税や詐欺などのホワイトカラー犯罪（Column 7 参照）も，革新で説明がつくと述べている。さらには，革新それ自体が必ずしも犯罪的であるとは限らないとも指摘する。新しいビジネスが，しばしば合法と非合法の間のグレーゾーンから生まれることを考えれば，マートンがこの類型に革新（innovation）という語を当てた意味が，理解できるであろう。

　「儀礼主義」は，文化的目標は拒否しつつ，制度化された手段は手放さない場合の適応様式である。マートンは「銀行の窓口で働く小心な雇い人」を例に挙げ，この類型は中流階層に典型的にみられるとしている。制度化された手段を通して得た，ささやかな成功の保持だけに勤しむことは，犯罪にはあたらないが，逸脱とみなされる。

　「退行」は，文化的目標と制度化された手段の両方を拒否する場合である。

マートンは，薬物依存者，ホームレスなどを例に挙げている。社会からのドロップアウトにほかならないこの類型は，逸脱とみなされるだろう。犯罪に該当する場合も少なくない。

表7-1　マートンによる個人の適応様式の類型

適応様式	文化的目標	制度化された手段
同　　調	+	+
革　　新	+	-
儀礼主義	-	+
退　　行	-	-
反　　抗	±	±

（注）　＋：受容，－：拒否，±：現に浸透している価値の拒否と新しい価値の代置。

　最後の類型は「反抗」である。この類型においては，文化的目標と制度化された手段の両者について，既存のものを拒否したうえで，新しい文化的目標を掲げて，それを達成するための制度化された手段を提起する。ここで想定されているのは，既存の政治体制の刷新をめざす革命家の行動である。いわゆる政治犯をイメージすればよいであろう。

　以上が，マートンが提起したアノミーへの適応様式の類型である。再度強調しておきたいのは，逸脱や犯罪は，社会構造から生じるアノミーに対する適応であるという点である。言い換えれば，アノミー論においては，逸脱は「正常な反応」なのだ。アノミー論は，逸脱を個々人の心的な異常とみなし，なおかつそれを生得的なものとみなす決定論的な犯罪観に対して，異議を申し立てたのである。

　しかし，アノミーが生じたとしても逸脱に向かわない人がいるのも，また確かである。またそれと関連する問題であるが，たとえば革新類型の適応様式をとる場合でいえば，アノミーにおちいることが，どのようなプロセスをたどって犯罪行為へと結びつくのかについて，アノミー論は説明を与えない。このような問題点を乗り越える試みのひとつが，次にみるコーエン（A. K. Cohen）の理論である。

2　コーエンの非行サブカルチャー論

■非行集団への注目

　非行を行なうことを共通の関心や目標として，相互作用を行なう複数の人間の集まりのことを，**非行集団**➡用（gang）という。日本でも暴走族などが話題にな

ることがあるが，近年，非行集団が大きな社会問題として取り上げられること
は，ほとんどない。

　これに対して，犯罪大国アメリカには，日本とは比べものにならない数の非
行集団がある。全国青少年非行集団調査（National Youth Gang Survey）の結果に
よれば，全米で2万5000を超える非行集団が把握され，殺人を含む多くの犯
罪に関与しているという。アメリカの犯罪研究者が，昔も今も非行集団に注目
するのは，この問題が犯罪問題の中核をなしているからにほかならない。

　非行集団に関する研究から生まれた犯罪・非行の理論はいくつかある。その
ひとつが，これから紹介するコーエンの理論である。彼は，マートンとサザラ
ンドの弟子にあたる社会学者で，彼らの理論に影響を受けつつ，それらの問題
点を乗り越える形で自らの理論を構築した。1955年に出版された彼の主著の
タイトルは，『非行少年——非行集団の文化』である（Cohen 1955）。

　第8章でみるように，サザランドの分化的接触理論は法律違反を承認する
文化への接触の度合いが強ければ，人は犯罪者になるというものである。しか
し，なぜそのような文化が生じるのかについて，サザランドの説明は不十分で
あった。一方，マートンのアノミー論には，前節の最後に触れた問題点がある。
コーエンは以上をふまえたうえで2つの理論を統合する形で，緊張理論の新た
なバージョンを展開した。それが，非行サブカルチャー論（delinquent subculture
theory）である。

　■非行サブカルチャー論
　サブカルチャーという言葉は，アニメ，マンガ，SFなどのいわゆるオタク
文化を指す語として，日本では理解されている向きもある。しかし，元来のサ
ブカルチャーは，社会全般で一般化しているメインカルチャーに対置される概
念であり，一部の人々によってのみ担われる文化（行動様式や価値観）を指す。
たとえば，若者の文化，体育会の文化，黒人の文化などがこれにあたる。

　そのサブカルチャー概念は，実はコーエンの少年非行に関する研究から発展
したものである。非行サブカルチャーとは，非行少年だけが持っている独特の考
え方や行動様式の総体のことだ。コーエンは，下流階層の非行少年たちは，富
の獲得ではなく，非行集団内部での地位の獲得のために犯罪に走ると主張する。
非行集団に属さない人たちにとっては，犯罪をすれば社会的地位は下がるとい

うのが常識である。しかし，非行集団に属する彼らにとっては，それとは反対に，犯罪が仲間内での地位の向上につながるというのである。

　非行サブカルチャーは下流階層のなかで生まれることが多く，非行少年も下流階層出身者に集中している。その理由を考えるうえで，コーエンは出身階層の規範に注目した。たとえば勤勉，非暴力，合理性，計画性などを尊ぶ価値規範は，中流階層の規範である。

　いまこの本を読んでいるあなたにとって，勤勉に働くこと，暴力をふるわないこと，合理的・計画的にふるまうことは，善きことだろうか。たぶん，うなずく人が多いだろう。これらがコーエンのいう中流階層の規範である。一方，下流階層において重視される価値は，これとは大きく異なる。たとえば中流階層では計画性が重視されるのに対して，下流階層においては，計画的であることはむしろ忌避されるのである。

　下流階層出身の少年は，やがて学校に入ることになる。しかし学校は，中流階層の規範によって動いている。成績を上げること，暴力を抑えること，計画的に時間を使うことが，学校では必須である。もちろん教師も中流階層出身だ。中流階層の規範に適合できない彼らは，学校において著しく不利な境遇に置かれてしまう。

■ 反動形成と非行

　コーエンは，下流階層出身の少年は，このような境遇への対処のしかたによって，次の3つのタイプに分かれるという。第一が中流階層の規範を身につけようと努力するタイプ，第二が下流階層の規範を保持しつつも，中流階層の価値を拒みもしないタイプ，第三が中流階層の価値に反発して，これを拒絶する態度をとるタイプである。非行サブカルチャーを生み出すのは，この第三のタイプである。

　彼らは，自分たちが学校において，ひいては社会において成功できないことを悟り，緊張状態にさらされる。その状態を解消するため，中流階層が中心の社会こそが問題であるととらえ，これを否定して新しい価値を構築しようとする。同様の境遇にいる少年はやがて自然発生的に集団を形成し，新しい価値は強化されていく。この新しい価値こそが，非行サブカルチャーにほかならない。その要素としてコーエンが挙げたのは，非功利性，破壊趣味，否定主義などで

ある。つまり彼らは，自分たちの得にならないことをあえて行なったり，目的もなく破壊を行なったり，既成の秩序や権威を否定したりすることで，緊張状態から逃れようとしているのだ。

コーエンは，非行サブカルチャーの形成を反動形成という言葉で説明している。これは精神分析学の用語で，自分の欲求がかなえられないと予測した際，その欲求とは反対方向の行動をとってしまう心理的な動きのことである。できることなら中流階層の価値に従って，社会的に成功したい。しかしそれは到底かなわぬ望みであるから，あえて中流階層の価値とは正反対の価値に身を置くというのが，コーエンの主張である。アノミーと犯罪とをつなぐプロセス，法違反を承認する文化が生じる理由という2つの課題に，中流階層の規範への反動形成という観点から，統一的な回答が与えられたのである。

3　緊張理論の政策への影響とその後の展開

マートン，コーエンらの緊張理論は，アメリカ連邦政府の政策に，大きな影響を与えた。とりわけ，本章の冒頭で示したように，ジョンソン大統領が「貧困との戦い」を旗印として進めた，一連の社会福祉的政策を推し進める根拠となったことの意義は，小さくないだろう。これらの政策は，教育，就労，福祉，住宅などの面において機会のない人々に機会を与えようとするものであった。

しかし，ヴォルド（G. B. Vold）とバーナード（T. J. Bernard）が述べるように，巨費が投じられた一連のプログラムは，大規模な政治的抵抗に遭い，目標の達成に失敗した（Vold and Bernard 1986=1990）。そもそも緊張理論の政策的意味は，犯罪者や非行少年を生み出している社会構造の配置を変えることにあったのだが，いつのまにか犯罪者や非行少年が生み出された後で彼らを変えることに方向性がすり変わってしまったのである。

しかしながら，緊張理論の発想自体は，その後も脈々と受け継がれている。ここでは1990年代に登場した2つの理論を紹介しておこう。

ひとつは，アグニュー（R. Agnew）らによる緊張理論の拡張である。一般緊張理論と呼ばれるこの理論では，マートンのアノミー論における緊張の概念が，拡大・一般化された。すなわち，ある所属集団のなかで望ましいとされている

目標や価値を失ったり否定的な出来事に遭遇したりすると，そこに緊張が発生し，その緊張が犯罪・逸脱を促すとアグニューらは考えたのである。たとえば，親から虐待を受ける経験はきわめて大きな緊張をもたらす。疾病や失恋も，緊張の原因になりうるだろう。

　マートン，コーエンらによる初期の緊張理論は，実証的な解明に重きが置かれていなかったため，多くの批判が寄せられた。それに対して，アグニューらは，緊張からそれへの適応としての逸脱行動までの社会心理学的プロセスを詳細に検討することを重視し，緊張が発生する条件，緊張の種類や量，緊張に対して取りうる対処法といった各変数が，相互にどのように関連しているかを分析すべきであるとした。実証的な検討を，逸脱を防止・減少するための実践的・政策的な提案に結びつける志向性を持っていることもあり，一般緊張理論は 1990 年代以降の犯罪・非行研究の活性化に大きく寄与しているといえる。

　もうひとつの理論は，メスナー（S. F. Messner）とローゼンフェルド（R. Rosenfeld）による制度的アノミー論である。この理論におけるキーワードは，制度である。彼らは，社会構造を，家族，教育，政治，経済（市場）という 4 つの制度により構成されるシステムとしてとらえる。このうち経済以外の諸制度（非経済制度）は，制裁を通じて人々をコントロールするが，経済制度のおよぼすコントロールの力は弱い。つまり，家族，教育，政治制度には，本来，犯罪・逸脱を含む人々の行動を制約する機能が備わっているが，市場経済はその点においては無力である。

　一方で，制度間の勢力のバランスという観点でみると，経済は他の制度と比べて著しく優勢であり，非経済制度の機能は，経済的な規範の侵入を通じて弱体化してしまっている。要するに，金銭的な成功が何より重要であるとの規範が広がることで，それを達成するために犯罪という選択肢をとることを，家族，教育，政治がコントロールできなくなっているということである。

　制度的アノミー論の論者は，市場経済に一定の規制を加えると同時に，非経済制度を強化することで，制度間の勢力のバランスを均衡させるべきであると主張する。具体的には，企業による育児支援を促したり，ボランティアによる社会参加を活性化したりすることが挙げられる。所得再分配や福祉サービスの強化も必要とされる。

　メスナーらの理論は，アメリカ社会を念頭に考案されている。そもそもの出

発点は，アメリカではなぜ重大犯罪が多いのかを解明することにあった。しかし，経済制度の優越をはじめとする諸状況は，資本主義社会にあまねく観察されるものであろう。経済のグローバル化が進み，市場経済の暴力的ともいえる様相が顕在化してきた今日において，制度的アノミー論の射程は魅力的である。

4　学歴アノミー論

　次に，緊張理論の現代日本における意味について，2つの点から考えてみよう。まず本節で検討するのは，学歴と犯罪・非行との関連についてである。

　米川によれば，私たちの社会では，より高い学歴や学校歴の達成をめざして努力することに，高い価値が置かれている（米川1995）。しかし実際には，たとえば大学への進学を考えれば，すべての高校生が進学できるわけではないし，もちろん「良い大学」に全員が合格できるわけでもない。このような社会状況を，米川は学歴アノミーと呼ぶ。ここで，マートンのいう文化的目標に当たるのが大学進学という目標に該当するのは，明らかであろう。

　米川は，主として質問紙調査を用いて，学歴アノミーをめぐる仮説群について詳細な検討を行なっている。論点はきわめて多岐にわたっているが，とりわけ重要と思われる指摘は，以下の2点であろう。ひとつは，大学進学目標の内面化が，現在や未来についての自己イメージと関連しているという点である。内面化が十分なされている場合は，肯定的な自己イメージを抱きやすいということだ。2つめは，大学進学目標の内面化が十分であっても，目標達成のための現実的可能性がなければ，逸脱行動は促進されるという点，そして，大学進学目標を内面化すべしとの圧力が高く，かつ本人にはその内面化が行なわれていないときにも，逸脱行動は促進されるという点である。

　2点目の後段について，米川は，高校生を対象とした調査に基づいて次のように説明する。図7−1に示されているのは，大学進学目標の内面化に向けての外的圧力，本人における大学進学目標の内面化の有無，それに犯罪行動の経験の有無（自己申告）の3つの変数の関連を示したものである。外的圧力の指標は，親が大学までの進学を自分に期待しているか否かである。これによれば，本人が大学進学目標を内面化していないにもかかわらず，親が進学を期待して

図7-1　親による大学進学の期待および本人の大学進学希望と犯罪行動の経験（女子の場合）

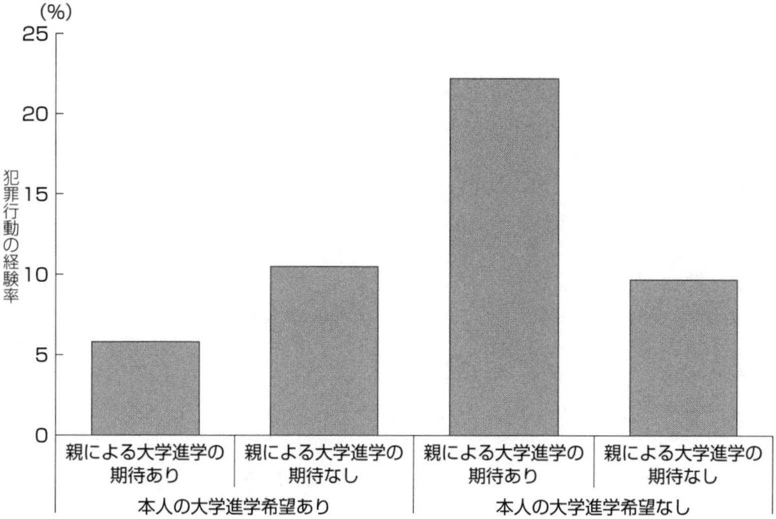

（出所）　米川（1995: 161）を元に作成。

　いるときに，犯罪行動が促進されやすいことがわかる。学歴アノミーが犯罪・非行へと結びついていることを，米川は実証的に示したのである。

5　貧困と犯罪

　先に述べたように，緊張理論の主張をふまえれば，社会階層間の差異を縮小すること，あるいは社会経済的地位の平準化（格差・貧困の縮小）をはかることが，犯罪・非行問題を考えるうえで重大な焦点となる。欧米の犯罪・非行研究において，階層はあらゆる要素を考慮しても，数少ない犯罪関連要因のひとつとみなされている（Braithwaite 1981）。その意味で緊張理論は，犯罪・非行を考える際の重要な参照枠組みとして，機能し続けているといえるだろう。

　これに対して日本では，高度成長期以降 1990 年代半ばまでの長きにわたって，社会構造が意識されることは少なかった。犯罪・非行の文脈でもそれは同様である。岡邊は，「非行の一般化」論[用]が単なる通俗的言説のレベルに留まらず，非行の実務家にも支持される有力少年非行観となったと指摘している（岡

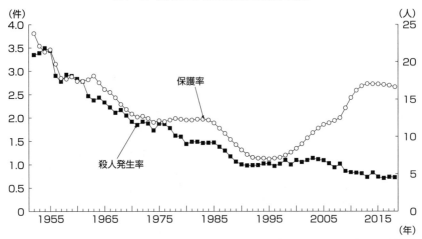

図7-2　殺人発生率と生活保護の保護率の推移

（注）　殺人発生率は，人口10万人当たりの認知件数（左軸）。保護率は人口1,000人当たりの被保護
　　　実人員（右軸）。
（出所）　警察庁『犯罪統計書』各年版，厚生労働省『平成30年度被保護調査』，総務省の人口統計を
　　　元に作成。

邊 2013)。非行は特定の社会階層に集中して生じるのではなく，誰にでも生じ
うる（一般化している）との見方である。

　1990年代半ば以降，その日本においても，格差や貧困という言葉がマス・
メディアで頻出するようになった。また，実際にこの時期以降，日本の貧困問
題は深刻化しているとの指摘がある（橘木・浦川 2006）。これにともない，犯罪
問題を階層，貧困，格差の観点から見直す機運も，徐々にではあるが高まって
きている。以下では，その一端をみてみよう。

　犯罪と貧困との結びつきを示す研究を精力的に行なっているのが，ロバーツ
（A. Roberts）とラフリー（G. LaFree）である。彼らの研究は，日本の公式統計に
基づき展開されている。なかでも重要なのは，生活保護の保護率（人口1000人
当たりの被保護実人員）と殺人の発生率（人口10万人当たりの認知件数）とに強い
関係があることを指摘した点である（Roberts and LaFree 2004）。

　この研究では，回帰分析などの統計学的手法が用いられているが，ここでは，
視覚的な理解に資するため，折れ線グラフに基づいて，彼らの知見を吟味して
みよう。図7-2は，最新のデータを補って，上記の2つの値の推移を重ねて
描いたグラフである。これをみると，長期的な推移として，保護率が減少する

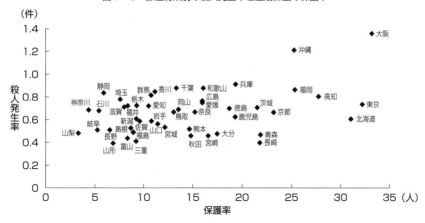

図7-3 都道府県別の殺人発生率と生活保護の保護率

（注） 数値の定義は図7-2に同じ。保護率は2014〜2018年度の平均値。殺人発生率は，2014〜2018年の平均値。
（出所） 警察庁『犯罪統計書』各年版，厚生労働省『被保護調査』各年版，総務省の人口統計を元に作成。

とともに殺人の発生率が減っていることが，はっきりと読み取れる。

　実は，日本で犯罪発生率が長期的な低落をみせていることは，長らく世界の犯罪学者に注目されてきた。これまでのポピュラーな説明では，家族や顔見知りなどによるインフォーマル・コントロールの強さ，すなわち文化的な背景が，低落の主な理由とされてきた。ロバーツとラフリーはこれを否定し，経済的なストレスこそが犯罪と強く関連すると指摘した。

　なお，生活保護の保護率を指標とすることには，問題がないわけではないが，相対的貧困率の定期的な算出と発表がなされてこなかった（2009年10月に44年ぶりにようやく発表された！）日本では，これに変わる指標はない。データの整備が，社会学的研究にとっていかに重要かを示す例といえよう。

　もうひとつ，グラフをみてみよう。図7-3は，保護率と殺人の発生率との関係を別の角度からみたものである。都道府県ごとに計算される保護率（2014〜2018年度の平均値）と殺人発生率（2014〜2018年の平均値）の2つの数値を，前者を横軸に，後者を縦軸にとった平面上にプロットしている。この図からも，両者の間に正の相関関係（一方の値が増えるほど，他方の値も増えるという関係）があることが読み取れる。両変数間の関係を，相関係数という指標で示すと0.42となり，中程度の相関関係があると評価できる。

ここまで，日本の公式統計から，貧困と犯罪との関係について考えてきた。もちろん，貧困などの経済的な変数と犯罪との関係が，直接的な因果関係にあると主張するためには，より厳密な検討が不可欠である。また，そもそも貧困それ自体が直接犯罪を引き起こすというよりは，貧困が他の何らかの要素を媒介して，結果的に犯罪へと結びついているのだとする見解が，欧米の犯罪研究では支配的である。

　ただいずれにしても，日本においても，貧困の多くみられる地域や時代においては，犯罪が多く発生する傾向があるということを，これらのグラフは示唆している。1990 年代以降，経済の長期的低迷を受けて，階層の固定化や再生産，貧困の拡大を指摘する声が高まっている。それらと犯罪・非行との関連について，明らかにすべき課題は，山積している。

考えてみよう！　　　　　　　　　　*Thinking and Discussion*

🔍 本章第 1 節の「新しいビジネスが，しばしば合法と非合法の間のグレーゾーンから生まれる」という記述をふまえて，その例を考えてみよう。また，革新それ自体が必ずしも犯罪的であるとは限らないというマートンの指摘の意味を考えてみよう。

🔍 熾烈な受験競争が繰り広げられている社会において，「受験競争に勝利して難関大学に合格すること」が文化的目標になっていると仮定しよう。この場合，マートンの述べた適応様式のうち革新を選択することは，どのような逸脱的行動をとることにつながるだろうか。同様に，儀礼主義，退行，反抗についても，考えてみよう。

🔍 コーエンは非行集団が宗教セクトに似ていると述べている。カルト宗教を念頭において，信者の入所動機，集団の特性，集団内部での評価のされ方などについて，コーエンのサブカルチャー概念を用いて分析してみよう。

Book Guide

▶大村英昭『非行のリアリティ──「普通」の男子の生きづらさ』世界思想社，2002 年。

"不満"のアノミー，"不安"のアノミーなどの概念を交えて，現代日本の少年非行のリアリティに迫っている。フーコーやゴフマンなどの理論家たちの犯罪論・非行論についても学べる。

▶浜井浩一『2 円で刑務所，5 億で執行猶予』光文社新書，2009 年。

書名はやや軽いが，内容は充実している。日本の司法と犯罪対策の現状と課題について，「ポピュリズムと厳罰化」「貧困と犯罪」などの重要なトピックを挙げて，わかりやすく解説されている。緊張理論が当てはまりそうな事例をみつけながら読むとよいだろう。

▶野田陽子『学校化社会における価値意識と逸脱現象』学文社，2000 年。

本章で触れた学歴アノミー論をふまえたうえで，学校化というキーワードを軸に，学校社会における業績主義と子どもの逸脱行動との関係について論じている。各地の大学図書館に所蔵されている。

　「あなたが知っている犯罪の種類をひとつ挙げよ」と言われたら，何と答えるだろうか。おそらく多くの人は，殺人，強盗，窃盗，器物損壊などを挙げることだろう。これらの「普通の犯罪」は，路上犯罪（street crime）と呼ばれる。これに対して，ホワイトカラー犯罪という概念がある。ホワイトカラー，すなわち社会的・経済的に上・中流に属する人が行なう犯罪のことで，サザランド（E. H. Sutherland）が提起した。本章で社会階層と犯罪との関係性を取り上げたが，これを議論するにあたって，ホワイトカラー犯罪も考慮すべきであるとの主張は無視できないであろう。

　ホワイトカラー犯罪は，職務犯罪と組織体犯罪の2つに大別される。職務犯罪とは，専門家が自分の職務上の立場を悪用して，個人レベルで行なう犯罪である。たとえば，政治家や官僚が賄賂を受け取ること（収賄），企業経営者が独断で会社に致命的な損害をもたらすこと（特別背任）などである。専門家とは言いがたいが，事務員が会社の金を横領するようなケースも，職務犯罪の範疇に含めることがある。これに対して組織体犯罪とは，企業，官庁，宗教団体などの組織体が組織ぐるみで行なう犯罪のことである。談合，粉飾決算，贈賄，詐欺的商法，産業廃棄物の不法投棄など，さまざまな形態がある。

　組織体犯罪は暗数がきわめて多い。発覚しないよう用意周到に行なわれることが多いからである。加えて，警察などによるフォーマル・コントロールが緩い点も見逃せない。とりわけ，犯罪であるか否かの境界が不明瞭な場合や，故意/過失の区別を付けづらい場合は，取締りの対象になりにくい。また，取締りの対象になった場合でも，罰金など軽微な罰則しか適用されないことが多い。一方，組織体犯罪が社会に与える影響はけっして小さくない。社会全体に，路上犯罪よりもはるかに甚大な損害を与えることも多い。たとえば金融機関の違法行為が，世界経済を揺るがすこともある。メーカーが安全性を軽視したために，多数の健康被害が生じることもある。警察や検察による違法行為は，法秩序そのものを揺るがしかねないだろう。

　2011年に発生した福島第一原子力発電所の事故について，当時の政府首脳陣や東京電力の幹部が刑事告発されたのを知っているだろうか。あの事故は事故ではなく事件だったのかもしれない。ホワイトカラー犯罪という概念を導入することで，私たちの社会に対する見方は大きく変わりうるのである。

第1話 金太郎、上京する。

第 **8** 章

犯罪行動が学習される？
学習理論

🔍 KEY WORDS	▶分化的接触理論　▶オペラント条件づけ　▶分化的強化理論
	▶社会的学習理論　▶犯罪予防

　漫画『サラリーマン金太郎』シリーズ（1994〜）の主人公である金太郎は，暴走族から足を洗って，サラリーマンになった。上の場面は，上京にあたって，金太郎に縁のある人たちが，金太郎を送り出す際にアドバイスや注意をしているシーンである。

　人は皆，生まれたときは，か弱い赤ん坊である。やがて物心がつき，家庭や友人関係のなかで育つ。学校で勉強するにも，社会に出て働くにも，さまざまな人と接するであろう。犯罪・非行をおかさないまま生涯を終える人が大半であるが，なかには常習的な犯罪者になったり職業的な犯罪者になったりする者もいる。他方で，金太郎のように暴走族という反社会的な経歴を持ち，どちらかというと粗暴な性格でありながらも，社会に復帰する人もいる。

　犯罪・非行に対して，周囲にいる人々は，どのような形で関係するのだろうか。

本章では，人が犯罪・非行へと至るプロセスについて，犯罪・非行行動が後天的に学習されるという視点から，考えてみたい。

1 周囲の人々との関わりのなかでの成長

周りの友人の学校生活における行動や服装，学校生活や友人関係に対する考え方，学業や進路に関する態度などが気になる。そういうことを，誰しもこれまでに少しは経験したことがあるのではないだろうか。今の中学生や高校生であれば，携帯やスマホを持ちたがる，スマホに同じアプリを入れたがる，Instagram や LINE，Twitter，Facebook など，他の友人が参加している SNS（ソーシャル・ネットワーキング・サービス）が気になるなど，周りの友達と同じことをしたがる年ごろだ。友人関係のなかに自分の居場所をみつけることは，今に始まったことではない。

人は，生まれ育った家族や周囲にいる友人の考え方や振る舞いなどから，さまざまな形で，影響を受ける。人は社会的な生き物であり，相互作用のなかで育ち，社会的な役割を身につけながら子どもから大人へと成長する。子どもは親の背中を見て育つ，と言われるし，朱に交われば赤くなる，とも言われる。

2 伝統的な学習理論の誕生とその意義

■ サザランドによる犯罪の社会学的説明の背景

犯罪・非行行動が後天的に学習されるメカニズムを，命題の形で定式化したのは，20 世紀前半に活躍した，アメリカを代表する犯罪学者であるサザランド（E. H. Sutherland）だ。サザランドは，犯罪者は生物学的に固有の身体的特徴を持つとするロンブローゾらの主張（第 1 章参照）に疑義を呈した。このような，生まれながらにして犯罪を行なうように運命づけられた犯罪者は「生来性犯罪人」と呼ばれたが，こうした考え方は，タルド（G. Tarde）などによる社会学的な説明とは対立していた。タルドは，犯罪者は他の人のまねをして犯

罪を行なうのだという**模倣説**を唱え，サザランドの理論にも影響を与えた
(Tarde [1890] 1895=2016)。

　サザランドは，ヒーリー（W. Healy）やグリュック夫妻（S. Glueck and E.
Glueck）らによる，犯罪の**多元因子論**に対しても批判的であった。ここでいう
因子とは犯罪の要因のことであるが，20世紀前半には犯罪の多元因子論が一
部で流行しており，政策や実務に取り入れられることもあった。多元因子論の
立場に立つ研究者は，犯罪や非行と関連すると見られる，社会的，心理的，あ
るいは医学的な要因を幅広く収集したうえで，統計調査の分析や事例研究に
よって，多種多様な要因を蓄積することをめざしていた。これに対してサザラ
ンドは，多種多様な要因とされるものを寄せ集めたところで，犯罪に対する統
一的な理解は進歩しないと考え，さらには犯罪学が科学として立ち遅れること
を危惧していたのである。もっとも，サザランド自身は，単一の要因で犯罪を
説明したかったわけではない。サザランドは，いろいろな変数の組み合わせを
組織化し，結びつけることによって，系統的に説明することをめざしたのだ。

■ サザランドの分化的接触理論——9つの命題

　こうしてサザランドは，犯罪・非行を学習の視点から説明するために，**分化
的接触理論**と呼ばれる9つの命題を，自らの犯罪学の教科書の中で示した（表8
－1）。この分化的接触理論こそが，犯罪に関する伝統的な学習理論といえる。

　本章ではこのあと，「分化的」という言葉が何度も登場する。「分化的」とは，
「違いがある」という意味の英語（differential）の訳語にあたる。周囲の人々か
ら考え方や行動（向社会的なこともあれば反社会的なこともある）を学ぶパターン
には，個人によって違いがあるということだ。周囲にどんな人がいて，どんな
人と接するかについても，個人によって違いがある。さらには，コミュニケー
ションを通じてどういう考え方がその個人に伝わるかについても，つきあい方
などによって違いがあるだろう。ここでは，サザランドが1947年に最終的に
完成させた9つの命題を，その教科書の日本語版の翻訳書（Sutherland and
Cressey 1960＝1964）から引用し，解説を加えたい。なお，「習得」という訳語
を，便宜上，「学習」に変更したほか，文言を若干調整してある。

表8-1　分化的接触理論の９つの命題

命題①	犯罪行動は学習される。
命題②	犯罪行動は，コミュニケーションの過程における他の人々との相互作用のなかで学習される。
命題③	犯罪行動の学習の主な部分は親密な私的集団のなかで行なわれる。
命題④	犯罪行動が学習される場合，その内容は，(a) 犯罪遂行の技術（それはときにはきわめて複雑であることもあれば，きわめて単純であることもある），(b) 動機，衝動，合理化，態度などの特定の方向づけである。
命題⑤	動機および衝動に関する方向づけは法規範の肯定または否定から学習される。
命題⑥	法律違反を望ましいとする考えが法律違反を望ましくないとする考えを上回ったときに，人は犯罪者となる。
命題⑦	分化的接触は，頻度，期間，順位，強度においてさまざまである。
命題⑧	犯罪的行動型および非犯罪的行動型との接触による犯罪行動学習の過程は，他のあらゆる学習に含まれる仕組みのすべてを含んでいる。
命題⑨	犯罪行動は一般的な欲求および価値の表現であるが，非犯罪行動もまた同じ欲求および価値の表現であるから，犯罪行動をそれらの一般的欲求および価値によっては説明することができない。

（出所）　Sutherland and Cressey（1960=1964）を元に作成。

■ 学習の説明とその特色——どこで学習されるか

　まず，命題①から命題③までをまとめて見てみよう。言葉にしてみれば何気ないことのように読めるが，命題①のように「犯罪行動は学習される」ということを理論のなかできっぱりと言いきった社会学系の犯罪学者はサザランドが最初であった。サザランドは，犯罪が遺伝されるという従来の生物学的な見解を否定するとともに，犯罪の学習を経験せずに犯罪をひとりで発明する（invent）ことはできないことを指摘した。

　命題②に示されるように，サザランドは，犯罪に関する学習は，人間どうしの関わり合いのなかで，コミュニケーションを通じて行なわれると考えていた。映画や新聞などのメディアによる犯罪発生への影響はあまり重要ではないというのがサザランドの考えであった。

　命題③にあるように，学習の舞台としてサザランドが言いたかったことは，時間を長く過ごす集団であったり，もっといえば，ある人間の価値観や判断の基準となるような「準拠集団」のことであったりした。

■ 学習の内容・方向性

　命題④と命題⑤を読むと，学習の内容などがわかる。命題④では，技術という言葉が登場する。技術とは，犯罪のやり方に関わる手口や手順のことで，犯

罪の発覚を遅らせたり避けたりするような技術も含む。もっとも，技術を知っていたり身につけたりしているだけでは犯罪を行なうにはまだ条件が不足している。犯罪をやり遂げようとする原動力がなければ人は犯罪者にはならないだろう。そこで，原動力となる要素が命題④の後半に出てくる，動機，衝動である。

たとえば，窃盗犯の捜査を専門とする刑事は，住宅への空き巣の犯行の際に用いられる，玄関の鍵の不正解錠のしかたや，窓の焼き破りなど，不法侵入の手口について熟知しているが，犯人を捕まえるのが彼らの職務であって犯罪を憎んでいる。つまり，窃盗犯を専門とする刑事の場合は，犯罪に関しての多少の技術や知識は持っているが，犯罪に反対する方向の動機や衝動しか持ちあわせていないのだ。

そうしたことを命題⑤は次のような視点から説明している。人々の価値観がさまざまであるのと同様，法規範に対する考えは人々の間で対立している。法規範を肯定する人，否定する人の両方に囲まれているのが，多くの場合，現実の社会であるとサザランドは考えた。犯罪に近づく反社会的な学習，犯罪から遠ざかる向社会的な学習のいずれも，その中身・内容を決定するのは，周囲にいる人々しだいだという見方をとったのである。

命題⑥が，分化的接触の原理だとサザランドはいう。命題⑤で示したとおり，法律違反を望ましいとする考えを持つ人々，法律違反を望ましくないとする考えを持つ人々が，学校であれ地域であれ，両方いるのだ。両方のタイプの人々に囲まれて，全体的に見て前者の影響力が大きくなった場合，何が起こるだろうか。犯罪を行なうことに対する肯定的な意味づけが強くなったり，犯罪に対する罪悪感を言い訳でごまかしたり正当化してしまったりするようになるだろう。こうして，いろいろな人々のそれぞれの考えに触れた結果，法律違反を望ましいとする考えのほうが法律違反を望ましくないとする考えよりもその人の中で支配的になったときに，人は犯罪者となる，というメカニズムをサザランドは考えたのである。

■ 学習による影響の受けやすさ

命題⑦は，周囲の人々からの影響の強さに違いをもたらす要因について，補足的に説明している。たとえば喫煙など不良行為で知られる生徒がひとりも存

在しない中学校や高校は少ないだろう。「純粋培養」「箱入り娘」などという言葉があるが，実際にはその人の周辺を客観的に見れば，むしろ不良行為に染まった人と接する機会は，ある程度はあったはずだ。ただ，そうした人を知っていても親しく接して，同じような考えに染まるかどうかについては，人によって，違いが大きいだろう。サザランドは，分化的接触の頻度，期間，順位，強度が異なれば，それによる影響の程度にも違いが生じるはずだと考えた。頻度とは，読んで字のごとく，月に何回，週に何回会うか，といったことである。1年に1回だけ，同窓会のときに会うような関係では，よほどカリスマ的に惚れ込むような相手でもない限りは，影響は受けづらいだろう。期間とは，付き合いの長さや一緒にいる時間の長さなどのことである。

　順位とは，サザランド自身はあまり重視していなかったようだが，より低い年齢のとき（物心がついた少年期よりは幼少期，成人になってからよりは少年期）に影響を受けた考えほど，後に影響が持続しやすいだろうということである。学問的な根拠や数字はともあれ，「三つ子の魂百まで」というたとえが存在するし，「親の背中を見て育つ」という言葉もあるが，たとえばそういった可能性について述べた内容だ。いずれにしても分化的接触理論は，幼少期決定論ではなく，人間の変化の可能性を強く意識した理論であることを強調しておきたい。

　強度とは，本人にとって周囲の個々人がどういう存在なのかということだ。具体的には，権威や威信，重要性，親しさや親近感などの情緒面を意味する。分化的接触理論は，命題③のとおり，親密な私的集団のなかでの相互作用を重視しているから，強度には意味がある。

　命題⑧は，命題②から④までのことについて，補足的に説明している。サザランドは，学習というアイデアを犯罪の説明に用いたが，ここには他の人のまねをすることで人は犯罪を行なうのだというタルドの模倣説からの影響がみてとれる。一方，この命題⑧について述べたあとで，犯罪行動の学習は模倣に限られず，たとえば誘惑されて犯罪に染まってしまうようなケースがあることをサザランドは指摘しているが，それ以上くわしい説明はない。命題④や命題⑦に比べると，命題⑧への言及はそれほど具体的ではないため，次節で触れるように，1950年代以降に，研究者たちは，学習の具体的なプロセスをめぐって，新しい着眼点を追加しようと試みたのである。

　命題⑨は，サザランドが一般的な欲求や価値の追求による説明を採択せず，

学習理論による犯罪行動の説明図式を打ち立てた理由を述べたものである。サザランドは，国や社会の構造の違いによる犯罪発生率の違いを説明するものとして，マートン（R. K. Merton）のアノミー論（第7章参照）に代表される緊張理論によるマクロ構造的な説明の意義を認めていた。その一方で，個々人の犯罪の背景を説明する図式としては，緊張理論に対してどちらかというと批判的であった。そこには，欲求不満や金銭的動機では犯罪行動をうまく説明できないという考えがあったからだ。サザランドの説明によれば，窃盗犯は金銭的動機で犯罪をするが，労働者もまた同じく金銭的動機のために働く。このため，金銭的動機や欲求不満などを主要な説明概念とすることは必要かつ十分な説明にはならないと考えたのである。

■犯罪の社会学的説明としての分化的接触理論の特色

　シカゴ学派（第6章参照）が構築した生活史の研究法は，サザランドの理論にも反映されている。サザランドは，窃盗犯が窃盗に関する技術や知識を，組織にいる仲間からどのようにして学んでいくかなどを研究しており，これが分化的接触理論を構築するうえでの土台となった。

　さらに，サザランドは，従来のシカゴ学派以上に先進的な考え方の持ち主であった。それは人間の変化の可能性を強く信じていたことである。彼は非行多発地域の中にあって，貧困の度合いは高いものの非行の発生率は低い小さなコミュニティがあることなどをデータから見出し，それが自らの分化的接触理論によって説明できるであろうことを，仮説的に提示していた。人は，周囲の人々が接する内容などによって向社会的にも反社会的にも変化するのだ。彼の提示した9つの命題は，人間の変化の可能性に対する，サザランドの思い入れの強さを示すものであろう。

3　サザランド後の学習理論の流れ

継承と変化

　サザランドの分化的接触理論は，その後の多くの社会学的な犯罪理論に影響を与えた。本節では，分化的接触理論の要素を大きく残しつつ構築された理論に焦点を当てる。まず，分化的接触理論の一部を受け継ぎながらも別な概念を

導入するなどして構築された2つの理論を取り上げる。次に，分化的接触理論を受け継ぎながら，学習の要素をさらに精緻化した理論を取り上げる。

■ 別の概念の導入──分化的同一化理論と分化的機会構造理論

分化的接触理論の一部を受け継ぎながらも別な概念を導入するなどして構築された理論として，分化的同一化理論，分化的機会構造理論の2つを挙げることができる。

分化的同一化理論は，グレーザー（D. Glaser）が論文「犯罪理論と行動イメージ」において1956年に発表したものである。分化的同一化理論では，他の人からの影響の受けやすさを，同一化という概念を用いて説明しようとする。同一化とは，他の人と同じような存在をめざすこと，たとえば尊敬や憧れなどのことであり，本人が他の人の行動パターンを学習するかどうかは，こうした同一化の度合いによるとされる。このため，グレーザーによれば，犯罪行動を受けいれてくれそうな人物に対する同一化の程度に応じて，人は犯罪行動を追い求める。彼の見解では，こうした人物は，周囲の人物に限らず，普段はあまり会わない人や，そもそも会ったこともないような人（テレビで取り上げられるような有名人）でもよい。

1960年に『非行と機会』で提唱されたクロワード（R. A. Cloward）とオーリン（L. E. Ohlin）による分化的機会構造理論は，マートンのアノミー論，コーエン（A. K. Cohen）の非行サブカルチャー論という2つの緊張理論（第7章参照）を土台にしたうえで，サザランドの分化的接触理論，シカゴ学派のショウ（C. R. Shaw）とマッケイ（H. D. McKay）などによる社会解体論（第6章参照）の考え方を断片的に取り入れた理論である。

クロワードとオーリンは，アメリカ社会では多くの人が金銭的成功という目標を追求するとするマートンのアノミー論を受け継ぎながらも，合法的手段を入手できない人が必ずしも非合法手段を入手できるわけではないと主張した。そのうえで彼らは，合法的手段を持たない人の場合，非合法手段の機会がある状況と，そうした機会がない状況とでは，逸脱的なサブカルチャーの種類は異なるだろうと考えた。彼らは，地域の社会構造（人種問題や貧困など）に応じて，3つのタイプのサブカルチャーがあり，サブカルチャーに応じた逸脱行動の学習が行なわれると考えた。3つのサブカルチャーとは，①犯罪的サブカル

チャー，②葛藤的サブカルチャー，③退行的サブカルチャーである。

　①の犯罪的サブカルチャーは，貧困層が多くてなおかつ非行少年がそのまま成人して犯罪者として暮らし続けるような地域で生じやすい。このような地域では，盗品を売るための故買マーケットなどが発達している。犯罪的サブカルチャーにおいては，身近なところで簡単に非合法的手段をとることが可能であり，窃盗や詐欺など，収入につながるような犯罪が起こりやすい。

　②の葛藤的サブカルチャーは，移民が多く押し寄せるなどして複数の価値観が対立していたり，犯罪の模範となるような成人の役割モデルが欠如していたりするなど，混乱のある地域で生じやすい。葛藤的サブカルチャーにおいては，合法的手段で成功する大人が少ない一方で，非合法的手段で収入を稼げるような成人の犯罪者もあまりいない。このサブカルチャーのなかで育った若者は，地域の成人たちを弱い人間だとみなして，フラストレーションを抱えるものの，非合法的手段は犯罪的サブカルチャーの場合ほど十分には入手しにくいため，金銭的成功という目標を求めることは難しい。彼らは，暴力と強さを追い求めることにより，ギャングのなかでの地位上昇をめざすことになる。このため，葛藤的サブカルチャーでは，けんかや抗争などの暴力犯罪が起こりやすい。

　③の退行的サブカルチャーは，合法的手段からも，非合法的手段からも閉ざされている。そのうえ，葛藤的サブカルチャーのように，ギャングのグループ間の抗争を勝ち抜いたりグループ内での地位上昇をめざしたりするような暴力的手段も持ち合わせていない。退行的サブカルチャーにおいては，合法的手段からは落ちこぼれ，さらに非合法手段からも落ちこぼれるため，「二重の失敗」を人は経験する。そこで，この退行的サブカルチャーに染まった逸脱者は，現実逃避のために自分たちの世界に閉じこもり，暴力以外の手段で盛り上がろうとする。そのため，退行的サブカルチャーでは，薬物犯罪やアルコール依存などにおちいりやすい。

■ 分化的強化理論

　前項で取り上げた，分化的同一化理論，分化的機会構造理論が出現したあと，1960年代半ば以降に，犯罪の学習理論の流れに大きな転機が訪れた。学習というキーワードに関する部分の厚みを増した理論が，相次いで発表されたのだ。ここではまず，ジェフェリー（C. R. Jeffery）が1965年に論文「犯罪行動と学

習理論」で発表した分化的強化理論を取り上げる。ジェフェリーは，サザランドの分化的接触理論における学習の要素を，心理学において発展してきたオペラント条件づけ^用の原理を導入することによって説明しようとした。

　オペラント条件づけにおいては，行動の結果にともなって生じる，個人を取り巻く外部環境からの反応に着目し，過去の経験で学習したそうした反応のパターンに応じて，個人が次にその行動を起こす可能性が増したり減ったりすることを説明しようとする（外山 2010; 木村 2001）。外部の環境からの反応としては，本人を満足させる報酬の要素，本人にとって嫌な要素を想定する。

　ジェフェリーは，犯罪行動の結果として本人が得る報酬が，ひいては次の犯行を引き起こすことになると考えた。後述するエイカーズの場合には，報酬の要素として，他者から認められるといった社会的な動機に基づく欲求を重視する理論化を行なったのだが，ジェフェリーの場合は，どちらかというと，社会的な報酬よりもむしろ，物や金銭などの形に現れる報酬を重視していた。ジェフェリーは，薬物使用の場合には，薬理作用によって身体に起こる変化（興奮，集中力の上昇，瞑想，幻覚など）が報酬の要素になる一方で，依存性のある薬物をしばらく使わないときの禁断症状が嫌な要素になると考えた。殺人や傷害などの暴力事犯の場合には，対立グループなどの敵という嫌な要素を取り除くことが動機になりうるとも考えた。

　また，ジェフェリーは，本人にとって嫌な要素として，犯行によって引き起こされる，犯罪者にとっての不利益あるいは不快な結果に着眼した。たとえば，強盗をしようとした時に，被害者や警察に銃で撃たれて反撃されそうだと考えれば，実際の犯行はおかさないというのである。ジェフェリーは，嫌な要素として，強盗の結果として警察に捕まって刑罰を受ける，万引きが発覚して親にきつく注意される，などがあることも指摘している。ただし，嫌な要素の存在は必ずしも単純に犯行可能性を減少させるわけではないことも，ジェフェリーは示唆している。嫌な要素には，程度の問題があるからだ。たとえば，万引きを親が注意するような場合，注意のしかたや介入時期によって効果が分かれうるだろう。ジェフェリーの理論は，犯罪の種類ごとに報酬の要素と嫌な要素に関する具体的な視点を提供しており，その意味では，即効的な犯罪予防につながりうるアイデアが含まれていた。

■分化的接触強化理論から社会的学習理論へ

　エイカーズの社会的学習理論は，バージェス（R. Burgess）とエイカーズ（R. L. Akers）が1966年に論文「犯罪行動の分化的接触強化理論」で発表した分化的接触強化理論を土台にして，そこから発展した理論である。エイカーズは，指導を受けたクイニー（R. Quinney）が分化的接触理論の再評価について研究していたこともあって，分化的接触理論における学習の要素について，より科学的で客観的な説明ができないかという問題意識を持っていた。そこで，当時大学で同僚だったバージェスがオペラント条件づけを専門とし，エイカーズが犯罪学を専門とするという学問的背景のもとに，バージェスが筆頭著者となって提唱した理論が，分化的接触強化理論である。

　ここで，表8-1で示したサザランドの9つの命題を思い起こそう。バージェスとエイカーズは，サザランドの9つの命題を逐一引き合いに出しながら，学習の原理を導入した場合に，分化的接触理論が，どのような形で分化的接触強化理論として装いを新たにできるのかを説いた。サザランドの命題①と命題⑧とをドッキングさせるとともに，命題⑨が削除され，命題は7つになった。装いを新たにした，バージェスとエイカーズによる改訂版の命題群やその解説の中で，オペラント条件づけに関する言及が導入され，学習の要素が具体的な概念として取り入れられたのである。

　バージェスとエイカーズは，オペラント条件づけの考え方における報酬の要素と嫌な要素とのバランスにはさまざまなパターンがあることを考慮した。さらに，サザランドのオリジナルの命題⑥にあった，法律違反を望ましいとする考えのほうが法律違反を望ましくないとする考えよりもその人のなかで支配的であるかどうかが，犯罪のような反社会的行動，あるいは逆の向社会的行動を決定するうえでひとつの鍵になると考えた。さらに，反社会的行動を起こそうとする際，報酬の要素（たとえば所属集団からの社会的な報酬として，仲間から一人前のワルとして認められたり賞賛されたりすること）が結果としてともなうことを見込めるならば，犯罪促進的な回路ができあがると考えたのだ。

　バージェスとエイカーズによる分化的接触強化理論，ジェフェリーの分化的強化理論は，本質的には共通性が多い。どちらも，オペラント条件づけを通じた学習によって犯罪行動が強化され，外部環境からの影響により個人の犯罪行動が大部分決定されるという厳格な学習の原理を仮定しているのだ。両者の違

いは，次の3点に整理できる。バージェスとエイカーズの場合には，サザランドの9つの命題をなぞってその改訂を明確にめざしたこと，ジェフェリーよりも周囲の仲間の反応などの社会的報酬の重要性を強調していること，という2点についてはこれまでにも述べた。もうひとつは，本人を満足させる報酬の要素，本人にとって嫌な要素を想定するのはどちらの理論も共通しているが，バージェスとエイカーズの理論ではより明確な形で，報酬の要素と嫌な要素とのバランスに注目した点である。

　ジェフェリーの1965年の論文，バージェスとエイカーズによる1966年の論文は，いずれも思弁的な理論提唱にとどまり，データによる実証的検討はなされていない。その後，エイカーズは，青少年を対象に薬物の使用・乱用に関する調査を実施し，その結果を1979年に「社会的学習と逸脱行動——一般理論の具体的検証」として論文化し，社会的学習理論を唱えた。学習理論以外の理論では容易に対抗できないような，統計的な説明力の高さが得られ，従来の分化的接触強化理論という名称は廃止され，社会的学習理論が提唱されたのである。

　社会的学習理論では，犯罪の学習にともなう主なプロセスは，4つの要素に整理されている。(1)分化的接触，(2)法規範，(3)分化的強化，(4)模倣・モデリングである。(1)と(2)は，用語そのものからもわかるとおり，サザランドの分化的接触理論を継承している。(2)はサザランドの命題⑥を受けたものである。法律違反を望ましいとする考えのほうが法律違反を望ましくないとする考えを上回るかどうか，法規範の肯定と否定とのバランスという観点である。(3)のオペラント条件づけを通じた分化的強化については，たとえば報酬となる要素の場合，一人前のワルとして認められるといった社会的な報酬に限らず，非社会的な報酬でもよい。非社会的な報酬とは，薬物によって心地よく感じるとか興奮するという体験そのものでもよく，周りに誰もいなくてもこの種の学習は成立する。

　分化的接触強化理論との大きな違いは，(4)の模倣・モデリングという要素が追加されたことである。バンデュラ（A. Bandura）は名称が同じ社会的学習理論という，より一般的な社会心理学の学習理論を独自に提唱した（春木 2001）。この模倣・モデリングはエイカーズがバンデュラの影響を受けて追加したものである。模倣・モデリングとは，仲間や先輩などがすでにその逸脱行動をしている様子を見たり，話を聞いたりすることで，本人もやってしまうということ

だ。たとえば薬物を使用する場合など，最初にその逸脱行動をしてしまう際にだけ，模倣・モデリングが影響し，そのあとは(1)や(3)が主に影響する，とエイカーズは考える。ただし，逸脱行動の初体験に影響し得るという意味では模倣，モデリングの効果も無視できない意味をもつ。

このようにして成立したエイカーズの社会的学習理論は，集団内のプロセスだけでなく，地域社会の構造的な要素も取り入れている点が肝要である。エイカーズは，自らの発想を社会構造・社会的学習モデルと呼んでいるが，この試みはいまだ発展途上の段階にある。

4　学習理論の課題と教育・社会との関わり

以上，本章で見てきた学習理論から何を導くことができるだろうか。学習理論では，犯罪を行ないうる動機を誰もが持っているとは考えず，他者からの影響によって後天的に犯罪行動が学習されると説く。そのうえで，学習理論では，人が置かれた環境しだいで，反社会的な方向にも向社会的な方向にも変化することを主張する。一度犯罪や非行の道に走ってしまった者であっても，後戻りもできるということだ。このように，犯罪の学習理論は，人間の変化の可能性（可塑性）に光を当てる視点を提供する。少年法の思想や，非行少年の立ち直り支援，刑務所出所者の社会復帰支援の理念とも相通じるものがある（第14章参照）。

学習理論のなかでも，とくにサザランドや，クロワードとオーリンは，向社会的な接触のパターンが少なく反社会的な接触のパターンが多いような地域の構造を問題にしていた。彼らの議論からは，そこで生まれ育つ子どもや若者の生活条件や生育環境の改善を図る必要性をくみとることができる。彼らの議論は，個人の性格や気質を問題にするのではなく，劣悪な社会環境を是正することを重視するシカゴ学派のエートス（学問的態度）を受け継いでいたといってよいだろう。

アメリカやイギリスをはじめとする諸外国では，「科学的根拠に基づく犯罪予防」の推進のために，防犯のための介入や各種対策，キャンペーンや広報・啓発の効果測定が行なわれ，政策決定にも活用されている。犯罪予防とは，社会

やコミュニティの全員（国民や地域住民や学校の生徒など）を対象としたうえで広報，啓発などを通じて行なわれる一次予防，ハイリスクグループや犯罪多発地区への介入に焦点を当てた二次予防，再犯や再非行の防止と社会復帰のための三次予防に分類される。犯罪学におけるさまざまなテーマと同様，学習理論についても，わが国での実証研究はまだまだ不足しているのが現状である。

　一次予防，二次予防，三次予防のそれぞれについて，研究成果の蓄積が必要であるが，学習理論にヒントを得た場合，どういう犯罪対策が求められるだろうか。人間の発達を取り巻く集団環境，地域社会における法規範の葛藤などの社会的な要因に対処し，それらの要因に何らかの優先順位をつけて働きかけていくことが重要だといえるだろう。防犯活動や警察活動などソフト面での充実や，都市の環境設計などハード面での改善を通じて犯罪・非行を未然に防止することには一定の意義があるだろうが，それだけではひとたび反社会的な行動に走ってしまった人々を社会に復帰させるという目的を遂げることは不可能だからである。

　ハーシ（T. Hirschi）は，『非行の原因』の最終章において，ボンド理論（第9章参照）においては非行仲間の重要性を軽視しすぎていたと，反省をこめて総括している。逸脱的な仲間との接触が，非行行動との間で強い関連を示し，いろいろな角度からの検証によりその関連を覆そうとしてみても，関連の強さがびくともしなかったことを受けてのコメントだ。ハーシは，非行が若者のために何らかの意味があるのではないかという考え方を組み込むことができなかった点を，ボンド理論の理論的な限界だったと認めている。日本では，エイカーズらの1979年の論文ほど網羅的な検証はなされていないが，非行との関連でいうと，学習理論による説明力はコントロール理論による説明力と同等かそれを上回る（斉藤 2003; 谷岡 1996; 西村 1997）。

　学習理論の発想は，個人の内的要因による決定論ではなく，集団環境に適応して自発的かつ柔軟に変化する個人を前提とする。学習理論は，他の犯罪学理論があまり着目してこなかった集団内の相互作用を説明するための理論仮説を提供しており，その点で社会学的な応用可能性に開かれている。理論仮説の検証は多く行なわれてきており，とくに，各種の横断的・縦断的な調査研究を通じて，逸脱的な仲間との接触は，犯罪・非行の最も一貫した関連要因のひとつとされている。他方で，学習理論が組み立てたモデルには限界もある。人は他

人だけでなく，社会構造からも影響を受けうるのだから，構造的視点をどう扱うかが課題になるのだが，現状の学習理論においてはこの点を必ずしも十分に扱いきれていないからである。

考えてみよう！　　　　　　　　　　*Thinking and Discussion*

🔍 サザランドが，本人と周囲の人々との関係を，犯罪や非行の説明のために用いることが必要だと考えた理由について，説明してみよう。

🔍 分化的接触理論や社会的学習理論などの犯罪の学習理論は，一度犯罪や非行の道に走ってしまった人を立ち直らせるために，どういう有効性や限界があるだろうか，考えてみよう。

🔍 家に引きこもったまま学校や会社との関わりを持たない人が事件を起こし，「インターネットの掲示板を通じて悪い価値観に感化された。でも，もとはといえば，親や友人などを尊敬できなかったから掲示板に逃避してしまったのかもしれない」と本人が述べているという報道がなされた場合を想定したとき，この犯罪を学習理論から説明しようとする立場，それ以外の理論で説明しようとする立場，あなたならどちらが学問的に有利であると主張するか，考えてみよう。

Book Guide

▶リチャード・ローレンス『学校犯罪と少年非行——アメリカの現場からの警告と提言』（平野裕二訳）日本評論社，1999年。

　　分化的接触理論が示唆する，犯罪・非行に対して仲間が果たす役割について詳細なレビューを日本語で読むことができる貴重な訳書である。仲間以外にも，家族，学校不適応，高校中退などと非行との関わりについて，詳しい研究知見を紹介している。原著は1997年刊。各地の大学図書館に所蔵されている。

▶エドウィン・H・サザランド／ドナルド・R・クレッシー『犯罪の原因——刑事学原論 I』（平野龍一／所一彦訳）有信堂，1964年。

　　サザランドは，1947年の第4版において分化的接触理論を完成させており，この訳書は1960年の第6版の訳書である。1950年のサザランド逝去後，クレッシーは第5版から第10版までを，ルッケンビルは第11版をそれぞれ刊行し，その時点の最新の理論動向や実証研究の知見を反映させているが，9つの命題につ

いては手を加えていない。この訳書は絶版だが，各地の大学図書館に所蔵されている。

▶小林寿一編『少年非行の行動科学──学際的アプローチと実践への応用』北大路書房，2008 年。
　非行の理論と実証について最新の研究知見までカバーする形で紹介したうえで，実践への応用についても議論されている。初学者にも手に取りやすい。

Column 8　論争と人間観

　緊張理論，コントロール理論，学習理論が出そろった後，1980 年代以降は，これら犯罪の説明理論を統合する動きが出た。一方，それぞれの理論がよりどころにする人間観などの前提の点で，これらの理論は違いが大きいため統合できず，むしろ競合しているのだとする見方も多い。「統合」か「競合」か。理論に対する理解を深め，視野を広げるうえで，これらがキーワードになるだろう。

　第 7 章の緊張理論が性善説であるのに対して第 9 章のコントロール理論は性悪説だというシンプルな説明がしばしばなされる。一方，コントロール理論は，本章で取り上げた学習理論と並んで，現代でも支持を集める二大理論だといえるが，コントロール理論と学習理論との相違点は，もう少し複雑である。そこで，これらの二大理論が前提にしている人間観について，動機，社会化という 2 つの点から明らかにする。

　まず，動機から述べたい。性悪説に立つコントロール理論においては，犯罪や非行への動機の強さに本来は個人差はないという前提に立ち，反社会的な行動の発現を抑えられる要因に着目する。このため，動機の生成過程については問題にする必要はないととらえるのだ。他方，エイカーズの社会的学習理論の場合は，動機は，反社会的な方向，向社会的な方向のどちらにも生成されるとみなすため，動機には個人差が生まれることを前提としている。そればかりか，社会的学習理論の場合には動機の要素が欠かせない。動機の点については二大理論の前提が大きく異なっており，単純な統合は難しいといえる。

　次に社会化についてはどうか。社会化とは，社会集団のメンバーとして身につけることが望ましい価値や規範や役割観を身につけることを意味する。その個人が所属する社会集団における相互作用を通じて，社会化により人間形成がなされる。コントロール理論の場合には，社会化とは，法律を守る善良な集団のメンバーに向けての作用に特化している。これに対して，学習理論は，法律を守る善良な集団のメンバーに向けての社会化がある一方で，法律を破る集団のメンバーになるための社会化が存在することを認める人間観に立つ。

　学習理論は，犯罪や非行のような反社会的行動，法律に従う周囲の人々が喜ぶような向社会的行動の両方向に対して動機の生成や社会化が行なわれるという見方をとるのである。

第9章

犯罪・非行をしないのはなぜか？
コントロール理論

🔍 KEY WORDS	▶行為者論的要因　▶社会的ボンド　▶セルフコントロール

　穂積隆信の小説『積木くずし』シリーズ（1982 ～ 2012 年）は，ある日突然非行に走った少女とその家族の関係を描いたものである。非行少年や非行少女が自分の家族とよい関係が築けていない，または，何らかのトラブルを抱えているということは，これまで多くの研究でも明らかにされてきたし，経験的にもわかりやすいだろう。このシリーズは 1983 年に最初にドラマ化され，その続編もドラマ化された。最も新しいものは 2012 年に放映されている。非行少年とその家族というテーマがこのように 30 年近くにもわたって受け入れられているのは，非行少年と家族の関係は時代を超えて同じだということの証だろう。

　ところで，皆さんはこういう経験をしたことはないだろうか。誰にも見つからずに何か悪いこと（たとえば万引きなど）ができる状況にいるとする。でも，もしそのことがあとで親や学校の先生にばれたら困ると考えて，そんな悪いことはやめたというような経験を。

コントロール理論は少年のそのような心理に注目した理論である。心理学と違うのは，そのような心理的な働きが，親や学校の先生，近隣の知り合いといった他者とのつながり（ボンド）から生まれると仮定している点だ。また，ほかの理論が「人はなぜ犯罪・非行をするのか」を解明しようとしているのに対して，コントロール理論の説明の力点は，「人はなぜ犯罪・非行をしないのか」の解明にある。

この理論の提唱者であるハーシは，犯罪学関連の文献で最も引用されることの多い研究者として評価されたこともある。コントロール理論は犯罪学理論研究において支配的なポジションを確立し，絶大な影響力を及ぼしてきたといえるだろう。本章では，このコントロール理論の展開を提唱者ハーシの主張を中心にみていこう。なお，研究に関する詳しい経緯や出典については他の文献も併せて参照してほしい（上田 2006, 2007; 上田ほか 2009）。

1 コントロール理論とは

犯罪学における**コントロール理論**の誕生は，ハーシ（T. Hirschi）による 1969 年の著作『非行の原因』（Hirschi 1969=1995）であるとされている。ハーシはまず，犯罪学理論の枠組みを「緊張理論（strain theories）」「**文化的逸脱理論**（cultural deviance theories）」「コントロール理論（control theories）」の３つに分類し，前の２つをコントロール理論と対抗する形で，対照的に整理している。

■３つの視座

緊張理論は，ホッブズ（T. Hobbes）による「人はなぜ社会の規則に従っているのか」という問いに関して，人間は規則に従うことを望んでいる道徳的動物であるという性善説から出発する（第７章参照）。したがって，犯罪・非行の原因を探る場合，解明すべきは逸脱の方であり，そのような状況のなかで逸脱をする人間には「不満」「フラストレーション」「剥奪感」などの相当なプレッシャーが存在するとハーシは定義する。

文化的逸脱理論は，性善説でもなく性悪説でもない立場をとるとハーシは仮定している。つまり，ある文化やコミュニティに属する人がその文化やコミュニティの行為規範に同調して行動し，それが伝統的な社会の規則に合わなけれ

ば逸脱になるというのである。したがって，伝統的社会に馴染まない行為規範を有する逸脱文化を内包する多元的な社会が想定されているといえよう。

では，コントロール理論はどのように定義されているのだろうか。まず，ハーシは，非行が起こるのは，「伝統的な秩序にたいしてその人が持つ絆がなんらかのかたちで壊される」からであると仮定する。つまりコントロール理論では，社会における行動規範のあり方に関しては，伝統的社会の行動規範が社会全体に行きわたっていると仮定し，一元的な社会が想定されているのである。文化的逸脱理論のように，伝統的な行動規範だけでなく，逸脱的な行動規範の存在をも仮定する多元的社会観が**葛藤モデル**と呼ばれるのに対し，コントロール理論のこのような一元的社会観は**合意モデル**と呼ばれている（第10章参照）。

緊張理論はコントロール理論と同じ合意モデルに属するが，人間の性質について性善説をとることは先述の通りである。緊張理論では，伝統的な行為規範による犯罪抑制の影響はすべての人に同じだけ及ぶとみなされ，それを上回る犯罪を促進する要因が着目される。それに対し，コントロール理論は，性悪説に依拠するので，犯罪や非行への動機は誰にでもあると仮定する。そして，説明すべきは同調の方であると主張する。したがって，コントロール理論では，「人はなぜ犯罪・非行をしないのか」が問われ，犯罪や非行への誘惑や動機に対抗する要因，いわば犯罪を抑制する要因が着目されるのである。

■コントロール理論の理念型

コントロール理論が「コントロール」理論たる所以は，犯罪や非行への欲望をコントロールしている要因，すなわち，犯罪や非行を抑制する要因の欠如・弱体化の中にこそ犯罪・非行発生を見出すからである。しかし，犯罪・非行を抑制する要因には，社会レベルのものと個人レベルのものとが想定されよう。宝月は，この2つをそれぞれ，構造論的要因と**行為者論的要因**として区別している（宝月 2004）。

スラム地域などにおける規範力低下を主張する社会解体論（第6章参照）も犯罪を抑制する要因に着目したといえる。この社会解体論を初期コントロール理論として位置づける見解もあるが，社会解体論が強調したのは，社会の側から個人へ向けてなされる構造論的な犯罪・非行抑制要因といえるだろう。これに対して，コントロール理論は，個人が自らの行為に対して行なう，いわば行

表 9-1　コントロール理論と他の理論枠組みとの概念の差異

	社 会 観	人 間 観	抑止要因
コントロール理論	合意モデル	性 悪 説	非公式的統制
緊張理論	合意モデル	性 善 説	×
文化的逸脱理論	葛藤モデル	どちらでもない	×
狭義の 合理的選択理論	合意モデル	性 悪 説	公式的統制

（注）　コントロール理論と共通の概念は▨▨▨にしてある。

為者論的な犯罪・非行抑制要因である。

　行為者論的な犯罪・非行抑制要因への着目は，**合理的選択理論**[用]の一部にも見られる。合理的選択理論は，人間は合理的な行動選択をするものだという考え方（合理的選択過程）に基づいている。そこでの犯罪者は，犯罪から得られる利益と，犯罪が発覚した時の損失を考慮に入れて行動していると仮定している（広義の合理的選択理論）が，なかには刑罰の威嚇力の認知のみに焦点が当てられる主張もある（狭義の合理的選択理論）。狭義の合理的選択理論は，行為者論的な犯罪・非行抑制要因と合理的選択過程のほかに，一元的社会観（合意モデル），性悪説的な人間観といった前提を，コントロール理論と共有している。また，狭義の合理的選択理論のキー概念が，自分の行為に対する刑事司法機関の反応，すなわち公式的な統制（フォーマル・コントロール）の効果を表すのに対して，コントロール理論のキー概念は，親，学校といった重要な他者の反応，すなわち非公式的な統制（インフォーマル・コントロール）の効果を表している（表9-1）。

　以上をまとめると，コントロール理論は，非公式的な統制，すなわち，インフォーマル・コントロールを個人が感得している程度に着目した理論ということができよう。このような要因への着目は，ハーシの『非行の原因』以前の犯罪学関連の諸研究においても見られ，それらは同じ趣旨をもつ先駆的研究としてそこで列挙されている。

2 　初期コントロール理論の展開

　コントロール理論の先駆的研究においては，行為者論的な犯罪・非行抑制要

因への着目はあるものの，そのすべてにおいて，それのみが犯罪・非行の原因として取り上げられていたわけではない。社会解体論や犯罪・非行の促進要因と結合したり，根拠なく犯罪・非行促進要因を否定・排除したりすることによって犯罪発生が説明されていた。これらは，いわば発展段階の所説の集合体といえよう。本節では，これらの先駆的研究を初期コントロール理論と位置づけ，それらの展開を，論者ごとに時系列でみていく。

■ 個人的コントロールへの着目

　ハーシの『非行の原因』において列挙された論者の中で最初に行為者論的な犯罪・非行抑制要因に着目したのはリース（A. J. Reiss Jr.）である。1951 年の論文の中で，リースは，非行を「社会集団もしくは社会組織が規範や規則を効率的にする能力」である社会的コントロール（social control）と「個人がコミュニティの規範や規則に対立するような方法で要求を満たすのを控える能力」である個人的コントロール（personal control）の弱体化による産物と定義している（Reiss 1951）。彼は，さらに前者の社会統制を，家庭などの第一次集団によるものと，コミュニティと組織によるものの2つに分けた。つまり，行為者論的な視点と構造論的な視点の両方に着目していたといえるだろう。

　以上のような定義を下敷きとして，保護観察に付された少年を対象とした調査結果に基づいた主張が行なわれた。社会的コントロールと個人的コントロールを独立変数（原因）として，従属変数（結果）である保護観察の取り消しとの関連が調べられた。その結果，社会的コントロールと個人的コントロールが低い少年は，保護観察の取り消しが多いという傾向がみられた。

　この所説においては，後述するような理論的欠陥はあったが，個人的コントロールという概念は，構造論的な犯罪・非行抑制要因に着目する社会解体論とは区別される，新しい理論枠組みの萌芽として位置づけることができるだろう。

■ 合理的選択過程への着目

　1957 年にはトビー（J. Toby）が「同調への賭け」という概念を雑誌論文において提唱する（Toby 1957）。

　トビーはまず，アメリカにおける窃盗犯の多くが若いスラム出身者であり，このことは「人々が自分に及ぶ外的コントロール（external control）が弱まった

ときに自分が持つ反社会的衝動に基づいて行動する傾向にある」ことを示すと主張する。この外的コントロールという概念は，社会解体論と同じ構造論的な視点といえよう。

　しかし，トビーは，それだけでは同一地区内の犯罪をする少年としない少年の差が説明できないと続けて主張する。そこで，彼は学校における少年の適応状態に焦点をあて，学校でうまく適応している少年たちは，法を犯すことにより自分の将来性を危険にさらすこととなるので，犯罪という誘惑を選択することなく「同調に賭け」るとつづけて主張する。

　法を犯すことによってこうむる不利益と自分の将来性とを比較衡量するような行為選択過程を含んでいるという点で，この「同調への賭け」という概念は，合理的選択過程というコントロール理論のもうひとつの系譜の萌芽として位置づけることができよう。

■家庭への着目

　1958 年には，ナイ（F. I. Nye）が著作『家族関係と非行行動』において，家庭を青年にとって最も重要かつ唯一の社会的コントロールの源と考え，その非行抑止機能に着目する（Nye 1958）。

　ナイはまず，生物学的，心理学的，社会学的な非行の能動的要因は説明する必要がなく，非行はそれを抑制している要因が欠如することによって発生すると主張し，その抑制要因を社会的コントロール（social control）と名づけた。さらに，その社会的コントロールを，直接的コントロール（direct control），間接的コントロール（indirect control），内的コントロール（internal control），欲求充足のための合法的手段（need satisfaction）の 4 つに分類した。

　直接的コントロールは，子どもの不良行動に対する処罰，服従的行動に対する褒美という形で両親によって子どもに対してなされるものを表す。間接的コントロールは，自分の非行によって，両親や密接な関係を持っている人たちに傷や失望をもたらすかもしれないと考えることで子ども自身が非行を差し控えるときの心理的な力を表す。そして，内的コントロールは，良心や罪の意識による行動統制を表している。欲求充足のための合法的手段は，自分の欲求を満たすための合法的な方法・手段を少年が持っていることを表す。

　また，彼は自分の主張の確かさを検証するため，自己申告調査という，当時

では最新の手法を用いて，自分の主張を検証した。

■非行多発地域における無非行少年への着目

　同時期に，レックレス（W. C. Reckless）らの研究グループによって行なわれた「よい自己観念」に関する一連の共同実証研究も，個人の犯罪抑制力に着目していた。これらの研究は，先述のトビーと同じく，非行多発地域において誘惑に乗らない無非行少年に焦点を当て，よい自己観念が非行の「絶縁体」になると結論づけたものである。これらは同じ環境にありながらもその人の役割モデルのとり方や自己観念の形成の仕方によってその人の行動が変わってくると仮定しているのである。

　さらにレックレスは，単著『犯罪問題』のなかで，この共同実証研究の結果を発展させ，非行・犯罪をよりよく説明する一般理論として，封じ込め理論（containment theory）を 1961 年に提唱する（Reckless 1961）。

　レックレスは，まず犯罪・非行の要因を大きく動機要因と抑制要因とに二分し，前者を，個人を犯罪・非行へ引き込む（プル）要因と，犯罪・非行へ追いやる（プッシュ）要因とに，後者を，内的封じ込め（inner containment）と外的封じ込め（outer containment）とに分類して，これらの諸要因のバランスが崩れるときに個人は犯罪・非行を行なうのだと主張した。

　これら諸要因のより具体的な内容としては，プル要因には，悪い友人，犯罪・非行サブカルチャー，逸脱集団，マス・メディアなどが，プッシュ要因には，不安，不満，内的緊張，敵意，攻撃性，刹那的満足への要求，権威に対する反抗といった生物学的または心理学的要因と，不利な生活状況，家族葛藤，少数派集団という位置づけ，機会の欠如といった社会的要因が挙げられた。内的封じ込めには，個人的コントロール，自我の強さ，超自我，欲求不満への忍耐力，責任感，逸脱への抵抗，目標定位，代替満足を見出す能力などが，外的封じ込めには親と学校による効果的な監視としつけ，集団に対する強い結合，一貫した道徳的態度などが含まれていた。

■初期コントロール理論の課題

　初期コントロール理論と呼べる以上の所説は，性質や名称は多少異なっているが，個人レベルでの行為者論的な犯罪・非行抑制要因の欠如・弱体化を強調

する点で共通している。しかしそれらは以下のような3つの問題点を抱えていた。

第一に，犯罪・非行抑制要因の定義の不明確さである。社会の側から個人に向けて行使される構造論的抑制と，個人が自ら行なう行為者論的な抑制力がアプリオリに混在している点である（表9‐2）。リースの社会的コントロール，トビーの外的コントロール，ナイの家庭による直接的コントロール，レックレスの封じ込め理論における外的封じ込めは全て前者に相当するものである。他方，リースの自己コントロール，トビーの「同調への賭け」，ナイの間接的コントロール，内的コントロール，レックレスらの「よい自己観念」およびその発展形としての封じ込め理論における内的封じ込めはすべて後者に相当するものである。先述のように，ハーシによって定式化されたコントロール理論は，後者をキー概念とした主張だが，これらの初期コントロール理論においてはこの両者の関連は不明確である。

第二は，犯罪・非行促進要因の位置づけである。これらの理論枠組みのなかには犯罪・非行促進要因を含むものと含まないものがあり，含む場合は抑制と促進のバランスについての言及が欠如するという欠点を，含まない場合も促進要因が存在しないことの論理的・実証的裏付けが欠如するという欠点をそれぞれ抱えている（表9‐2）。たとえば，レックレスの封じ込め理論は前者の典型である。実際，封じ込め理論には，多くの批判が寄せられたが，そのなかでも有力なものは，主要な構成要素の不明確さと構成要素間の関連性のなさを指摘するものであった。つまり，安易に犯罪・非行抑制要因と犯罪・非行促進要因を単につなぎ合わせるだけでは説得力がないのである。また，能動的要因は比較的まれなので説明不要としたナイのように，何の裏づけもなく犯罪促進要因を否定することも，やはり科学的な観点からは説得力に欠けるといえるだろう。

第三は，研究方法にまつわる問題である。初期コントロール理論は実証研究が多いこともその特徴といえるが，その実証方法に関しての批判があった。リースには，トートロジーの問題が指摘された。わかりやすくいうと，たとえば，犯罪や非行を規範の内面化の欠如によって説明する場合，規範に違反する行為の有無によって規範の内面化の欠如を測定し，またそれによって犯罪・非行を説明すると，「規範に違反する行為をする者ほど，犯罪・非行をする」という形で循環論におちいるという指摘である。ナイには，対象者が自己申告し

表9-2　初期コントロール理論とボンド理論との概念の差異

	抑制要因		促進要因	その他
	行為者論的抑制要因	構造論的抑制要因		
Reiss 1951	個人的コントロール	社会的コントロール	なし	
Toby 1957	同調への賭け	外的コントロール	なし	
Nye 1958	間接的コントロール 内的コントロール	直接的コントロール	なし	欲求充足のための 合法的手段
Reckless 1961	内的封じ込め	外的封じ込め	あり	
Hirschi 1969	ボンド	×	なし	

た行為のみで非行を測定しており，非行性が高いとされた集団も実は非行のない少年を多く含むかもしれないという，自己申告における非行測定の適切さに関する指摘や，大都市の少年が含まれないことや，非白人，外国生まれの少年の割合が低すぎるという，サンプルの偏りに関する指摘があった。またレックレスらのよい自己観念に関する研究も，「自己概念と非行との統計的関連が低い」「方法論の面で問題がある」などの多くの批判にさらされた。

3　ボンド理論の展開

　本節では，前節で取り上げた初期コントロール理論の欠陥を克服する形でまとめ上げそれをコントロール理論として定式化したハーシの主張をみていこう（Hirschi 1969=1995）。

■ボンド理論

　ハーシは，非行を抑制している要素を「社会に対する個人の絆（**社会的ボンド**）」と表現し，個人を基軸とした行為者論的な抑制力に説明対象を限定する。初期コントロール理論では不明瞭であった，社会の側から個人の行動に向けてなされる抑制との区別が明確に行なわれているといえよう。

　そして，この社会的ボンドを構成する要素として「愛着（attachment）」「投資（commitment）」「巻き込み（involvement）」「信念（belief）」の4つを挙げ，これらの社会的ボンドがなんらかの形で弱まったり欠如したりするときに非行が起こりやすくなるとハーシは主張する。

「愛着」は，少年が両親・教師・友人など，自分にとって大切な「他者」に対して抱く愛情や尊敬の念であると定義されている。この「愛着」は，内面化・超自我などの心理学的な概念とは異なり，その強さを逸脱行為から独立して測定できる。リースがおちいったようなトートロジーの問題を克服したといえるだろう。

　「投資」は，法を犯すことでもたらされる結果に対する恐怖から同調行動を選択するという人間の持つ合理的な一面に関する構成要素のことである。投資がある場合，すなわち犯罪・非行にともなう利害と，同調からもたらされる利害を比べて後者が上回る場合，トビーのいう「同調への賭け」が選択される。たとえば，非行の誘惑があっても，それが発覚することで学校でのキャリアが台なしになるのを恐れて少年が非行を回避する場合がこれにあたる。

　「巻き込み」は，逸脱行動に従事する時間が見出せないほど慣習的活動に従事している忙しい状態と説明され，逸脱をする機会がないことを示している。言い換えれば，もし，少年が合法的な生活に携わる機会や時間が多くなれば，それだけ逸脱行動に走るチャンスや時間が少なくなるということである。たとえば，少年がクラブやアルバイトなどの活動で忙しく，非行をする時間が物理的にない場合，その少年は「巻き込まれて」いるといえるのだ。

　「信念」は，少年が自分の属する社会や集団の規範のもつ道徳的妥当性をどの程度信じているかを示すものである。これは法を破ることがよくないことだという信念をたんに意味するだけでなく，法を執行する警察や裁判所，校則を適用する学校または教師が正当な執行を行なっているかどうかについての信念をも意味している。

■初期コントロール理論の課題への対応

　以上のようなハーシによる緻密な定式化は，初期コントロール理論が抱えていた，犯罪・非行抑制要因の定義の不明瞭さの問題へ対応したものであるといえるだろう。

　前述のように，初期コントロール理論といえる所説には研究手法上の問題もあったが，それらはどのように解決されたのだろうか。

　『非行の原因』におけるハーシの研究方法は，ナイと同じ自己申告調査によるものであったが，ナイへの批判として挙げられた研究手法上の欠点を克服す

る工夫がなされている。まず，サンプルの偏りを避けるため，調査対象には人種や年齢などが満遍なく含まれた。また，非行経験を調べるにあたっても，自己申告だけでは正確さが担保されないという欠点を克服するため，ハーシは，警察の記録も併せて照合している。

　では，犯罪・非行促進要因に関する問題はどのように解決されたのか。

　ボンド理論が初期コントロール理論と大きく異なっていたもうひとつの点は，犯罪・非行促進要因を主張する他の立場（緊張理論と文化的逸脱理論）を論理的な面からだけでなく，データを使って実証的に否定してみせたことである。

■ 犯罪者と非犯罪者の連続性・共通性への着目

　「犯罪・非行は特定の階級，文化，地域に集中する」といった考え方である犯罪・非行偏在説を否定し，「犯罪・非行は社会全体に行きわたっている」という犯罪・非行遍在説を使って犯罪・非行を説明することも，ボンド理論の特徴である。それは，伝統的な実証主義の犯罪者観，つまり犯罪者を非犯罪者とは区別された病的ないし異常な属性を有するものとしてとらえる見方に激しく批判を加えることを通して行なわれ，犯罪者と非犯罪者の連続性・共通性に着目することで結果として犯罪者を特別視しない考え方につながった。

　そこで，このような考え方に関して大きな影響をハーシに与えた，マッツァ（D. Matza）の漂流理論と，その基礎づけを行なったマッツァとサイクス（G. M. Sykes）の共同研究をみていこう。

　マッツァは1964年の著作の中で，「漂流理論」と呼ばれる理論を提唱したが，この著作に先立つサイクスとの共著論文において「中和の技術」という概念を導入している。

　「中和の技術」とは，非行の実行にあたって少年がその罪悪感をやわらげ自らの行為を正当化する技術のことである。その具体的な内容としては，責任の否定，加害の否定，被害者の否定，非難者への非難，より高い忠誠心への訴え，が挙げられている。これらの正当化は，自分の行為をやむをえなかったものとして社会に認めてほしいという少年の心理を表している。このような態度は，非行少年が慣習的価値観および規範を内面化している証拠であるとマッツァらは主張する（Sykes and Matza 1957）。

　以上のようなマッツァらの主張の背後には，非行のない少年との非類似性を

強調してきた従来の伝統的な非行少年像ではなく，むしろ非行のない少年との類似性を持つ非行少年像があるといえるだろう。

以上の概念をふまえて，「漂流理論」がマッツァによって提唱される。まず，「漂流」とは伝統的世界と非行的世界の間を揺れ動くことであると定義される。そして，本来は伝統的世界に属し，伝統的な価値観・規範を持つ非行少年は，罪悪感なく非行ができるような自己弁明の態勢（「悪事の中和」）と，刑法に代表される規範束縛の弱体化（「刑法の中和」）を用いて，伝統的世界から離脱して漂流するとマッツァは主張する。

以上のマッツァらの所説は，非行は特殊な文化がもつ逸脱的な規範学習の所産であると主張するコーエン（A. K. Cohen）の非行サブカルチャー論（第 7 章参照）への批判を通して形成されたものだとされているが，このような批判は，「規範」についてコンセンサスがある社会を想定するコントロール理論には必要不可欠であった。というのも，もし，社会の一部に非行を促進するような規範を持つサブカルチャーが存在するならば，その文化の規範の力は，コントロール理論の想定する犯罪・非行抑制の方向ではなく，まったく逆の，犯罪・非行を促進する方向に働くことになるからである。

また，このマッツァの批判は，文化的逸脱理論を超えてほかの伝統的な理論にも向けられた。マッツァは，非行少年に関する伝統的な理論は，生物学的なものであれ，心理学的なものであれ，社会学的なものであれ，負の要因があれば必ず非行をするというハードな決定論と，非行少年と非行のない少年とは異質であるという主張を強調しすぎる点によって特徴付けられるとする。彼らは負の要因がある少年が 24 時間 365 日非行を行なっているわけではないとして批判を加えたのである。

以上のようなマッツァらの主張とハーシの主張は，次の 2 点で違いがある。第一に，マッツァらの論証が観念的に行なわれたのに対し，ハーシは実証的にそれを行なったことである。具体的には，「信念」の検討箇所において，社会や集団の構成員全体によって共有される「共通の価値体系（a common value system）」が存在し，下層階級文化に独特な規範や価値観よりも，中流階級の価値観の欠如の方がより非行に結びつくことを，ハーシはデータを用いて実証的に証明している。

第二は，ボンド理論における規範が変数であるとみなされているのに対し，

漂流理論では規範は定数だとみなされている点である。マッツァは，規範を犯罪・非行を抑制している要因としては扱わなかった。むしろ，少年が社会の規範による縛りからいかにして離脱するかに着目し，その離脱は犯罪・非行の促進要因によって行なわれると考えた。他方，ハーシは動機を含めた犯罪・非行促進要因を排除する立場を貫徹し，規範の拘束力の強弱を実証的に検討して，それを犯罪・非行抑制要因として限定的に位置づけたのである。

■ボンド理論への評価と批判

このようにして，個人の持つ犯罪・非行抑制要因の欠如や弱体化が犯罪・非行をもたらすという考え方は，ハーシによって純化され，明確な内容を持ったものとして定式化された。

しかし，ボンド理論は刊行当初厳しい批判にさらされる。たとえば，レマート（E. M. Lemert）は，この本に対する書評の中で，データの信頼性と妥当性を疑問視し「ハーシの研究結果は単に自己申告非行と事実，態度の関連を発見したに過ぎず，原因（社会的ボンド）と結果（非行）が反対である可能性がある」と評した。

しかし，自己申告調査の信頼性と妥当性が実証されたのと呼応するかのように，1970年代後半からボンド理論は犯罪学者の関心を集めはじめることとなる。多くの追試がなされ，その多くがボンド理論の実証レベルでの妥当性を結論づけており，ボンド理論が好意的に取り扱われている状況がうかがわれよう。

さらに，1970年代の半ば頃からは，いくつかの所説をコントロール理論としてとらえ，それを好意的に紹介する文献も出てくる。70年代後半はコントロール理論，それもとくにボンド理論がアメリカ犯罪学界を席捲したといっても過言ではないだろう。

1980年代も半ばに入ると徐々に批判も出はじめる。これらの批判の中には，理論枠組みを問うものや，理論の適用範囲を問うものなどがあったが，とりわけ致命的であったといえるのはアグニュー（R. Agnew）による批判である。アグニューは，社会的ボンドの弱体化は，犯罪を発生させる原因ではなく，むしろ結果，つまり非行によってもたらされたものではないかと主張した。アグニューは，ほかの関連研究が採用した横断的研究方法を批判し，縦断的なデータを用いて自分の仮説が正しいことを確かめようとしたのである。その結果，

社会的ボンドと非行の間にはゆるやかな関係しか見出せず，さらに，非行後に社会的ボンドの弱体化もみられることを根拠にして，ボンド理論が過大評価されていると批判する。

　ほかの批判としては，社会的ボンドの生成過程が述べられていないことから犯罪減少策を講じることができないとの批判や，それと関連して，具体的な政策的含意のなさを指摘するものがあった。

　以上，ボンド理論への批判を見てきたが，社会的ボンドと非行の関係が実証的に証明されたとしても，社会的ボンドの生成過程が解明できない限り，この理論からは非行対策が立てられないのは確かである。また，この理論枠組みは，非行少年と無非行少年の間の連続性や共通性に着目するとはいえ，実質的にはその程度差によって両者を峻別することを示唆しており，マッツァが指摘した決定論的側面を克服できていない。

4　セルフコントロール理論への展開

　1979 年からハーシは，ゴットフレッドソン（M. R. Gottfredson）と共同研究を進めることになる。彼らは，1990 年にセルフコントロール理論と呼ばれる理論を，共著書『犯罪の一般理論』（Gottfredson and Hirschi 1990=2018）において提唱した。

■ セルフコントロール理論の展開

　ゴットフレッドソンとハーシは，犯罪に結びつきやすい個人的属性をセルフコントロールと定義した。その主張は大きく次のようにまとめられる。

①セルフコントロールの程度が犯罪・非行を含むさまざまな逸脱行為の発生に関与し（コア仮説），その関係性は人種・性別・文化を超えて適用される（普遍性仮説）。
②セルフコントロールの程度は家庭や学校などのしつけによって幼少期に決定され（生成過程仮説），その程度は一生にわたって不変である（安定性仮説）。

この理論に関する実証研究は，まずコア仮説に関するものから始められた。セルフコントロールの程度（原因）と，犯罪や非行，類似行為（結果）との関連が，さまざまなサンプルを使って実証的に調べられ，その多くでコア仮説が支持された。

　一方，生成過程仮説と安定性仮説についての実証研究は，あまり数が多くなく，その結果も仮説を支持するものと支持しないものが混在しており，まだ定まった評価はされていない。

　この理論では，ボンド理論に対してなされた批判を意識したと考えられる箇所がいくつかある。

　たとえば，決定論的側面の緩和である。犯罪・非行を含むさまざまな逸脱行為と結びつく「セルフコントロールの低さ」は多方向性（Column 9 参照）をもつとされる。セルフコントロールが低い人々は，特定の種類や形の犯罪・非行のプロになることは少なく，喫煙，飲酒，事故などの犯罪・非行以外の類似行為にも従事すると，彼らは主張している。また，「セルフコントロールの低さ」は，「場面状況的な条件と他の個人属性により中和されうる」とされている。これらの概念は，「セルフコントロールの低さ」が必ずしも犯罪・非行につながるわけではないということを示唆しており，ボンド理論の決定論的側面が緩和されているといえるだろう。

　また，ボンド理論では，キー概念である社会的ボンドの生成過程に言及していないという欠点があったが，ここではキー概念である「低セルフコントロール」の生成過程に詳しくふれている。セルフコントロールの程度は家庭の効果的なしつけによって，8歳から10歳の頃に決定されると主張され，その具体的な内容としては，①子どもの行動を監視する（monitor）こと，②逸脱行為が起きたときにそれを認識する（recognize）こと，③その逸脱行為を一貫して罰する（punish）こと，が挙げられている。

　また，ボンド理論で批判・指摘された政策的含意の欠如に対しても，序文において政策提言を意図するとの明確な宣言もあり，積極的に政策提言している。

■ ボンド理論との関係

では，ボンド理論との関連性はどうだろうか。

ゴットフレッドソンとハーシは，犯罪は人間行動一般の一部分であり，常軌

を逸した行動ではないと述べ，一般行動理論の枠組みのなかで理解されるべきであると主張しているが，犯罪行為を異常なものとしてではなく，むしろ一般行動と同じであるとみなしている点は，犯罪者・非犯罪者の連続性・共通性の強調というボンド理論の立場を踏襲しているといえるだろう。

　しかし，セルフコントロール理論のなかで，社会的ボンドは犯罪・非行と同様，セルフコントロールの産物であるとみなされ，もはや犯罪・非行の原因としては無意味なものとしてとらえられている。

　また，彼らは，犯罪・非行および類似行為に結びつく「低セルフコントロール」の特徴は衝動的で，鈍感，精神的の反対という意味において肉体的で，リスクを求め，近視眼的，非言語的な傾向にあると主張する。これらの特徴は，犯罪・非行の動機，つまり，犯罪・非行に対して正の方向に働く促進要因を意味している。

　先述のように，性悪説に立脚するコントロール理論のキー概念は，犯罪・非行の抑制要因であるべきであり，犯罪・非行の促進要因は含めるべきではない。つまり，この点に関しては「なぜ犯罪・非行をしないのか」に焦点をあてたボンド理論，ひいてはコントロール理論との関連がまったくないことになる。

　セルフコントロール理論の検証で用いられることの多いセルフコントロールの尺度（「グラスミック〈H. G. Grasmick〉らの尺度」と呼ばれている）が上述の諸特徴に基づいて作成されたこともあって，セルフコントロール理論とボンド理論との関連性の欠如を指摘する批判が有力となった。

■ セルフコントロール理論の修正とボンド理論への回帰

　ハーシとゴットフレッドソンは，ボンド理論とセルフコントロール理論の関連性について，長年沈黙を続けていたが，近年，「社会的ボンド」は「セルフコントロール」と同義であると主張するようになる。とくに，ハーシは2004年の論文の中で，セルフコントロール理論の精緻な修正を行なった（Hirschi 2004）。

　ハーシはまず，グラスミックらの尺度に含まれる先述の理論的問題点を指摘した後，セルフコントロールの特徴に関する当初の主張が誤解を与えたことを認め，セルフコントロールの再定義を行ない，新たなセルフコントロール尺度を提唱する。

ハーシは，社会的ボンドとセルフコントロールを同義としたうえで，セルフコントロールを，犯罪や非行といった特定の行為によってもたらされるであろう損失をあらゆる範囲にわたって考慮する傾向と再定義する（Hirschi 2004）。これは，セルフコントロールが，（促進要因ではなく）純然たる抑制要因であることを強調するための再定義である。

　そして彼は，①親，教師，仲間といった他者が自分のことをどう思っているかを気にする程度や，②その他者が自分の行為を認知している程度など，従来のボンド理論では社会的ボンドに位置づけられた要素こそ，セルフコントロールであると主張した。セルフコントロール理論において，社会的ボンドの意味は，たとえば，犯罪・非行への誘惑が生じたときに，親の姿が（本人にとって）心理的な意味で存在しているか否かということであって，実はそれこそが，自己監視（＝セルフコントロール）であるというのだ。

　さらにハーシは，セルフコントロールを表現していると思われる9項目を，ボンド理論における4つのボンドと対応させることなく合算して，それらの得点を用いて，セルフコントロール尺度とした。そしてこの尺度を用いて，セルフコントロールが高いほど非行行為を申告した者の割合が少なくなることを，実際のデータを使って示した。

　ボンド理論とセルフコントロール理論の違いのひとつは，セルフコントロールが逸脱行為の統制を直接の目的とする親のしつけによって生成されるという点である。また，もうひとつの違いは，ボンド理論においては，愛着，投資，巻き込み，信念の各項目が別々に分析されているのに対して，（修正された）セルフコントロール理論ではこれらの要素を合算して完全に個人要因へと純化させている点である。つまり，前者では，家族・学校・地域社会が持つ構造論的な抑制要因が機能した結果として社会的ボンドをとらえることが可能であるが，後者ではそのような解釈の余地は残されていない。

　以上をまとめると，セルフコントロール理論とは，社会的ボンドを個人の社会化の程度，すなわち，セルフコントロールとみなし，さらに，親のしつけを通して行なわれる社会化が個人の外で行なわれることを明確にすべく，親のしつけをセルフコントロールの先行要因として位置づけなおした理論なのである。言い換えれば，セルフコントロールとは，「社会」から受ける直接的コントロールを感得し，自己監視できる「個人」の能力といえるだろう。

■ コントロール理論から導かれる犯罪・非行対策

　コントロール理論からはどのような犯罪・非行対策が導かれるだろうか。

　コア仮説から導かれる犯罪・非行対策は，セルフコントロールの強化，ハーシの最新の主張に従えば，個人（少年）の社会的ボンドの強化であろう。生成過程仮説と併せて考えると，そのためには子どもがいる家庭にできるだけ早期に介入し，家族への社会的支援と幼年期の教育支援を行なうことが求められよう。こうした介入は早期介入（early intervention）プログラムと言われている。

　効果があるとされるプログラムには，低収入のアフリカ系アメリカ人家庭を対象とするペリー保育園（The Perry Prepschool）のプロジェクトをはじめ，低収入のメキシコ系アメリカ人家庭を対象とするもの，高校教育を受けていない低収入の母親を対象とするものなどがある。これらのプロジェクトでは，訓練された専門職員が家庭訪問をし，情緒的援助や子育てに関する助言を提供している。その結果，これらの介入を受けた家庭では，そうでない家庭より，子どもの犯罪・非行が少ないだけでなく，親子関係が良かったり，学校での成績が良かったりするなど，子どもの良好な社会関係が見られるという。

　このような結果は，コントロール理論の主張を強く裏づけているといえるが，これらの介入は特定の人種や社会階層の家庭を対象としているので，社会階層やサブカルチャーに着目する他の理論からも説明可能である。

　一方，安定性仮説は，非常に悲観的な犯罪・非行対策を含んでいる。この仮説の趣旨は，犯罪・非行にかかわる個人属性，すなわち，セルフコントロールの程度が幼児期に決定されると，その程度は一生にわたって変化しないというものである。したがって，このような主張は，あらゆる矯正・改善・更生の可能性を否定するものである。

　この仮説を検証した実証研究では，その主張を支持しないと結論づけるものが多いが，それ以上にこの仮説の主張を覆す科学的事実もある。たとえば，日本の少年院出院者の5年内再入率（出院後5年以内に少年院または刑務所に入る人の割合）は2〜3割程度で推移しているが，逆にいえば過半数の非行少年が更生するという現実があるということである。また，就職や結婚によって，犯罪から離脱するだけでなく逸脱的な生活からも抜け出す人々が少なくないということは，精緻な実証研究によって示されている（たとえばSampson and Laub 1993）。また，最近の犯罪学研究においては，更生プログラムの評価研究が盛

んであり，多くのプログラムが犯罪者の更生に有効であると報告されている。
これらはこの安定性仮説に反する科学的事実であるといえよう。

考えてみよう！　　　　　　　　　　　　　*Thinking and Discussion*

コントロール理論，緊張理論，文化的逸脱理論の違いと共通点を，それぞれが
想定する社会観と人間観に着目して考えてみよう。

ボンド理論とセルフコントロール理論の違いと共通点を，ハーシの考え方の変
化に着目して考えてみよう。

コントロール理論から導かれる犯罪・非行対策を，緊張理論と文化的逸脱理論
から導かれるものと比べながら考えてみよう。

Book Guide

▶トラビス・ハーシ『非行の原因——家庭・学校・社会へのつながりを求めて
〔新装版〕』（森田洋司・清水新二監訳）文化書房博文社，2010年。

　　本書においてコントロール理論が定式化された。データでもって自説を検証し
ていく本書のスタイルは，その後のアメリカ犯罪学研究方法のスタンダードに
なっている。翻訳書の初版は1995年刊行。原著は1969年刊。

▶マイケル・R・ゴットフレッドソン／トラビス・ハーシー『犯罪の一般理論
——低自己統制シンドローム』（大渕憲一訳）丸善出版，2018年。

　　本書においてセルフコントロール理論が提唱された。アメリカの多くの犯罪学
履修コースで必読の書となっている。ただし，ボンド理論のときとは異なり，新
規の一次データを使った実証はない。原著は1990年刊。ちなみに，この訳書の
ように「ハーシー」と表記されることもある。

▶森田洋司『「不登校」現象の社会学〔第2版〕』学文社，1997年。

　　ハーシの『非行の原因』を監訳し，その解説においてコントロール理論を体系
的に整理・紹介した森田洋司の著書。日本の不登校現象の説明にボンド理論を適
用している。

Column 9　犯罪・非行の特化と多方向性

　犯罪・非行の特化（specialization）とは，同一の行為者が特定の種類や形の犯罪行為や非行行為を繰り返し行なうことである。これと反対の概念が多方向性（versatility）で，同一の行為者が特定の種類ではなく，多種多様な犯罪・非行行為を行なうことを意味している。これらの概念は本書で取り上げられた犯罪学理論とどのような関係にあるのだろうか。

　犯罪・非行の特化は，文化的逸脱理論と部分的に親和性を持っている。文化的逸脱理論は，本章でも述べたように，ある逸脱的な文化やコミュニティに属する人がその文化やコミュニティの行為規範に同調して行動する場合に逸脱になるという仮定をしているが，その逸脱的な行為規範の中に，特定の種類や形の犯罪・非行行為が含まれる場合には，犯罪の特化と親和性を持つ。しかし，その行為規範の中に多種多様な行為が含まれる場合はこの限りではなく，むしろ多方向性と親和的である。

　他には，**Column 1** で取り上げられた，モフィット（T. Moffitt）の発達類型論（developmental taxonomy）も，部分的に犯罪・非行の特化と親和性を持っている。モフィットが主張する，生涯継続（life-course persistent）反社会性タイプと青年期限定（adolescence-limited）反社会性タイプの 2 類型のうち，後者のタイプで一定の特化（暴力的行為が少ない）が仮定されている。

　他方，犯罪・非行の多方向性は，本章で述べたように，セルフコントロール理論の主張の一部となっている。犯罪・非行の特化と多方向性に関する研究は，欧米では縦断的なデータを用いて多くの実証研究が行なわれており，多方向性を支持する結果が多く，欧米の犯罪学界では，犯罪や非行を行なう者が多方向性を持つことについてコンセンサスができつつある。しかしながら，ごくわずかではあるが，特化を示す実証結果もある。これに対してハーシとゴットフレッドソンは，その事実を認めつつも，それは機会構造によるもの（たとえば，ひったくりを繰り返す者は，家から歩いて行ける場所にショッピングエリアがある）だとして特化の主張を退けている。

本田由紀・内藤朝雄・後藤和智『「ニート」って言うな！』光文社新書，2006

「ニート」全体に敷衍される強いマイナスのイメージ

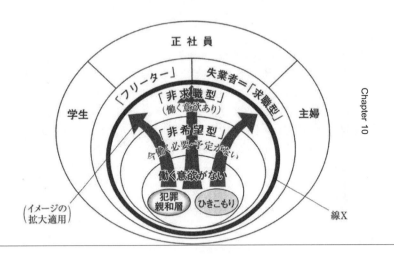

第10章

レッテル貼りが逸脱を生む逆説
ラベリング論

🔍 KEY WORDS	▶反作用　▶セレクティブ・サンクション　▶逸脱増幅過程

　2003年ごろに日本社会に登場した「ニート」という単語は，「意欲がない」など何らかの意味で「病んだ」人を示す新たな逸脱カテゴリーとして，瞬く間に広まった。2006年に刊行された『「ニート」って言うな！』という本は，「犯罪親和層」や「ひきこもり」という逸脱カテゴリーのネガティブなイメージが「ニート」という対象（図の線Xの円内）に拡大適用されて用いられているありさまを記述し，その扱いは不適切ではないかと批判している。

　著者のひとり本田由紀によれば，「ニート」に該当する人たちは「今働いていない」という共通点を除けば多様な存在である。そして統計のうえで増加したのは失業者に近い「非求職型」であり，安定的な就労機会の減少という構造的な要因が背景にあるという。そうだとすれば，「ニート」のうち一定数は社会構造の犠牲者であり，逸脱者として取り扱うことは問題含みであるだろう。何を「逸脱」とみなすかは，見方によって異なる相対的な部分をともなっているのである。

犯罪社会学は多くの場合,「犯罪者」「非行少年」「逸脱者」というカテゴリーを前提として,そのうえで学問的探究を行なってきた。しかし逸脱カテゴリーの相対性を考えに入れるならば,それを自明な前提とすることは難しい。何かに逸脱のレッテルを貼ることは権力性をともなっており,逸脱者は私たちが望んだ数だけ見出されるのかもしれない。

　上記の本も,その後さまざまな批判を受けた。「ひきこもり」の人たちを「犯罪親和層」と同じ場所にくくっていることが不当だという批判や,その逆に「犯罪者とは違う」として差異化することは差別的だという批判である。何かを逸脱とみなしたり,逸脱とみなさなかったりする営みは,このように「望ましさ」(価値)をめぐる対立や争いのただなかにある。私たちは,逸脱カテゴリーを用いてどのような作業に従事しているのだろうか。ラベリング論の課題はその点の解明にある。

1　はじめに

■ 犯罪・非行に対する日常的な見方の特徴

　犯罪や非行という話題に興味のある人は少なくないだろう。だが多くの人の抱く関心は,「犯罪をおかすような者には厳罰を」といった厳罰化論や「非行少年はいったいどんな心理を持っているのか」というのぞき見趣味的な原因論,あるいは「犯罪者からどのようにわが身を守ればよいのか」という被害者視線の予防論などに偏っているのではないだろうか。

　その是非を論じるより前に,確認したいことがある。上記のような関心は,いくつかの前提があって初めて成立するものではないだろうか。たとえば「犯罪や非行という行為(実体)がまずあって,そこに刑法などの規則が適用される」という犯罪・非行の実体論や,「犯罪者や非行少年は(私たち)一般人とは異なる」といった二分法である。犯罪や非行に対する私たちの日常的な把握は,そうした前提を置いたうえでなされているだろう。そして伝統的な犯罪社会学の多くも同じように,犯罪や非行を実体的なものとして考え,犯罪者や非行少年を一般人と異なる者とみなして研究を行なってきたのである。

　本章で取り上げるラベリング論(labeling theory: レイベリング論あるいはレイブリング論とも訳される)は,それらの前提を覆したことで注目を集めた学派である。

すなわち「犯罪や非行は刑法などの規則が適用されることで生み出される」という反作用論や，「規則の違反はどこにでも存在する」という逸脱の遍在説を唱えて，日常的な犯罪・非行に対する見方を揺り動かしたのである。ラベリング論のそうしたアプローチは現在でも有用性を失っていない。この見地からすると，先に挙げたような人々の犯罪・非行への興味は，どのように見えてくるだろうか。

　私たちは，個々の行為について，「犯罪」や「非行」といったレッテル（label: ラベル）を貼りつけたうえで理解しているが，同時にそれがまるで透明なシールであるかのようにみなし，「犯罪」や「非行」の実体を直接見たつもりになっている。ラベリング論の研究者はそのような見方を批判して，ラベルを貼る活動を抜きにして犯罪や非行などの現象は理解できないと主張している。本章ではラベリング論がもたらした論争も視野に入れつつ，ラベリング論の視角をまとめていきたい。

■ ラベリング論の登場とその背景

　ラベリング論は，似通った見方を持つ一群の研究の総称である。1938 年のタンネンバウム（F. Tannenbaum）の著作『犯罪とコミュニティ』など，先駆けとなった研究はあるが，アメリカで多くの研究者が輩出され広く注目を集めたのは 1960 年代になってからだった。そこには当時の時代背景が大きくかかわっている（Tannenbaum［1938］1951）。

　それはまず，反抗の世相である。アメリカでは 1960 年代の後半を中心に反戦平和運動や学生運動などによる既存の政治体制・経済体制への反抗が盛り上がりを見せた。また 1950 年代半ばから本格化した黒人公民権運動は，1970 年代にかけて女性運動など他のマイノリティの社会運動に大きな影響を与え，マジョリティの価値観への異議申し立てが盛んに行なわれた。これらの運動が示す既存の権威への疑いの念は，刑事司法制度や犯罪学に対する疑問にもつながるものだった。すなわちそれらが国家やマジョリティの利害に奉仕して，マイノリティを抑圧することはないのだろうかという疑問である。

　1960 年代はまた，社会学の内部で権威が失墜しはじめた時代でもあった。当時一世を風靡していた機能主義（社会をシステムとしてとらえて，システムを維持するために必要な機能という観点から分析する学派）のアプローチは，社会学の

理論的な統合を成し遂げたと目されていた。しかし，この時期以降は熾烈な批判を受けるようになる。機能主義への批判には，大まかにわけると2つの潮流がある。象徴的相互作用論[用]，現象学的社会学（現象学の観点を導入して日常的な生活世界の成り立ちを明らかにする学派），エスノメソドロジー（リアリティを作り出す人々の方法＝エスノメソッドを記述する学派）などは，機能主義が人々の視点を無視していると論じ，人々による規範の解釈や運用のしかたに注目した。他方，ラディカル社会学（1960年代の社会運動と連携して社会と社会学の変革をめざす学問的運動）や自己反省の社会学（グールドナー〈A. W. Gouldner〉の提唱した社会学自体の分析を通じた変革のプログラム）は，機能主義が価値中立的な立場を装いながら，既存の社会秩序の維持が望ましいとする価値を忍び込ませていると批判した。

　ラベリング論は，象徴的相互作用論の伝統を最も強く引き継いでいる。しかしより広く見れば，上に挙げた社会学の2つの潮流と相互に影響を与え合いながら，それらと同じような主張を展開したということができるだろう。つまり，逸脱カテゴリーの解釈や運用のされ方に注目しながら，既存の犯罪社会学が忍び込ませていた現状肯定的な価値を批判したのである。

　それでは引き続き，ラベリング論の視角の基本部分を概観しよう。

2　ラベリング論の視角

■反作用による逸脱の定義

　ラベリング論の研究者は，犯罪や非行などの法規範への違反のみならず，インフォーマルな規則の違反も含めた逸脱全般を対象として分析する。逸脱の定義に関して，ラベリング論の代表的研究者であるベッカー（H. S. Becker）は次のように述べている。

　　社会集団は，これを犯せば逸脱となるような規則をもうけ，それを特定の人々に適用し，彼らにアウトサイダーのラベルを貼ることによって，逸脱を生みだすのである。この観点からすれば，逸脱とは人間の行為の性質ではなくして，むしろ，他者によってこの規則と制裁とが「違反者」に適用された

結果なのである。（傍点は原著者；Becker［1963］1973=2011: 8）

　ここに記されているのは，逸脱を行為の性質にそなわったものとみなす日常的な考え方（実体論）に対する挑戦である。たとえば誰かが他人を殺した場合，それは殺人という行為の性質によって，当然犯罪になると私たちは考える。これが実体論的な考え方であるが，戦争での殺人のような犯罪とみなされない事例もあるため，必ずしも妥当ではない（第1章参照）。つまり行為の性質が，犯罪かどうかをあらかじめ決めているわけではない。そう考えるよりも，特定の状況下での殺人を「犯罪」と規定する刑法などの規則が作られ，それが実際にある人に適用されることで，逸脱が作られるのだと考えた方が，理にかなっているだろう。このように規則を適用して逸脱というラベル（レッテル）を貼る営みを，（社会的）**反作用**（societal reaction）という。ラベリング論は，行為の性質ではなく，反作用によって逸脱を定義するべきだと主張したのである。

　この反作用に対するこだわりが，ラベリング論の最大の特徴である。そしてそのこだわりは，逸脱を規定する規則をめぐって集団間で争いがあるのではないかという発想と結びついている。引き続いて見ていこう。

■集団間の葛藤への注目

　ベッカーによれば，「犯罪者」など逸脱のラベルを貼られた者は規則に同調しない「アウトサイダー」（よそ者・逸脱者）である。他方，逸脱のラベルを貼られた側ではそれを容認せず，むしろラベルを貼る者が自分たちに対する「アウトサイダー」だと考えるかもしれない。このようにラベリング論は，逸脱を定める規則をめぐる葛藤（対立や争い）があるのが通常だと考える。こうしたものの見方を「**葛藤モデル**」（conflict model）という。

　この立場の特徴を，デュルケム（É. Durkheim）の見方と比べて明確にしておこう。デュルケムによる「われわれは，それを犯罪だから非難するのではなくて，われわれがそれを非難するから犯罪なのである」という有名な言葉は，反作用に基づく犯罪の定義であり，ラベリング論のルーツのひとつでもある（第1章参照）。だがデュルケムは，「犯罪がおこなわれると，それを目撃しそれを知っている者すべてが，同じような憤怒の念にかられる」（Durkheim［1893］1960＝1971: 100）と論じ，ひとつの社会内では誰しも同じように逸脱を非難す

ると考えていた。逸脱を定める規則について合意があるのが通常だと考えるこうした見方を,「合意モデル」(consensus model) という。合意モデルの採用ゆえに，デュルケムは反作用についての議論を十分に展開させることなく，その作業はラベリング論によって引き継がれることになったのである。

■ 逸脱の遍在性

犯罪の被害が訴えられ，警察が事件を受理し，被疑者を逮捕し，刑事司法過程の各段階で書類が作成されていく……。ラベリング論によればこれらのプロセスによって逸脱が作り出されるわけだが，反作用が加えられる以前には真空があるわけではない。ラベリング論は，逸脱のラベルを貼ることが可能な規則違反は，階層・人種などの特定の集団に偏ることなく広く見られるのではないかと考えた。すなわち逸脱の遍在性に関する主張である。具体例を挙げて検討しよう。

日本国内における名誉毀損罪の認知件数は，2018 年には 792 件あった (警察庁『平成 30 年の犯罪』より，侮辱罪を含む数値)。名誉毀損罪を定めるのは「公然と事実を摘示し，人の名誉を毀損した者」に対して処罰することを記した刑法第 230 条である (事実を摘示しない場合は，侮辱罪に該当する)。だがこの条文の内容 (人の名誉を損なうこと) に当てはまる行為をまったく行なったことがないと断言できる人は，ほとんどいないのではないだろうか。また，同年の暴行罪の認知件数は 3 万 1362 件に上るが，「暴行を加えた者が人を傷害するに至らなかったとき」という刑法第 208 条の規定に違反した件数が，この数だけであるとはだれも思わないだろう。

以上から 2 つのことがわかる。第一に，反作用は適用することが可能なすべての対象に加えられるわけではない。警察などによるフォーマルな反作用の場合はいうまでもないが，日常のインフォーマルなトラブルについても同様である。他者が規則を破っていると思っても，私たちは文句を言うなどの反作用を常に加えるわけではない。しばしばそれを見逃して，円滑な人付き合いを維持しようとするのである。

第二に，反作用が加えられない行為は，逸脱カテゴリーとの関係がはっきり定まっていない。たとえば相手をからかったり小突くことは，名誉を損なったり暴力をふるったりという逸脱行動なのか，親愛の表現であるのかは，あらか

じめ決まっているわけではなく曖昧な部分を含んでいる。片方が怒りだすという反作用があれば，それを逸脱だとみなしたことがわかるだろう。反作用こそが，曖昧なままになされている行為に「逸脱」というラベルを貼り，逸脱ではない行為と切り離して区別する契機なのである。

　このように，ラベリング論の掲げる逸脱の遍在説は，人々はおおむね何かしらの逸脱行動を行なっているものの，その規模は正確にはわからないというニュアンスを含んでいる。逸脱行動を行なう人と行なわない人がいるという二分法自体，ある人の行為を逸脱とみなす反作用なしには成り立たない。別様に定義される可能性がある以上，そのような二分法を前提とした議論は妥当でないかもしれない――これがラベリング論の提起した問題である。

　伝統的な犯罪社会学は，逸脱行動を行なう個人に焦点を当て，逸脱行動の原因が何であるかを追究してきた。これと対照的にラベリング論は，逸脱者だけでなく，彼に対して反作用を加える人々にも注目する。それによって，逸脱をめぐるやり取りのプロセスに携わるあらゆる人々――警察などの社会統制機関やマスメディア，行政，市民運動家，一般の人々を含む――を研究の対象としたのである。

　ラベリング論の基本的な視角を以上のように整理した。引き続き，反作用を加える側（ラベルを貼る社会統制機関など）と，反作用を加えられた側（ラベルを貼られる個人）という2つの研究領域に大別して，日本の状況がどう説明されるかも念頭におきながら，ラベリング論の展開を見ていこう。

3　反作用を加える側の活動

■反作用の産物としての公式統計

　ラベリング論の主要テーマのひとつは，社会統制機関を中心とした反作用を加える側の活動である。最初に，犯罪統計などの公式統計に関する議論を紹介しよう。ラベリング論の貢献は，公式統計の読み方を変えたことである。第3章ですでに取り上げられているように，刑法犯認知件数や刑法犯少年検挙人員などの数値は統制側の活動の産物とみるべきだとする発想が現在では浸透している。この発想は，1963 年にキツセ（J. I. Kitsuse）とシクレル（A. V. Cicourel）

の発表した公式統計に関する問題提起が契機となって広まったものである（Kitsuse and Cicourel 1963）。ラベリング論が登場する前は，認知件数は発生件数と同一視されがちだったし，検挙人員は犯罪者や非行少年の数と同等に扱われがちであった。いずれも反作用による「ラベル」を，あたかも行動に付した透明なシールのように扱う発想である。だがこの発想は，反作用は適用可能なすべての対象に加えられるわけではないことを無視している。それに対してラベリング論は，統計数値は反作用の結果であるとしてラベルを貼る活動を可視化してみせたわけである。

　一般の研究者が使用可能な量的データが豊富でない日本において，公式統計は現在でもしばしば用いられるデータ源である。その際には犯罪者の行動を表したデータとして扱われることも多い。それに対してラベリング論は，統制側の影響を取り除くことがはたして可能なのか，あるいはどのように可能なのか，という疑問を投げかけている。

■ セレクティブ・サンクション

　同じ行動を行なっても，反作用を加えられる人と加えられない人がいる。反作用を受けやすいのは誰なのだろうか。

　ラベリング論が注目したのは，相対的に権力をもたない集団の成員である。権力構造上，下位にある集団（下流階層，貧困層，人種的・民族的マイノリティなど）は取締りを受けやすく，その後の司法過程でも厳しい処遇が下されやすいのではないだろうか。ラベリング論者はこのように規則の不公平な適用がなされることを，セレクティブ・サンクション（恣意的な制裁）と名づけて分析した。

　この概念は，弱い立場の集団を狙い撃ちして強い立場の集団には甘くするような，不当な権力行使が行なわれていることを意味する。それゆえ犯罪研究に大きな衝撃をもたらし，実証的な検証の対象ともなった。しかし，数多く行なわれた研究の結果は，必ずしもラベリング論の主張を裏づけるとは限らず，ラベリング論の学派としての勢いをそぐ結果になったのである。

　ただしそうした検証作業の多くは，社会統制機関によってラベルを貼られた人々のみを対象にした一時点の調査など，限定的なデータに依存したものだった。より慎重な設計に基づいた調査が行なわれるようになった現在では，実証主義的な犯罪社会学のなかでラベリング論の知見の再評価が進められている。

またラベリング論の当初の主張においては，セレクティブ・サンクションの対象が下流階層に限定されるなど，狭くとらえられがちであったという見方もできるだろう。しかし，たとえば下流ではない「普通の」家庭の子どもの非行に対してもセレクティブ・サンクションはある。日本社会の例で考えてみよう。

社会統制機関やマス・メディアは，第二次世界大戦前からしばしば中流階層の非行少年に注目を寄せていた。しかし統計的な裏づけとともに非行の一般化が語られるようになるのは，高度成長期のことである（鮎川 2001）。法務省の『犯罪白書』は 1960 年の段階で中流階層の少年の非行に警鐘を鳴らしていたのだが，実際に統計上で顕著に中流階層の非行少年の割合が増加するのは，それ以後である（星野・増田 1975）。つまり，社会統制機関が中流階層の取締りを行なうように方針を変化させ，その方針が実行されて統計数値が増加したのであり，中流階層の非行が増加したから取締りが行なわれるようになったという順序ではない。非行の一般化といわれるものも，中流階層の非行へのセレクティブ・サンクションによって作り出された現象だったのである。

ここにも集団間の葛藤はあることに，注意すべきだろう。刑法犯の大半を占める軽微な非行が取り締まられるときには，その背後に「少年」対「成人」といった集団間の葛藤が隠れている。また「取締り機関」と「非行少年」との間には，ラベルを貼る者・貼られる者の間の葛藤がある。セレクティブ・サンクションの概念は，反作用がもつ権力性を浮き彫りにするのである。

■ 規則や制度の形成過程

反作用における集団間の葛藤と権力性は，逸脱を取り締まる規則や制度が作られる過程を歴史的にたどるとさらに見えやすい。反喫煙運動の進展を例に考えてみよう。少し歴史をさかのぼれば喫煙者を迷惑なものとする態度はあまり見られず，多くの喫煙者は周囲に遠慮することなく至るところで喫煙していた。だが現在，「喫煙マナー」を守らない喫煙者を非難する人たちは多い。さらには喫煙者全般を「まだ禁煙できていない」者として逸脱視する視線もあるだろう。現在の私たちは，ますます片隅に追いやられ厳重に隔離される喫煙所のなかに，新しく作られた「アウトサイダー」を見出すのである。

他方，喫煙を逸脱行動とみなす近年の風潮を一種の全体主義であると見立てて，「禁煙ファシズム」として非難する人たちもいる。喫煙ひとつとっても，

渋谷駅西口に新設された喫煙所（2020年）

そこにはその嗜好を道徳的に善いと見るか悪いと見るかという集団の価値観が絡んでおり，立場によって何が逸脱か，誰が逸脱者かは変化するのである。

　ベッカーは規則の創設者と規則の執行者を合わせて「道徳事業家」（moral entrepreneur）と呼んでいる。このうち規則創設者は自らの道徳に基づいて特定の行動を逸脱として問題化し，専門家やマス・メディアに働きかけて逸脱を取り締まる規則を作り上げようとする人々である。こうした規則やそれと関連する制度の形成過程に関する研究は，マクロ・ラベリング論ともいえる時間軸の長い歴史研究として結実し，後述する社会問題の構築主義に受け継がれることになった。また，ラベリング論の影響下にコーエン（S. Cohen）らの展開したモラル・パニック論は，人々がマス・メディアの報道などによって道徳的な不安に陥る点に注目した。

　これらの研究が焦点を当てるのは，道徳事業家のみではない。オーディエンス（観衆）としての私たちもまた，規則や制度の形成過程の一端に組み込まれている。たとえば「非行の一般化」論が広く浸透していくなかで，私たちは「非行に関係ないように見える子どもが，いつキレて何をするかもわからない」と思い，青少年に対して恐れや疑惑のまなざしを向けるようになるかもしれない。そのとき私たちは決して部外者でなく，逸脱をめぐる交渉過程の当事者となっているのだ。

まず第一に，私たちの示す反応も道徳事業家が自らの主張を行なうための資料となる。かき立てられた恐れや疑惑が「体感治安の悪化」の資料としてまとめられ，それがマス・メディアに取り上げられたり，社会統制機関が取締りを強める根拠として用いられるかもしれない。

第二に，私たちにとっての反作用の効能もある。私たちは逸脱者を非難することで，自分は「道徳」を守る側にいることを示し，「共同体のまっとうな市民」としてのアイデンティティを確保できる（第1章参照）。エリクソン（K. T. Erikson）が強調したように，逸脱は共同体の道徳的境界線を作るためにも必要とされるのである。

反作用に注目するラベリング論は，逸脱をめぐる交渉過程が一般市民をも巻き込んだものであり，社会のなかに広く存在していることを明らかにする。この過程は，反作用の根拠となる規則や制度を形作り，それを維持したり変更したりしながら，逸脱に対する社会的なイメージを作り上げている。それでは個人にとって，反作用が加えられることの意味はどのようなものなのだろうか。次に見ていこう。

4 反作用が個人に与える影響

■ 逸脱増幅過程と逸脱的アイデンティティ

反作用は，それを受ける人に対してどのような影響を及ぼすだろうか。ひとつのエピソードを紹介しよう。

　　刑務所から出て間もない日のことです。私は，子どもの手を引いて公園にでかけました。そうしたら，井戸端会議をしていた年配の女性が4，5人いて，目があったかなと思ったら，そのうちの一人が聞こえよがしに言うんですよ。「あら，奥さん，あれ，山本譲司じゃない。もう出てきたの，嫌ね」と。これはショックというよりも，落ち込む。それ以上に子どもが不憫になりました。（山本 2009: 32）

衆議院議員だった山本譲司は，2001年に秘書給与流用によって実刑判決を

受け，出所後は刑務所の中の障害者問題を中心とした著述や福祉活動に従事している。彼が語る経験は，「犯罪者」というラベル貼りが当人や家族に与える影響の重さを浮き彫りにする。逸脱のラベル貼りが与える影響は，ラベリング論のもうひとつの主要テーマである。

　レマート（E. M. Lemert）は，反作用への防御や適応の手段として行なわれる逸脱行動を「第二次的逸脱」（secondary deviation）と呼び，それ以前の「第一次的逸脱」（primary deviation）と区別する（Lemert 1951）。**第一次的逸脱**は多様な原因によって広く行なわれているもので，その行動は合理化されたり容認されたりして，当人のもつ社会的な役割に影響を与えない。つまり犯罪者や非行少年というアイデンティティをもつことなしに行なわれる逸脱行動である。これに対して**第二次的逸脱**は，当人を非難する反作用が個人の内部に取り込まれ，逸脱者としての役割が確立された状態で行なわれるものである。レマートは，逸脱のラベル貼りを，当人を常習的な逸脱者にさせてしまう契機とみなしたのである。

　ベッカーはさらに，反作用に対して個人が脆弱である理由を，社会学者ヒューズ（E. C. Hughes）の「主位的地位」という概念によって説明している。主位的地位とはどのような状況でも優先的に扱われる地位のことで，逸脱者の地位はそのひとつである。「あいつは不道徳なやつだ」というラベルによって，周囲の人は当人をその色眼鏡越しにしかとらえなくなり，結果的に当人の社会参加ははばまれてしまう。そのためラベルを貼られた人は逸脱集団にしか加入できなくなり，常習的逸脱者になっていく。ラベル貼りは，マートン（R. K. Merton）のいう「予言の自己成就」のメカニズムによって，逸脱者のアイデンティティをともなう常習的逸脱として実現してしまうのである。このようにラベリング論は，反作用とそれにともなう慣習的世界からの排除を原因とする独自の逸脱原因論を唱えていた。

　以上のようなラベリング論の逸脱増幅過程（反作用によって逸脱の度合いが増幅されていく過程）についての主張は，ラベルを貼られた者は不可避的に逸脱的アイデンティティをもつようになるとする決定論的な色彩が強く，それはインパクトと裏腹に，欠点ともなった。理論的には，ラベルを貼られる者の主体性，すなわちラベル貼りを回避しようとしたり抵抗したりする可能性を視野に入れていないとして批判された。政策的には後で述べるように社会統制機関の関与

を手控える不介入主義の主張につながったが，他方で社会統制機関の活動をすべてネガティブにとらえるシニシズムをもたらしたのである。

　ラベリング論の後継者はこうした批判に応えて議論を洗練させている。行為者の主体性を視野に入れた双方向的な議論を日本で先駆的に展開したものとして，大村や宝月の研究がある（大村・宝月 1979; 宝月 1990）。また，矯正可能性を信じてなされたラベル貼りが「予言の自己成就」によって立ち直りに寄与すると論じるものに徳岡の議論がある（徳岡 1987）。国際的には，ラベリング論を批判的に継承したブレイスウェイト（J. Braithwaite）の議論が有名である（Braithwaite 1989）。彼は，加害者に悪人のアイデンティティを付与する「烙印付け」（stigmatization）と，行為は非難するが加害者のアイデンティティは本質的に善いものとして扱う「再統合的恥付け」（reintegrative shaming）とを区分した。前者は逸脱を主位的地位とすることによって当人を社会から排除してしまうが，後者は当人を社会に包摂しうると主張したのである。またマツエダ（R. L. Matsueda）は，親によるインフォーマルなラベル貼りの影響に注目し，象徴的相互作用論のルーツに立ち戻った理論の精緻化を図っている。

■ 逸脱と差別問題

　反作用とそれを受ける個人の関係を考えるとき，犯罪者や非行少年とは別の対象に目を向けることが有意義だろう。すなわち黒人，女性，同性愛者，障害者などのような，さまざまなカテゴリーのマイノリティである。彼らの行なう差別への抗議運動は，ラベリング論の普及を支えた社会的背景にもなった。シャー（E. M. Schur）が「逸脱の政治」（Schur 1980）と呼んだ権力行使をめぐる葛藤は，何が逸脱であり誰が逸脱しているのかについて異議を申し立てるマイノリティの社会運動において全面展開する。

　マイノリティは，社会の主流の価値観に基づいた蔑視や排除の対象となり，その振る舞いや存在を逸脱的だとみなす反作用を日常的に受けている。逸脱視する他者のまなざしに影響されて，否定的な自己アイデンティティを形成してしまう場合もある。これは犯罪者や非行少年とも似通った状況である。だがその先に，反作用を差別として再定義し，自分たちのアイデンティティを肯定的で価値のあるものと主張して，アイデンティティの損傷を乗り越える過程がありえる。たとえば黒人運動の「ブラック・イズ・ビューティフル」という標語

黒人公民権運動の「ワシントン大行進」（1963 年）

は，「汚い」と貶められてきた肌の色を美しく誇りあるものとしてとらえ直し，後続の社会運動に大きな影響を与えた。キツセはレマートの「第二次的逸脱」概念をふまえ，こうした段階を「第三次的逸脱」（tertiary deviation）と呼んでいる（Kitsuse 1980）。

　マイノリティの社会運動と手を携えて進展した差別研究は，ラベリング論の提起した逸脱的アイデンティティの問題を視野に入れつつ，独自に議論を展開している。反作用とそれを受ける個人の関係を考えるうえで，そこで浮かび上がった論点は重要であるため，挙げておこう。

　第一に，被差別カテゴリーに属する人々を除外することで成立していた「善き市民」というカテゴリーの問い直しである。反作用の影響を被る個人のアイデンティティを回復するには，マイノリティに逸脱のラベルを貼るマジョリティの側を問い直すことが必要だったのである。

　第二に，特定のアイデンティティに束縛することの問題である。ラベリング論においても，ポジティブ（肯定的）なラベル貼りが人を束縛して追い込む側面に注目した研究がある（佐藤 1996）。差別研究においてはポストモダン思想（西欧近代に成立した思想の枠組みや考え方——たとえば健全な人間は一貫して安定したアイデンティティを形成するという考え方など——を疑って乗り越えようとする思想）とも呼応しつつ，たとえ肯定的なものであれ特定のアイデンティティに個人を縛りつけることは抑圧的だと指摘され，「脱アイデンティティ」が論じら

れている（上野編 2005）。特定のアイデンティティへの束縛を嫌う感覚は，日常的にも一定の広がりがあるかもしれない。たとえそれが「非の打ちどころなく善い人」というようなカテゴリーであっても，そこに封じ込められない自由を確保することによって，私たちの生活は成り立っている側面があるのではないだろうか。

　現在，学問的にも実践的にも，犯罪者や非行少年の社会への再包摂が重要なテーマとなっている。それは，本人に責任のないいわれなき排除を告発する反差別運動とは異なる課題である。けれども反作用が個人に与える影響という双方に共通の基盤を認識するならば，「善き市民」というカテゴリーの内容の再吟味や，「善き市民」というアイデンティティへの束縛についての再検討という課題を見逃してはならないだろう（第 14 章参照）。ラベリング論の展開は，再包摂の施策において見逃されがちな問題があることを示唆するのである。

　第 3 節と第 4 節では，反作用を加える側・加えられる側という 2 つの研究領域において，どのようにラベリング論の主張が展開してきたかを見た。続いて第 5 節では，研究の方法論や，研究と日常的な実践の関わりという点に関してラベリング論が残した問題提起を取り上げる。

5　ラベリング論のインプリケーション

■ 研究の方法論

　ラベリング論は，伝統的な犯罪社会学の見解や前提に対して数々の挑戦を行なってきた。他方で理論としては必ずしも体系化されておらず，実証研究による検証が進むにつれて，その主張内容は妥当でないとの批判も受けるようになった。また「第一次的逸脱」の原因を掘り下げて考える必要があるのではないか，という疑問も寄せられた。さらにラベリング論の問題意識を引き継いだ批判的犯罪学が 1970 年代後半に台頭すると，ラベリング論は資本主義体制などのマクロ構造を視野に入れておらず，権力に十分挑んでいないという批判がなされるようになった（第 11 章参照）。

　だがしかし，ラベリング論の挑戦を一過性の流行のように扱うのは必ずしも妥当ではない。ラベリング論の展開のなかで批判に対する応答もなされてきた

ことはすでに見たとおりであるが，そうした個別の主張内容を越えた一般的なレベルで，ラベリング論は犯罪・非行の社会学的研究に対する問題提起を残している。方法論および日常的な実践との関係という２点について検討しよう。

まずは，「反作用による逸脱定義」というラベリング論の中心的主張がもつ，研究の方法論としてのインプリケーション（含意）である。

ラベリング論はこの定義に関して矛盾を抱えていた。ある行為を逸脱（規則違反）であると決めるものは行為に加えられる反作用であるから，反作用によって逸脱を定義するというのがラベリング論の立場だった。この立場に忠実であるならば，反作用が加えられる前に規則違反という行為があると想定することはできない。つまり，反作用とかかわりなく，ある行為がそれ自体で規則違反かどうか決まっているとする「行為の性質による逸脱定義」は採用できなくなるはずである。しかしレマートの「第一次的逸脱」やベッカーの「隠れた逸脱」という概念に見られるように，多くの研究者は反作用を受ける以前の規則違反を想定していた。ラベリング論は反作用による逸脱定義を用いる一方で，行為の性質による逸脱定義もすべりこませ，論理的に矛盾する２本立ての定義を用いていたのである。

ラベリング論が抱えた矛盾の解消をめざしたのは，ラベリング論を担った研究者のひとりであるキツセだった。キツセは共著者のスペクター（M. Spector）とともに，**社会問題の構築主義**（社会構築主義，social constructionism）を提唱した（Spector and Kitsuse 1977=1990）。構築主義は，社会問題というラベルを貼る活動に注目する。社会の状態を問題だと定義して人々が繰り広げるさまざまな活動を「クレイム申し立て活動」と名づけ，それを研究対象とするのである。

構築主義のこの方法論は，ラベリング論が逸脱のラベルを貼る活動（つまり反作用）に着眼したのと同じようなやり方である。構築主義はラベリング論を引き継ぎつつ社会問題の社会学の領域に土俵を移して，論理的に一貫する質的研究の方法論を展開しようとしたのである。ただし，この方法論が一貫しているかどうかをめぐっては論争もある。詳しくは中河や赤川による紹介を参照してほしい（中河 1999; 赤川 2012）。

方法論上のインプリケーションは，犯罪社会学のメインストリームに対しても及んでいる。犯罪社会学においては，大半の研究が行為の性質による逸脱の定義を用いている。だがその場合でも，公式統計の読み方に関して先に紹介し

た通り，反作用との関係を視野に入れた発想が浸透している。実体論的な逸脱定義を用いる研究においても，反作用の影響をいかに測定するかという方法論的な洗練は課題であるということができるだろう。ラベリング論の遺産は，方法論上のセンシティビティの向上という形で，現在に引き継がれているのである。

■ 研究と実践

最後に，ラベリング論の研究と日常的な実践との関係を考えよう。反作用への注目は，「その反作用は正当なものか」という価値をめぐる問いを引き起こしやすい。そしてセレクティブ・サンクションや逸脱増幅過程に関してラベリング論が行なった当初の主張をまともに受け止めるならば，諸悪の根源はフォーマルなサンクションだということになる。したがって，サンクションを手控えるのがもっともシンプルな犯罪・非行問題の解決となる。実際に1970年代にアメリカ合衆国で行なわれた4D政策に，そうした不介入主義的な発想が取り入れられた。4D政策とは，犯罪とされていた行為を犯罪の定義から除外する非犯罪化（decriminalization），犯罪者や非行少年を司法過程からはずすダイバージョン（diversion），収容施設に送ることを避ける非施設化（deinstitutional-ization），裁判所の裁量権を制限する適正手続き（due process），以上の英単語の頭文字をとって名づけられた施策である。

ただしこの政策は，騒乱の時代を経て保守化するアメリカ社会の動向と軌を一にするものとなったことも忘れてはならないだろう。標準的な暮らし方ができるように市民の生活に権力的に介入する「福祉国家」に対して，社会運動は「多様な差異」を認めてほしいという立場から，保守主義者は「小さな政府」が望ましいとする立場から攻撃を加えた。犯罪を扱う領域でもそれは同じであった。既存の刑事司法制度とそれを支える医療モデルは，それが権力の過剰な行使である点でも，金のかかる制度である点でも，攻撃されたのである。

以上のように，ラベリング論は研究と実践の関係をどうとらえるかという論点も提示している。それは，ベッカーが負け犬（権力を行使される側）の立場に立つ社会学を示唆して論争を呼び起こしたように，研究者の立ち位置の自己反省として議論されもした。だがここでは，研究の世界だけにとどまらないより広い問題として，第1節の冒頭で掲げた問いに引きつけて考えてみよう。私

たちは（研究者も一般の人も），犯罪や非行を外側から眺めてあれこれ論評し，分析しがちである。ラベリング論は，そのような私たちが，反作用を加える当事者として行なっていることに目を向けさせる。私たちは，特定の規則をピックアップして特定の人々に適用する反作用によって，犯罪者や非行少年を「彼ら」として位置づけ，それと異なる「私たち」一般市民のアイデンティティを確保しているのである。

　そのとき「規則違反という観点からすれば，私たちは皆，逸脱者といえるのではないか」という問いは封殺される。また，「逸脱者」として位置づけられた人々の言い分に耳を傾けることもなくなってしまうかもしれない。ラベリング論は，私たちがどのような価値を掲げ，どのように逸脱者を作り出しているのかという実践に目を向けさせるのである。

考えてみよう！　　　　　　　　　Thinking and Discussion

🔍 身の回りで逸脱行動を目撃あるいは伝聞した印象深い例を思い出し，その状況を書き出してみよう（法律，条例，校則，マナーやエチケット，仲間内の決まりなど，違反された規則の例は何でもよい）。そのうえで，自分は何を感じたか，どう行動したか，その理由は何かについて分析しよう。

🔍 一度貼られた逸脱のラベルを剝がすやり方には，どのようなものがあるだろうか。逸脱カテゴリーの種類によってどういった違いが生じるかを，具体的な例を取り上げて考えてみよう。

🔍 「心の闇」を抱えた犯罪者が以前よりも増えてきていると考える人たちは，どのような対策を唱えているだろうか。それを調べ，対策のメリット・デメリットを列挙してみよう。

Book Guide

▶ハワード・S・ベッカー『〔完訳〕アウトサイダーズ──ラベリング理論再考』（村上直之訳）現代人文社，2011 年。
　ベッカーの代表作であるとともに，ラベリング論の主な論点が包括された著作である。マリファナ使用者やミュージシャンを題材に，逸脱経歴や道徳事業家の

研究が展開されている。ベッカーはジャズ・ピアニストとして働きながら参与観察を行なっており，本書はエスノグラフィーの古典でもある。原著初版は1963年刊。

▶アーヴィング・ゴッフマン『スティグマの社会学──烙印を押されたアイデンティティ〔改訂版〕』（石黒毅訳）せりか書房，2001年。

　ゴッフマンは，人々が身体的に居合わせた場面にある独自の秩序（相互行為秩序）を探究した研究者である。マイナスに価値づけられるスティグマ（烙印）を付与された人々が，日常的なやり取りのなかで行使するさまざまな戦略を描き出し，ラベルを貼る－貼られるという関係のみにとどまらない相互行為の機微に迫っている。原著は1963年刊。

▶土井隆義『人間失格？──「罪」を犯した少年と社会をつなぐ』日本図書センター，2010年。

　日本の少年非行をテーマにした読みやすい解説本。著者は，非行少年を「モンスター」のように扱う風潮の社会的文脈を解き明かし，不寛容な社会への批判的介入を試みている。ラベリング論の問題意識がどのように展開するかを知りたい初学者に適している。

Column10　C. W. ミルズの「動機の語彙」論

　私たちは，凶悪な犯罪が発生すると犯人の「動機」を知りたがる。「彼はなぜこんなことをやったのだろうか」と。心理学者や精神医学者，社会学者などが行なう事件の解説に，興味をそそられた経験のある人も少なくないだろう。だがなぜ解説者たちは，てんでんばらばらに異なったことを言うのだろうか。そしてなぜ私たちは，動機を知りたがるのだろうか。「犯人の心の中」から「彼らの動機に寄せる私たちの関心」に視点を移し替えるならば，動機が相互行為過程のなかでもつ重要な役割に気づくはずだ。

　社会学者ミルズ（C. W. Mills）によれば，「ある状況におかれた行為者や他の成員にとって，動機は，ひとつの合言葉として，社会的・言語的行為にかんする問いへの，疑問の余地のない解答として役立つ」ものである（Mills 1963=1971: 347）。動機は状況を離れて個人の心のなかにあるのではなく，相互行為のなかにある。問題が生じた状況で発せられる問いに答える言葉（動機の語彙）だというのである。普通でないことや逸脱的なことをしたときには，「なぜそれをしたのですか」と他者から問われ，それに答えることが求められる。その答えを表現する言葉が「動機の語彙」であり，合言葉のように類型的なパターンがある。そして動機の語彙は，将来の行為を控えたり変えたりする社会統制の働きももっている。なぜなら，人は正当化する言葉がない行為を許容しにくいからである。

　用いられる動機の語彙は，時代や社会によって変化する。たとえば 20 世紀のアメリカでは宗教的な語彙は無力になり，性や快楽，金銭といった動機の語彙が優勢であった。また都市的で個人主義的な現代社会では，さまざまな動機の語彙が競合し葛藤している。そのため精神分析学のように「真の動機」を明らかにしようとする学問が登場してくるのだが，それでも言葉を介さずに心の中をのぞけるわけではない以上，そこで示されるものもまた，類型的な動機の語彙なのである。

　以上のミルズの所説を念頭に置くならば，凶悪犯罪の事件について動機をさまざまに分析する識者たちは，犯人の心の中にある事柄ではなく，この社会に備えつけられた動機の語彙のレパートリーを明らかにしていることになる。広く注目される事件では，犯人の動機について諸説紛々として，最終的な解明に至らないように見えることがしばしばある。ミルズにしたがうならば，それは犯人の「心の闇」が深いゆえではない。さまざまに競合する動機の語彙を私たちが飽きることなく消費し続ける限り，最終的な解明に至らないように見えるのは必然なのである。

　ミルズの議論は，動機を心の中にあるものとしてみるのではなく，相互行為における動機付与の問題として再考するものだった。この問題構成は，逸脱を行為の性質の問題とみるよりも，相互行為のなかでのラベル貼りの問題として考え直したラベリング論と同型である。そのため「動機の語彙」論は，ラベリング論の流れを汲む研究において頻繁に参照される共有資源となっている。

第 11 章

犯罪学における未完のプロジェクト
批判的犯罪学

🔍 KEY WORDS	▶〈方法〉と〈志向〉　▶新犯罪学　▶エッヂワーク ▶犯罪現象の個人化

　映画好きなら「チャップリン」という名前を一度は聞いたことがあるだろう。
　チャールズ（チャーリー）・チャップリン（C. Chaplin）は，映画の黎明期に
数々の名作を世に送り出した 20 世紀を代表する作家・監督・俳優である。生活
者の視点から権力に抑圧される側の悲哀を皮肉交じりの笑いに乗せて描いた社会
風刺的な作風には，いまだ根強い人気がある。イギリスで生まれたチャップリン
は，ロンドンで貧しい幼少期を過ごし，旅の一座で演技を学んだあと，アメリカ
に渡る。ハリウッドでの興行的成功を経て，「喜劇王」としての揺るぎない評価
を確立したが，第二次世界大戦後の冷戦構造の中でその作風が「親共産主義的で
ある」とされ，アメリカ政府から事実上の国外追放処分を受けてしまう。スイス，
レマン湖近くの小さな村で晩年を過ごし，1977 年のクリスマスに 88 歳の生
涯を閉じた。時代に愛され，時代に抗い，そして時代に翻弄された，まさに彼の

映画の主人公さながらの波乱の人生を送った人でもあった。

　チャップリンのアメリカ追放のきっかけとなった『殺人狂時代』（1947 年）という作品がある。彼自身が演じる主人公のヴェルドゥは，不況のために数十年勤めあげた銀行から無慈悲に解雇され，車いす生活の妻と子どもを抱えて路頭に迷うことになる。生活のための「ビジネス」として彼が選んだのは，金持ちの年配女性を誘惑してその夫となり，彼女を殺害して保険金を奪うことだった。ラストシーンで死刑を待つヴェルドゥが漏らす "One murder makes a villain; millions a hero. Numbers sanctify.（一人の殺害は犯罪者を生み，百万の殺害は英雄を生む。数が〈殺人を〉神聖化するのだ）" という言葉は，映画を観る者の心を激しく揺さぶる台詞である。ここには，権力（国家）による殺人（戦争）と，それを正義として礼賛・黙認する社会を問いに付す姿勢が見える。ヴェルドゥが犯した罪それ自体は，どんな理由によっても正当化されないだろう。しかし，それよりも質・量とも残虐な殺人が免罪されている事実はどう正当化されるというのだろうか——。

　チャップリン＝ヴェルドゥのこの叫びは，批判的犯罪学の問題関心のひとつをうまく言い当てている。犯罪とは何か，犯罪と社会との関係はいかなるものか，さらには，権力による殺人を犯罪とみなさない社会とはいったい何か。両者が共有するこうした問いかけは，素朴だがそれゆえに私たちの心をとらえて離さない。

1 批判的犯罪学とは何でないか

主流派犯罪学への批判？

　批判的犯罪学は，日本ではプロの犯罪研究者のあいだでもあまり知られていない学問領域である。極論すれば，評価に困る，何やら「胡散臭い」領域だとみなされている，とさえ言えるかもしれない。これまで数多くの犯罪・非行研究に関する教科書が書かれてきたが，批判的犯罪学の特徴や問題関心を真剣に検討しようとする試みは少ない。

　それに対して，日本以外の国々，特に英語圏（英・米・豪・加など）において批判的犯罪学は一定の地位を占めている。英語圏の批判的犯罪学の歴史は半世紀近くに及び，著名な教科書には必ずといってよいほど批判的犯罪学関連の章が含まれている（日本とそれ以外の国々でなぜこのような違いが生じるのか，という問いはとても興味深いものだが，それについての検討はここでは行なわない）。そこで，本章では日本の批判的犯罪学ではなく，現代の批判的犯罪学にとって重要な英

語圏の動向を中心に紹介することにしたい。もちろん，日本には批判的犯罪学の研究が一切存在しない，などと誤解しないでほしい。過去の研究を発掘し，再評価することは急務であるが，そうした研究蓄積を整理して日本における批判的犯罪学の学説史を描く作業は別の機会に譲る，ということである。

　さて，批判的犯罪学は，文字通りとらえれば犯罪学の一領域ということになる。一般的には，**主流派犯罪学**（mainstream criminology）に対して「批判的」であるような，主に英米を中心に 1960 年代から登場してきた犯罪学諸学派を総称して「批判的犯罪学」と呼ぶ，と定義されることが多い。しかし，一見シンプルでわかりやすいこの定義には問題点がある。というのも「主流派犯罪学の何に対して，どのように『批判的』であるのが批判的犯罪学なのか？」という問いに対して明確な答えを与えることができないからだ。また，そもそも「批判」対象とされる「主流派犯罪学」の定義次第で，いかようにでも中身が変わってきてしまうことも問題である。たとえば本書第Ⅱ部に登場する犯罪原因論の多くは，それ以外の他の原因論を「批判」することで登場してきた経緯を持つ。しかし，たとえばマートンの緊張理論（第 7 章参照）を批判したハーシのコントロール理論（第 9 章参照）が「批判的犯罪学」と呼ばれることはまずない。それはどうしてだろうか。「ハーシが主流派犯罪学者であるから」では満足な答えにはならない。

　「批判」の内容や対象，目的すらも判然としない，として，批判的犯罪学に対しては常にその意義を疑う声が寄せられてきた。批判的犯罪学は，さまざまな犯罪学の議論に対して，とにもかくにも批判的な「攻撃」を加え続けることそれ自体にアイデンティティを持つ学問領域なのであり，そのような営みに果たしてどんな意味があるのか，というわけである。先述した「胡散臭さ」も，おそらくはこうした批判的犯罪学に対する不信感と無関係ではないだろう。批判的犯罪学が誰彼構わず闇雲な批判の拳を振りかざす学問領域だとしたら，なるべくそんな連中には関わらないようにした方がよい，と考えるのも無理はない。

　しかし，おそらくこれは上記の定義（「批判的犯罪学とは主流派犯罪学への批判の学である」とする定義）によってもたらされた誤解である。そこで本章では，読者の混乱や誤解を避ける意味でも，批判的犯罪学の諸学派に緩やかに共通する（完璧な定義とまではいかなくても）主要な特徴について最初にまとめておく

ことにする（第2節）。そのうえで，批判的犯罪学の歴史をさかのぼり，現代の批判的犯罪学を準備した「前史」を概観し（第3節），現代の批判的犯罪学を代表する諸学派についての簡潔な紹介を行なう（第4節）。そして，本章の最後に改めて，「批判的犯罪学とは何か」という問いに上記の定義とは異なる暫定的な解答を与えることにしたい（第5節）。

2 批判的犯罪学のエッセンス

　批判的犯罪学は「アンブレラターム」であるといわれることが多い。要するにそれは，異なるもの，しばしば相対立するものを同じ傘（アンブレラ）のもとに包括しているあいまいな概念である，ということだ。後述するように，たしかに同じ批判的犯罪学という名で呼び習わされている学派間でも問題意識や主張内容に少なからぬズレや葛藤がある。その意味で，「批判的犯罪学たる必要十分条件」を完全なものとして定義するのは不可能であろう。そこで，以下では，「現代」の批判的犯罪学諸学派に「緩やか」に共通すると思われる主特徴，すなわち批判的犯罪学の「エッセンス」を筆者なりの観点から要約的に提示してみたい。批判的犯罪学のエッセンスは，〈方法〉と〈志向〉という2つの切り口から表11-1の6点にまとめられうる。

　〈方法〉は批判的犯罪学が犯罪現象にアプローチする際の方法的特徴をあらわし，〈志向〉は研究に臨むうえでの批判的犯罪学者の「志」——ここでは「譲れない心構え」程度に理解してもらってよい——のありかを示している。上に示したように，表の左側がエッセンスについての抽象的な要素，右側がより具体的な要素となっている。

　以下では，便宜上それぞれ抽象的な要素から具体的な要素に向かって説明していく。まずは〈方法〉から見ていくことにしよう。

■ 徹底した社会学的思考——社会学的犯罪定義と社会学的想像力

　犯罪の定義について語るとき，法学的定義と社会学的定義の2つが代表的なものとして取り上げられることが多い。法学的定義では犯罪とは，「刑罰法令の構成要件に該当する違法かつ有責な行為」であると考えるのに対し（第4章

表 11 - 1 批判的犯罪社会学のエッセンス

〈方法〉	徹底した社会学的思考	社会構造の複層性への注視	社会調査と社会理論の往還
〈志向〉	価値へのコミットメント	「現在性」への批判	犯罪現象の個人化の拒否（と社会構造改革の支持）

←──────────────────────────────→
抽象的　　　　　　　　　　　　　　　　　　具体的

参照），社会学的定義では（論者によって意見の相違があるとはいえ）犯罪とは，「社会の大多数の人々が犯罪だとみなすような行為」だということになる（第1章参照）。犯罪社会学の成立に大きな影響を与えたひとりであるフランスの社会学者デュルケム（É. Durkheim）は，「ある行為は，犯罪的であるから共同意識を傷つけるのではなく，それが共同意識をそこなうから犯罪的だといわなければならない」（Durkheim［1893］1960=1971: 82）という有名な言葉を残している。社会学的にみれば，法律違反行為＝犯罪なのではなく，社会成員に共通する諸感情・諸信念（「共同意識」）を冒瀆したとして非難を受けるような行為が「犯罪」とみなされるのである。

　この社会学的定義を徹底して採用するのが批判的犯罪学である。デュルケムはある行為に対する社会成員の意識は共通している（「共同意識」）と考えたが，必ずしもそのように考える必要はない。本章の冒頭で取り上げた『殺人狂時代』が好例だが，戦争を正義実現の手段ととらえる者もいれば，ヴェルドゥのように最悪の殺人ととらえる者もいる。社会学的定義を徹底すれば，ある特定の時間・空間・立場において「犯罪」とされる（されない）現象が，別の時間・空間・立場においては「犯罪」とみなされない（みなされる）可能性についての，大げさに言えば「もうひとつの『社会』の可能性」についての想像が可能になる。批判的犯罪学も，ある社会において流通している「共同意識」が「犯罪」を創りだしている，と考えるのに加えて，なぜそれが疑問視されることなく正当視され続けるのかを問いに付す，徹底した社会学的思考に基づいている。

　また，批判的犯罪学にとってもうひとつ重要なのは，社会学者のミルズ（C. W. Mills）が「社会学的想像力」と呼んだような，一見「個人」的なものに見える犯罪現象を「社会」構造と関係づけて理解しようとする態度である（Mills 1959=1995）。ただしこれは，犯罪の「原因」を社会構造以外には決して認めな

い，ということを意味するわけではない。仮に犯罪の直接的な原因が個人の合理的選択（自由意志），脳障害（生物学的問題），トラウマ（心理学的問題）などであったとしても，そうした「犯罪の原因を個人的なものとしてとらえる傾向」それ自体を広く社会構造に結び付けて考察することは可能である。批判的犯罪学は，「犯罪」とされる行為それ自体や，それを取り締まり，裁き，処遇する刑事司法システム，さらにはそうした犯罪現象総体を語り，評価する私たち社会の「まなざし」を社会構造と関連づけて理解しようとする，すぐれて社会学的な学問領域なのである。

■ 社会構造の複層性への注視

　社会構造と一口に言っても，批判的犯罪学が注目するのは，階級，人種，民族，ジェンダーをはじめとして多岐にわたる。後述するように，初期の批判的犯罪学においてはマルクス主義の影響が強く，犯罪現象と階級の結びつきを重視する傾向が見られた。しかしながら現代においては，それ以外の要素や，複数の要素同士がいかに関係しあいながら犯罪現象をつくりあげているか，といった点により多くの注意が払われるようになっている。

　具体的研究を事例に説明しよう。デイヴィス（A. Davis）は，1980 〜 90 年代に進行したアメリカにおける刑務所被収容者数の増大（過剰収容）を説明するにあたり，「産獄複合体（prison industrial complex）」に注目する。産獄複合体とは，有名な「軍産複合体」（冷戦期のアメリカで常態化した経済界，軍部，政府機関の癒着）に由来する言葉である。1980 年代のアメリカでは経済のグローバル化が進行し，民間企業の競争力を高めるためにさまざまな分野で市場化が断行された。刑務所もそのひとつであり，刑務所を経営する大企業にとっては顧客（つまり被収容者）の数が増えれば増えるほど儲かる，といった事態が発生した。では，そのときに顧客となったのはいったい誰だったのだろうか。デイヴィスは，被収容者の多くが，グローバル化と市場化政策によって公的福祉の網の目からこぼれ落ちた貧困層や人種・民族的マイノリティであることを指摘し，現代アメリカでは「貧しいこと」「有色人種であること」などが犯罪とされ，彼らを処罰することで「産獄複合体」が潤う構造が強化されつつあることを明らかにする（Davis 2003=2008）。

　デイヴィスの研究は，マイノリティの凶悪化や道徳的退廃（「アンダークラス

の文化」）に過剰収容の原因を求めるのではなく，グローバル化と産獄複合体の成長という社会構造変動に注目する点で批判的犯罪学と親和的である。そして，階級対立や人種・民族問題のどれかひとつだけで事態を説明しようとするのではなく，それらが複層的に絡み合いながら過剰収容問題をつくりあげている点が重視されている。デイヴィスはジェンダーへの目配りも忘れていない。刑務所に収容される多くは男性であるが，それは女性がこの問題に無関係であることを意味しない。後述するが，長らく「自立した権利と自由の主体」とみなされてこなかった女性は，自由を剝奪する拘禁（自由刑）の対象として不適格であり，女性の懲罰場所は監獄というより家庭であり，病院であった。監獄人口のうちに占める女性の割合の低さは，こうしたジェンダー化された差別構造に由来している（ただし，ここでも社会構造の複層性に留意することを忘れてはならない。黒人・ヒスパニック系の女性は白人女性よりも拘禁される確率が高い）。

■ 社会調査と社会理論の往還

　批判的犯罪学は，犯罪現象と複層的な社会構造との結びつきを明らかにするために，社会調査と社会理論をともに重視している。批判的犯罪学には，「調査に基づく理論構築」や「構築された理論の妥当性の検証」が弱い，という批判が少なくないが，これも過去の批判的犯罪学はどうあれ，現代の批判的犯罪学に対する批判としては不適切である。

　従来より批判的犯罪学は参与観察やインタビュー調査，言説分析といった質的方法に基づく研究を蓄積してきたが，近年では，フェミニスト犯罪学（Column 11 参照）を中心に，犯罪被害調査や虐待被害調査，公式統計などのデータを利用した量的方法に基づく仮説検証型研究も増えてきている。

　加えて，他の社会学的犯罪研究と比較した際の批判的犯罪学の際立った特徴は，こうした社会調査に基づく理論化と，マクロな現代社会理論との緊張感のある往還作業を重視している点であろう。たとえば，近年日本でも話題となった「厳罰化ポピュリズム（penal populism）」をめぐる議論がその好例である。厳罰化ポピュリズムとは，「『法と秩序』の強化を求める市民グループ，犯罪被害者の権利を主張する活動家やメディアが，一般市民の代弁者となり，政府の刑事政策に強い影響力を持つようになる一方で，司法官僚や刑事司法研究者の意見が尊重されなくなるような現象」（Hamai and Ellis 2008=2009: 92）と定義される。

この現象が近年において問題視されるようになってきた背景には，犯罪者の改善更生を期待する古いタイプの刑罰から，世論の厳罰感情をそのまま反映する「目には目を」方式の応報的な刑罰へと犯罪統制の仕組みが変化してきた，と考える「新刑罰学（new penology）」や「新たなる厳罰性（new punitiveness）」と呼ばれる批判的社会理論の存在があった。2000年代後半に「厳罰化ポピュリズム」に関する質的・量的双方のアプローチを用いた国際比較調査が蓄積されていくことになるのだが（日本犯罪社会学会編 2009），それらの社会調査はまさにそうした社会理論によって駆動されたわけである。

　ところで，調査結果は「厳罰化ポピュリズム」の生起の仕方が国や地域によって大きく異なることを明らかにした（たとえば日本では通常厳罰化の防波堤となるはずの専門家集団が率先して厳罰化を推し進めており，カナダや北欧ではそもそも厳罰化ポピュリズムが進行していなかった）。この発見が今度は，厳罰化ポピュリズムを単に世論に駆動された過剰収容や刑期の長期化と見るのではなく，もう少し慎重に「新刑罰学」や「新たなる厳罰性」の中身を考察する新たな理論研究を活気づけていく。厳罰化ポピュリズムをめぐる議論は多くの批判的犯罪学者たちを巻き込みながら今なお継続中であるが，そこでは，理論が調査を駆動し，調査が理論を刷新する，そして新たな理論が再び調査を駆動する……，そうした往還のダイナミズムが繰り返されているのである。

　続いて〈志向〉の方を見ていこう。

■ 価値へのコミットメント

　これまで述べた〈方法〉的エッセンスに限れば，何もそれは批判的犯罪学だけの特徴ではなく社会学的犯罪研究全般に共通する特徴であり，批判的犯罪学はそれを徹底させただけだ，といわれるかもしれない。社会学的思考を徹底させている点が肝要であるとはいえ，たしかにそれだけでは批判的犯罪学を説明したことにはならないだろう。そこで，もうひとつの〈志向〉的エッセンスが重要になってくる。

　批判的犯罪学に緩やかに共通する〈志向〉のひとつめは，研究上の価値を自覚し，それを明示すること，すなわち「価値へのコミットメント」である。この場合の研究上の価値とは，研究者が抱いているさまざまな文化的，社会的，政治的，道徳的価値観などを意味している。批判的犯罪学者は，「研究」とい

う行為を明確な価値に突き動かされた行為とみなし，完全な「中立的」「客観的」営みとはみなさない。「ランダムサンプリングによって収集された質問紙調査の結果を統計解析して犯罪に対する実態や意識を明らかにする量的な実証研究（第2章参照）は客観的・中立的なものではないのか」と思われるかもしれない。しかし，たとえば「失業と犯罪との関係を探る調査研究」であれば，それを研究する者は，「なぜテーマとして（たとえば『脳障害』や『染色体異常』ではなく）ほかならぬ『失業』を選んだのか？」「失業と犯罪との間に結びつきが発見されたとしたら，どうだというのか？」という問いに対して，何らかの答えを携えて研究に臨んでいるだろう。もしかしたらその研究者は失業ゆえに犯罪に陥ってしまうような状況を「好ましくない」と考えていて，だからこそ（脳障害や染色体異常ではなく）失業をテーマに据え，研究成果を何らかのかたちで犯罪（ないし失業）政策に反映させたいと考えているかもしれない。批判的犯罪学者はそうした研究上の価値を隠すことはできないし，隠すべきではない，と考えるのである。

　このことを，「批判的犯罪学者は自らの価値観を唯一正当視し，それを他者に押し付けるのだ」などと誤解してはならない。批判的犯罪学は確かに価値へのコミットメントを積極的に行なうが，そうした価値に基づく研究成果の伝達のされ方に関しては，学術的なコミュニケーション，すなわち「論拠と論理に基づく説得」によってなされるべきだと理解している。その意味で，批判的犯罪学者は価値を押し付けるどころか，自らの研究をめぐって議論（賛否両論）が巻き起こることを心から歓迎する。

　また，このことは「批判的犯罪学者は経験的調査の結果を自らの価値観に基づいて捻じ曲げるのだ」とも誤解されるべきでない。そもそも，批判的犯罪学者が明確な価値に基づいて研究に臨むことと，研究過程において得られた学術データを捏造したり自分に都合のよいかたちで解釈することは，明らかに次元の異なる問題である。先述した「厳罰化ポピュリズム」をめぐる議論展開のなかで，「新刑罰学」や「新たなる厳罰性」の理論枠組みが経験的調査の結果によって修正を余儀なくされたように，批判的犯罪学は研究上の価値にコミットしつつ，同時に経験的データの分析・解釈の妥当性について議論すること（そしてそれをふまえて現状認識や自らの価値を更新すること）を常とする。研究から価値を切り離すことはできないが，研究自体の真偽や妥当性はそれとは異なる基

準によって判断されうるのである。

　自らが「善」と信じる価値を隠さないとすれば，批判的犯罪学者はいったいどのような具体的内容をともなった価値にコミットするのだろうか。実は，こうした論点と強く関わるのが残された第二と第三の〈志向〉，すなわち「『現在性』への批判」と「犯罪現象の個人化の拒否」である。とはいえ，急いては事を仕損じる。批判的犯罪学の価値内容についてよりよく理解するためにも，まずは次節と次々節において批判的犯罪学の学説史を概観しておくことにしたい。諸学派の主張の多様性と半世紀近くにわたる批判的犯罪学の研究展開をふまえてはじめて，「主流派犯罪学への批判」といったあいまいなラベルとは異なる批判的犯罪学の〈志向〉的エッセンスを検討する準備が整うはずである。

3　批判的犯罪学のあけぼの

■批判的犯罪学前史──２つの社会学的潮流と新犯罪学

　批判的犯罪学の起源については諸説あり，定まった見解はない。しかし，多くの論者が，後述する『新犯罪学』の出版（1973年）が現代の批判的犯罪学にとってひとつの画期となったとみなしている。そこで，この『新犯罪学』の登場に大きな影響を与えた２つの社会学的潮流について述べるところからはじめよう。

　①ラベリング論　　ラベリング論についての詳細は第10章を参照してもらうとして，ここでは批判的犯罪学に特に影響を与えたコンセプトを２点に限って紹介する。

　第一に，ラベリング論が，犯罪という行為（「作用（アクション）」）から，ある行為を犯罪だとラベル貼りすること（「反作用（リアクション）」）へと，社会学的犯罪研究の視点を転換させたことである。ラベリング論は前節で述べた「徹底した社会学的思考」に忠実であり，行為の性質（どのくらい凶悪か，法を犯したか，人に迷惑をかけたか……）が犯罪を規定するのではなく，ある行為が「犯罪である」と定義（ラベル貼り）されることによって「犯罪」と呼ばれる現象が創り出される，と考える。ところで，ある作用を犯罪だと定義（ラベル貼り）する反作用とは具体的には何だろうか。ラベリング論が注目したのは，マス・

メディアの犯罪報道，警察などの法執行機関による取締り，市民による自警パトロール……，といったさまざまな犯罪統制だった。ラベリング論によって，犯罪者や犯罪行為ではなく，それを統制する側への研究関心が開かれることになったのである。

　第二に，こうした反作用への注目が，ラベル貼りや犯罪統制の現場におけるミクロ相互作用研究の重要性を再認識させたことである。「われわれはある作用に対して，どのようにして『犯罪である』との反作用を返すのだろうか？」という問いを解くためには，犯罪データの数量的解析ではなく，作用と反作用によって構成される犯罪の相互作用（インタラクション）過程に関する質的研究を実施する必要がある。こうした関心のもとで進められた研究によって定式化された概念に「モラル・パニック」がある。モラル・パニックとは，マス・メディアなどによって特異な犯罪が強調されて世論に広まることで，社会内の反作用が過剰に高まり，人々の道徳的な不安が厳罰政策を正当化していく，といったような混乱（パニック）過程を指す。モラル・パニックは現代日本においても凶悪事件報道をきっかけとしてしばしば発生しているが（第5章参照），この概念は新犯罪学の中心論客となったヤング（J. Young），コーエン（S. Cohen），ホール（S. Hall）といった当時のイギリスの若手研究者を中心として，1960年代に蓄積された緻密な質的研究をその源流としている。

　②葛藤犯罪学とマルクス主義犯罪学　　批判的犯罪学に影響を与えたもうひとつの学問潮流は，葛藤犯罪学とマルクス主義犯罪学である。両者は，社会は2つ以上の相対立する諸価値や利害を代表する個人・集団から成り立っており，犯罪の背景にはそれらの葛藤があると考える点で共通性を有している。しかし，「葛藤犯罪学が権力を，犯罪の説明における主要な構造的変数として述べているのに対して，マルクス主義犯罪学は，権力の背後の政治的，経済的制度に究極的説明を求めている」（Vold and Bernard 1986=1990: 351）点に大きな違いがある。

　葛藤犯罪学は，異質な文化間の衝突に由来する行為規範の葛藤（セリン〈T. Selin〉），利害を異にするさまざまな集団間の葛藤（ヴォルド〈G. B. Vold〉）などを犯罪行為の原因・背景とみる潮流と，支配者層によって自らの利害と葛藤する被支配者層の行為が犯罪と定義され，支配者層に好意的な行為規範が発達していくことによる法や犯罪の実体化（クイニー〈R. Quinney〉），支配者層や刑事

司法システムによる被支配者層の行為の犯罪化（ターク〈A. Turk〉）といった犯罪統制の理論的説明に重点を置く潮流に緩やかに二分される。バーナード（T. J. Bernard）は，後者の潮流に学習理論（第8章参照）の知見を加え，犯罪行為の原因をもモデルに組み込んだ統合的犯罪葛藤論を提出している。

　マルクス主義犯罪学は，資本主義の発展過程を支配階級（資本家階級）と被支配階級（労働者階級）のあいだの不断の階級闘争（葛藤）とみるマルクス主義理論に依拠しながら，階級間格差と富の不平等な分配を強化・再生産する資本主義のあり方と犯罪との関係を理解することを目的とする。初期のマルクス主義犯罪学では，ボンガー（W. Bonger）やルーシェ（G. Rusche）とキルヒハイマー（O. Kirchheimer）のように，犯罪行為や刑罰と資本主義の結びつきを明らかにする点に力点が置かれたが，1960年代に入ると，尖鋭化の度合いを強め，労働者階級による犯罪は不平等な分配構造と資本家階級＝国家に抗する政治的異議申し立てであり，革命に向けた社会主義闘争の一環である，といった理解が登場する。こうした考え方は現在ではマルクス主義犯罪学者自身によって多くが否定されているが，次に見る新犯罪学の登場を直接に準備したという点で，批判的犯罪学にとっても重要なものであった。

■ 新犯罪学──イギリス批判的犯罪学のあけぼの

　1968年に，犯罪を実体的にとらえる実証主義から距離をとり，ラベリング論に強い影響を受けたイギリスの若手犯罪研究者が中心となって，第一回の「全国逸脱会議（National Deviancy Conference: NDC）」が開催された。NDCは，その後もカルチュラル・スタディーズやフェミニズムなどの研究成果を吸収し，イギリスの批判的犯罪学者にとって貴重な研究ネットワークとして機能することになる。しかし，第一回会議に大学院博士課程の院生として参加したヤングは，葛藤犯罪学やマルクス主義の知見をふまえて，犯罪をより広範な社会構造や国家に関連づけて分析する必要性をそこで痛感したという（Hayward 2010）。こうしたヤングの問題意識は，マルクス主義者のウォルトン（P. Walton）らとの編著として1973年に出版された『新犯罪学（*The New Criminology*）』に結実する（Taylor et al. 1973）。

　3人の編著者たちの講義ノートから生まれた『新犯罪学』は，その後現在に至るまで批判的犯罪学者にとってのバイブル的存在としてグローバルな影響力

を保ち続けており，1冊の本を超えて，犯罪現象をとらえるひとつの視角，ないし，その視角を共有する「学派」とみなされている。新犯罪学の特徴は，先述したラベリング論が有する犯罪統制や犯罪の相互作用過程へのミクロな注目と，葛藤犯罪学やマルクス主義犯罪学が有する犯罪現象と刑事司法，経済構造，国家とのマクロな関係性への注目を統合させている点である。新犯罪学の主張はおおよそ以下の3点にまとめられる。

・刑法やそれに基づく犯罪定義・犯罪統制のあり方は資本主義体制下における権力層（国家や資本家階級）の利害を反映したものである。
・だとすれば犯罪は資本主義的な社会構造下で抑圧された側（労働者階級）による「抵抗」であり，逆に通常は犯罪とみなされない人種差別，帝国主義戦争，ホワイトカラー犯罪，警察の暴力などに批判をさし向ける必要がある。
・こうした議論を展開するためには，犯罪学は犯罪の実体的定義（国家と法が定めた行為のみを「犯罪」とみなすこと）を無批判に受け入れる実証主義から距離をとり，犯罪や犯罪統制をめぐる相互作用を，広範な社会構造や歴史と関連づけて理解しなければならない。

　新犯罪学は，犯罪者を矯正し，もう一度社会にとって有用な成員として再社会化しようとする当時のイギリスの福祉国家政策に対する新左翼の批判的社会運動とも連携しながら，犯罪者を矯正（規律訓練）させて社会に再適応させることが，不平等な社会構造の維持・正当化につながってしまうことを批判した。2つの社会学的潮流が合流したところに誕生した新犯罪学の主張には，いまだ荒削りではあるが前節で述べた批判的犯罪学のエッセンスの原型がみてとれる。その後の批判的犯罪学は，新犯罪学の主張を受け止め，それを乗り越えるかたちで多様に分岐し，展開していった。紙幅の都合上簡潔な概観とならざるをえないが，次節でそれらを見ていこう（各学派に興味を持った読者はぜひ参考文献を手がかりに原典に挑戦してほしい）。

4 批判的犯罪学の展開

■ レフトリアリスト犯罪学

新犯罪学に対しては，当初から多くの批判が寄せられた。第一に，新犯罪学の多くは国家犯罪（戦争による殺戮など）やホワイトカラー犯罪（企業汚職など）に注目していたが，1980年代以降の街頭犯罪（街中での窃盗や強盗など）の増加のなかで，加害者も被害者も多くは労働者階級であることが明らかになった。「弱きが弱きを害する」というのが街頭犯罪の実態であり，新犯罪学は労働者による犯罪を資本家＝国家への抵抗として美化している，との批判が寄せられるようになる。また，福祉国家が強固なうちは新犯罪学の規律訓練批判が意味を持ったが，労働党政権が失脚し，サッチャー（M. Thatcher）に率いられた新自由主義➡用的な保守党政権によって，犯罪者の矯正というよりは厳罰化による社会からの隔離・排除に力を入れた犯罪政策がはじまると，新犯罪学による批判のインパクトは薄れていくことになった。

実は，1980年代に登場したレフトリアリスト犯罪学（left realist criminology）は，こうした批判に対する新犯罪学の側からの応答という側面があった。ヤングをはじめ，新犯罪学の中核を担った論者たちが進んで自説を修正し，批判的犯罪学のリニューアルを図ったのである（Lea and Young 1984）。

1980年代は，国家は資本家階級の「道具」であり両者の利害は同一であるとする伝統的マルクス主義の「道具主義」的理解にかわり，国家の機能は資本家階級の利害の保護ではなく資本主義的生産諸関係の維持であり，国家や刑事司法システムはさまざまな諸勢力の交渉の場であるとする「構造主義」的理解が優勢となってきた時期でもあった。レフトリアリスト犯罪学も「国家≒資本家＝悪者，労働者≒犯罪者＝革命の闘士」といった単純な二元論を修正し，それまで相対的に目を向けてこなかった労働者階級による街頭犯罪についての経験的な社会調査に基づく犯罪原因の探求を開始していく。そこでは，マートンのアノミー論やコーエンの非行サブカルチャー論（第7章参照）を援用しながら，「労働者階級の相対的剥奪状況から生み出される不満が政治的解決の手段を持たないとき，犯罪として表出される」との原因論図式が描き出された。

また，国家が資本家階級の道具ではなく諸勢力の交渉の場であるならば，その交渉に批判的犯罪学者自身が乗り出さない理由はなくなる。イギリス固有の文脈でいえば，レフトリアリスト犯罪学は，左派（レフト）・現実主義（リアリズム）というその名の通り，新犯罪学とは異なり，刑事司法システムの改革や犯罪政策をめぐる現実政治の議論に積極的に参加することで，保守党政権に対する批判の足場を確保しようとした。

■フェミニスト犯罪学

　フェミニスト犯罪学（feminist criminology）をめぐっては内部にも多様な立場があるが，いくつかの共通した主張も認められる。それは，批判的犯罪学を含む従来の犯罪学において見過ごされてきた「犯罪者として刑事司法システムに係属する女性が男性よりも圧倒的に少ないのはなぜか？」「刑事司法過程で女性と男性で取扱いに差があるのはなぜか？」といった問いに対する，ジェンダーの観点（**Column 11** 参照）を交えた説明である。女性は家父長制，性別役割分業社会のなかで「弱い」存在としての役割を負わされてきたため，犯罪の「加害者」というより「被害者」として取り扱われることが多かった（ただし，性犯罪や虞犯など，女らしさを逸脱する行為には男性より厳しい取扱いを受ける場合もある）。また，男性と同じ行為をしても，女性の場合はインフォーマルな制裁（家庭内での〈男性による〉叱責や，〈精神疾患としての〉病院での治療）を受けるなかで処理されるケースが多く，フォーマルな刑事司法システムに係属するケースは少なかった。さらに，刑務所や少年院などの矯正施設において，女性はジェンダー・バイアスの強い処遇（「性的放蕩」さを改め，「良妻賢母」に生まれ変わらせるような処遇）の対象となった。こうしたフェミニスト犯罪学の主張は犯罪政策や刑事法制にも一定の影響を与えた。

　前出のレフトリアリスト犯罪学には，その現実主義的なスタンスから，「新犯罪学からの後退」「主流派犯罪学への迎合」といった批判が寄せられた。しかし，そうした批判よりもある意味で深刻だったのが，上のようなフェミニズムの主張である。フェミニズムにとっては，主流派犯罪学も新犯罪学もレフトリアリスト犯罪学も，ジェンダー視点を欠いた男性のための犯罪学という点で変わりはない。近年では，レフトリアリスト犯罪学はジェンダー変数を，そしてフェミニスト犯罪学は（第2節で取り上げたデイヴィスの議論がそうであるよう

に）ジェンダー以外の社会構造変数を，それぞれ自らの研究枠組みの中に取り入れることで刷新を図りつつある（DeKeseredy 2011）。

■ ピースメイキング犯罪学

1980年代以降の保守化する厳罰的犯罪政策に対して危機感を持ったのは何もレフトリアリストだけではない。ヤングと同様にマルクス主義やラベリング論に大きな影響を受けた葛藤犯罪学を展開していたアメリカの批判的犯罪学者であるクイニーは，自身の議論が，イギリスと同様アメリカでも進行する厳罰化に対する有効な分析たりえなくなっていることを感じていた。また，当時のアメリカでは黒人や民族的マイノリティが選択的に厳罰化のターゲットとなっており（セレクティブ・サンクション，第10章参照），そうした問題をとらえうる新しい視点が求められていた。

ペピンスキー（H. Pepinsky）との共編著である『平和構築としての犯罪学』は，こうした問題意識から，犯罪に対して必要なのは厳罰ではなく平和構築である，と論じる（Pepinsky and Quinney eds. 1991）。犯罪は戦争，人種・民族差別，拷問といったものと本質的には同じ「暴力」であり，（犯罪という）暴力を（刑罰という）別の暴力によって解決することはできない。テロリズムと戦争の関係がそうであるように，暴力に対する暴力は，さらなる暴力を生むだけなのである。

クイニーは，ピースメイキング犯罪学（peacemaking criminology）の原則を，「犯罪は苦しみ（suffering）であり，その苦しみを終わらせることでのみ，犯罪はなくなる」「犯罪や苦しみは，平和の達成を通してのみ終結する」「平和と正義を実現するのは，人間の変容によってである」「人間の変容は，われわれの社会，経済，政治構造をわれわれが変化させるときに実現する」という4つの命題にまとめている（Quinney 1991）。ここからは，ピースメイキング犯罪学の要諦が，（厳罰化による犯罪問題の解決ではなく）社会構造の変化を通した平和構築（とそれによる苦しみと犯罪の解決）にあることが理解できよう。

■ 文化犯罪学

文化犯罪学（cultural criminology）は，1990年代半ばに登場した批判的犯罪学の新しい学派のひとつである。アメリカにおける主唱者のひとりであるファレ

ル（J. Ferrell）によれば，犯罪は実体として世界に存在しているのではなく，メディアやサブカルチャー，公的機関による犯罪統制などにおいて描写され，定義されることによってわれわれの前に姿を現すのであり，文化犯罪学はそうした犯罪の表象（representation）とそれが現代社会において持つ意味について考察することを狙いとする（Ferrell 2010）。

　文化犯罪学は，カルチュラル・スタディーズ，ラベリング論，モラル・パニック論などの影響下にあり，その点からも新犯罪学とのつながりが強い。しかし，ここでは新犯罪学と文化犯罪学の「違い」の方に注意を促しておきたい。

　第一に，文化犯罪学は，新犯罪学においては資本主義的な「経済」構造によって規定される側としてみなされていた一般市民や犯罪者自身による「文化」実践（マス・メディアにおける犯罪報道や非行少年のサブカルチャー）を，犯罪現象のリアリティが構成される主要な場としてとらえなおしている。第二に，文化犯罪学は，新犯罪学において軽視されがちだった経験的調査を重視し，エスノグラフィーからメディア分析，テキスト分析に至る多様な方法論によって「文化」実践の内実を明らかにしようとしている。第三に，最も重要な点として，新犯罪学は資本主義下での資本家と労働者の敵対性をあいまい化する福祉国家の規律訓練や矯正主義を批判対象としたのに対して，文化犯罪学はポスト福祉国家期（後期近代）における「エッヂワーク（edgework）」としての犯罪をおもな分析対象としている（Ferrell et al. 2001）。

　第三の点に関して少しだけ補足しておこう。文化犯罪学はたしかに犯罪者を含む生活者の主体性を重視するが，厳罰化を肯定する議論のように犯罪を行為者の「合理的選択」によるものととらえているわけではない。後期近代において社会的に排除された人たちは，時に逮捕のリスクすらも覚悟した存在証明行為「エッヂワーク」を試みる。なぜなら，家族，労働，ジェンダーなどあらゆる生活領域において流動化や脱伝統化が進む後期近代においては，「エッヂワーク」による自己実現以外に不安や生きづらさを回避する術を持たないような層（暴力によってしか「男らしさ」を表現できない DV 夫！）が存在するからだ。文化犯罪学は「逸脱者の文化を英雄的かつ楽観的に描いている」わけでも「逸脱者の主体性を過度に強調している」わけでもなく，後期近代の社会構造変動と文化実践の関係性を問おうとする洞察に深く裏づけられている。

■ 受刑者犯罪学

　文化犯罪学と同様に 1990 年代後半以降存在感を強めてきた受刑者犯罪学 (convict criminology) は，従来の犯罪学が欠落させてきた「**当事者の視角（インサイダー・パースペクティヴ）**」を重視する新しい批判的犯罪学を構想しようとしている。研究者が自らの受刑体験に基づくエスノグラフィックな研究を通して，矯正施設における相互作用や文化構造を明らかにし，受刑者や受刑生活に関する従来の理解を刷新しようとする点に大きな特徴がある（Mobley 2011）。

　ラベリング論の祖のひとりに数えられるタンネンバウム（F. Tannenbaum）やアーウィン（J. Irwin）など，自身の受刑経験を隠さず，今日の受刑者犯罪学にも大きな影響を与えた研究者は少数だがこれまでにも存在した。とはいえ，近年になってグローバルな規模で受刑者犯罪学が注目されるようになったのはなぜだろうか。もちろん，「専門家」の視点に対抗する「当事者」の視点の重要性への気づきがそこに関係しているのは間違いない。しかし，それよりも決定的だったのは，1980 年代以降に進行した厳罰化と過剰収容であろう。

　現代における受刑者犯罪学の中心人物たちはそろって，「ドラッグ戦争（war on drugs)」の時代に多くの学問人が矯正施設に収容されたことで，拘禁環境の劣悪化と施設処遇の根本的変化への懸念が高まったことを指摘している（Newbold et al. 2010）。厳罰化した時期に拘禁された研究者の目に映った矯正施設は，受刑者の権利よりも産獄複合体の利益や「いかに刑務所運営を効率化するか」という観点が突出した**経営管理主義**（managerialism）が優勢となっている場所にほかならなかった。受刑者犯罪学は，ただ当事者視点を称揚しつつ刑務所のエスノグラフィックな実態を明らかにするだけではなく，明確な「価値」に基づいてそれを行なう批判的犯罪学なのである。

　そのほかにも，環境汚染や環境破壊に焦点を当てるグリーン犯罪学（green criminology)，ポストモダニズムと批判的犯罪学を架橋しようとする構成犯罪学（constitutive criminology)，フェミニズムに影響を受けて「男らしさ」と犯罪との関係に注目する男性学的犯罪学（masculinity criminology）など，近年では実にさまざまな批判的犯罪学の諸学派が勃興している。批判的犯罪学の歴史はまだ浅いものの，そのなかでいくつもの問いや課題が追求され，結果として多様な観点から犯罪現象へのアプローチが試みられてきたことがわかるだろう。こうした批判的犯罪学の縦（歴史）と横（諸学派）の広がりを念頭に置きつつ，第

2 節の議論に戻りたい。われわれには，批判的犯罪学の第二と第三の〈志向〉的エッセンスを検討し，「批判的犯罪学とは何か」という問いに暫定的解答を与える作業が残されている。

5 「批判」とは何か

■「現在性」への批判

　見てきたように，レフトリアリスト犯罪学など，批判的犯罪学のなかには主流派犯罪学の知見を積極的に取り入れる学派も存在していた。批判的犯罪学にとっての「批判」とは主流派犯罪学に対する批判ではなく，「主流派犯罪学 vs 批判的犯罪学」という敵対図式では本質は理解できない。ならば，批判的犯罪学にとっての「批判」とはいったい何に向けられたものなのだろうか。

　前節で紹介した批判的犯罪学の諸学派は，当該時点の社会構造（と犯罪現象との関係性）——これを「現在性（アクチュアリティ）」と呼ぼう——に批判の焦点を向けていたと考えることができるだろう。新犯罪学が主流派犯罪学と手を切り，ラベリング論やマルクス主義を手がかりに新たな犯罪研究を志したのは，資本主義にとって都合の悪い不正義を隠蔽し，下層階級の犯罪者を有用な労働者へと矯正する当時の（福祉国家的）社会構造を批判するためであり，なにも主流派犯罪学に対する嫌悪感情からではない。

　そもそも，適切な現在性批判を行なわない/行なえないのであれば，批判的犯罪学自体が批判の対象とされることもありうる。新犯罪学がレフトリアリスト犯罪学によって刷新されたり，レフトリアリスト犯罪学がフェミニスト犯罪学の主張を受けとめて変化していったことを想起してもよい。現在性は，時代とともに変動していく。批判的犯罪学が（そしてヤングやクイニーのようなひとりの批判的犯罪学者が）時代によって主張内容をさまざまに変化させてきたのは，変動する現在性をとらえ，犯罪現象に対するその影響を把捉しようと格闘し続けてきたからにほかならない。現代は，福祉国家的矯正主義から厳罰化を経て，経営管理主義や社会的包摂/排除が注目を浴びるような時代になっている。文化犯罪学や受刑者犯罪学をはじめとする 1990 年代以降の諸学派は，現代における現在性の把捉とその批判に向けた試みのひとつと理解できよう。しかしな

がら，それらが現在性批判として不適切なものとなれば，新たな別の批判的犯罪学による批判の対象になりうるのである。

　また，こうした批判的犯罪学のスタンスは「現在性から恩恵を受ける」側からすると目障りなものかもしれない。これまでも批判的犯罪学者は，「反体制的」とのレッテルを貼られ，研究資金がとれない，学会で黙殺される，大学に就職できない，といった数々の不利益にさらされてきた。そうした不利益の中でも「志」を曲げず，現在性への批判の手綱を緩めずにいられるか——その意味で「批判」は，現在性そのものや現在性に無批判な犯罪研究に向けられるだけでなく，批判的犯罪学者自身に差し向けられる「戒め」でもある。

■ 犯罪現象の個人化の拒否（と社会構造改革の支持）

　変動する現在性とともに変化してきた批判的犯罪学の「批判」内容は多岐にわたり，安易な要約を許すものではない。とはいえ，現代の批判的犯罪学者たちが明示する諸価値のなかに（あくまで緩やかにではあるが）ある程度共通の方向を認めることは不可能ではない。

　批判的犯罪学者たちは，「犯罪現象の個人化」に対して不支持を掲げる，という学問的価値を共有してきたと思われる。「犯罪現象の個人化」とは，犯罪・非行行動やそこからの「立ち直り」（第14章参照）に至るまでのさまざまな過程を，（a）犯罪者の個人的特徴（生物学的，心理学的特徴など）によって説明する，または（b）非個人的な社会構造の影響が背後にあることを認めたとしても，そうした社会構造の変革・改革を構想することはしない，といった態度を意味している（（a）や（b）の態度も，上で述べた研究者としての価値のあり方のひとつである）。

　（a）はともかく，（b）は「個人化」とは呼ばないのではないか，と思うかもしれない。しかし，犯罪過程と社会構造を結びつけて理解したとしても，社会構造には一切手を触れず，犯罪者個人を変容・矯正することによって犯罪現象を解決しようとするのであれば，それは犯罪現象の個人化の一形態であるといえる。福祉国家的矯正主義がその好例だが，そこでは犯罪行動の原因や責任は社会化されて理解されていても，その統制は個人化されているのだ（ちなみに，犯罪原因を犯罪者の個人的特徴に帰して犯罪責任を個人化する厳罰化は，（a）の個人化である）。

キュリー（E. Currie）は，犯罪対策を犯罪者個人に対する処遇（矯正教育や治療，もしくは社会適応のための就業支援や職業訓練など）に限定する営みは，個人が外部環境への依存を一切せずに生きていくことができる，と考える「自律の誤謬（fallacy of autonomy）」を犯している，と述べる（Currie 1985）。ピースメイキング犯罪学が社会構造の変革によって平和構築をめざしたこと，新犯罪学が矯正主義を批判したことを思い出そう。犯罪過程に社会構造の影響があるとすれば，その統制は「個人を社会適応的に矯正する」だけではなく「社会構造それ自体にメスを入れる」ものでなければならない，と批判的犯罪学者は考えるのである。

　社会構造の変革・改革というと，社会運動や現実政治への積極的参加，というイメージを持つかもしれない。たしかに，レフトリアリスト犯罪学のように，社会運動や犯罪政策と密接な結びつきを有する批判的犯罪学もある。しかし，この結びつきを必然と考えることは危険である。カレン（P. Carlen）は，現実政治や政策過程に影響を与えることのみを存在価値と考えるあり方を「政治主義（politicism）」と呼び，政治的価値へのコミットメント一般（「政治（politics）」）と注意深く区別している（Carlen 2002）。カレンの用語法に従うなら，批判的犯罪学は「政治」的ではあるが，「政治主義」的であるとは限らない，ということになる。「犯罪現象の個人化」を批判し，それに抗する社会構造改革のビジョンを打ち出すやり方はおそらく多様であり，必ずしもその表出形態が現実政治や社会運動である必要はない。

　批判的犯罪学とは何か，その問いに本章なりの暫定的な答えを与えるとすれば，以下のようになる。

　批判的犯罪学とは，徹底した社会学的思考と社会調査に基づき，個人化に抗する価値のもと，複層的な「現在性」への批判を通した犯罪現象の理論化と社会構造改革をめざす学的運動である。

　批判的犯罪学が「運動」であるのは，重ねて，それが変化を運命づけられているからである。現代の犯罪現象に見られる個人化の問題点を抉出し，それに対する有意義な社会構造改革のビジョンを提示する作業，すなわち現在性へ

の批判それ自体が，本章で紹介した諸学派を批判的に超えていく新たな批判的犯罪学を生み出していくことだろう。その運動性こそが批判的犯罪学を絶えずリニューアルし，同時にそれをゴールなき「未完のプロジェクト」に留め続けているのである。

考えてみよう！　　　　　　　Thinking and Discussion

🔍 本章で紹介した批判的犯罪学の諸学派のうち，興味のあるひとつについて，より詳しく調べてみよう。現時点では残念ながら翻訳のあるものは少ない。その場合，引用文献を手がかりに原典にあたる必要があるだろう。

🔍 現代日本において批判的犯罪学の視点から考察可能な犯罪・非行現象には何があるだろうか。たとえば原発事故や人種差別主義（レイシズム）的なヘイト・スピーチは，批判的犯罪学の〈方法〉と〈志向〉に依拠するとどのように分析できるだろうか。

Book Guide

▶アンジェラ・デイヴィス『監獄ビジネス──グローバリズムと産獄複合体』（上杉忍訳）岩波書店，2008 年。

　第 2 節でも紹介された本書は，専門の犯罪研究者によって著されたものではない。デイヴィスはカルフォルニア大学の哲学科を「親共産主義的」という理由で解雇されたこともある，黒人運動の闘士なのだ。本章の冒頭で触れたチャップリンのアメリカ追放もそうだが，「批判」には強い覚悟がともなうということ，これは覚えておいた方がよい。原著は 2003 年刊。

▶ジョック・ヤング『後期近代の眩暈──排除から過剰包摂へ〔新装版〕』（木下ちがやほか訳）青土社，2019 年。

　本章でもさまざまな箇所で登場した，批判的犯罪学の大御所による書。本書では特に文化犯罪学の知見が多く取り入れられているが，ラベリング論，レフトリアリズムなど，ヤング自身が過去に関わった批判的犯罪研究の諸学派を理解するうえでも役に立つ。原著は 2007 年刊。

▶日本犯罪社会学会編『グローバル化する厳罰化とポピュリズム』現代人文社，2009 年。

　第 2 節で紹介した「厳罰化ポピュリズム」に関する国際共同研究の成果。原文はすべて英語で『犯罪社会学研究』誌に掲載された。掲載論文のすべてが批判的というわけではないが，調査・理論・批判のバランスの妙を味わうには最適の書である。

Column11　ジェンダーと犯罪

　ジェンダーとは，一般的に，社会的・文化的に形成された性差・性別を意味するのであり，生物学的な性差・性別を意味するセックスと区別される（もっとも，このような区別を克服し，「性差・性別についての観念・知識」を意味するという見解も有力である）。これは，1970年代以降のフェミニズムにおいて発見されたものである。

　犯罪学におけるジェンダーの視点は，比較的古くから存在していた。これは，女性は男性に比べて犯罪発生率が低く，万引きなどの比較的軽微な財産犯が多いという傾向が，社会や時代を超えて共通して見られるからである。女性犯罪のこのような特徴について，ポラク（O. Pollak）は，騎士道精神によって刑事司法過程で寛大に取り扱われるため，犯罪数が過小に見積もられている（現象的に犯罪発生が少なく見えるにすぎない）と主張する（Pollak 1950=1960）。刑事司法過程におけるジェンダー・バイアスの存在は広く知られているが，これは，女性犯罪を「社会の脅威」として見ていないことを象徴しているのではないかという指摘もある（後藤 2012）。また，アドラー（F. Adler）は，性別役割の社会的差異がこのような現象の原因であり，女性の社会進出が進み，社会における性別役割が変化すれば，女性犯罪は男性化し（たとえば，暴力犯罪が増加するなど），量的にも増加すると予測した（Adler 1975）。日本でも，1980～1990年代に比べて，女性の社会進出は進んでいるが，近年の一般刑法犯の女子比はいまだ20％弱であり，女性犯罪の6割以上が万引き，遺失物等横領といった比較的軽微な財産犯である（もっとも，傷害・暴行の割合が，平成年間で約8ポイント上昇したことには留意する必要がある）。このような実態については，生物学的原因・社会学的原因の双方から解釈が可能であり，性差の研究はさらに深化する必要があろう。

　1970年代以降，クライン（D. Klein），スマート（C. Smart）らによって，フェミニスト犯罪学が主張されるに至った（Klein 1973; Smart 1977）。その主たる主張は，(1) 犯罪原因研究における性差の考察の必要性，(2) 女性の目からの犯罪学研究の必要性，(3) 刑事法規制における性差別の排除，などである（岩井 2004, 2005）。特に，性犯罪，ファミリー・バイオレンス，買春・売春などでジェンダーの視点に立った刑事法規制の見直しを主張している。日本では2017年に性犯罪に関する罰則規定が抜本的に改正されたが，更なる見直しの必要性も強く主張されている。

© オカダケイコ

第 12 章

犯罪被害者をめぐる諸問題
被害者学

🔍 **KEY WORDS** | ▶被害者学　▶犯罪被害調査　▶二次被害
▶修復的司法プログラム

　犯罪被害者は，近代における司法の合理化によって，刑事・少年司法システムの構造から除外された存在であった。しかし，欧米では，1950年代後半から60年代はじめにかけて，その存在が「再発見」され，以後，犯罪被害者に対し，経済的支援，直接的支援（身体的・精神的危害の回復など），刑事・少年司法システムでの法的地位の向上などの施策が展開されている。日本でも，1980年代から犯罪被害者に対する施策が展開されてきた。2004年に犯罪被害者等基本法が制定され，同法に基づき，約5年ごとに犯罪被害者等基本計画が策定されている（なお，この推進に関する業務は，2016年4月1日に内閣府から国家公安委員会に移管された）。

　そして現在，犯罪被害者に対する施策として注目されているのが，修復的司法プログラムである。上記のイラストは，修復的司法プログラムの基本形態のひと

つである家族集団カンファレンスの一場面である。家族集団カンファレンスは，被害者や加害者，その支援者，その他の利害関係者などが一堂に会し，ファシリテーターの進行によって対話を行ない，犯罪被害を修復するという取り組みである。家族集団カンファレンスは，1989年にはじめて，ニュージーランドの青少年司法システムに導入されたが，現在では，オーストラリアの南オーストラリア州，南アフリカ共和国，アイルランド，アメリカ合衆国の一部の州（ミネソタ州，ペンシルベニア州など）にも広がっている。

　犯罪被害者をめぐる諸問題は，これまでの犯罪学や刑事法学の考え方に修正をせまる重要なものである。本章では，被害者学をつうじて，この問題を考えてみよう。

1　被害者学とは何か

　「**被害者学とは，……である**」と定義できればいいのであるが，現在の被害者学には一致した定義がない。これは，被害者学が対象とするもの，すなわち，被害者の概念が広がっており，その考え方に争いがあるからである（これは，現在の被害者学が対策論から支援論を中心に展開されていることとも関連する）。被害者学は当初，犯罪学の一分野として成立したため，犯罪被害者のみを対象としていた。このときは，危害の原因を犯罪に限定していたことになる（これを「特別被害者学」という）。

　現在の被害者学は，対象とする危害の原因を犯罪に限定しないことでは一致している（これを「一般被害者学」という）。しかし，その対象を人権侵害や違法行為といった社会的災害にとどめる考え方と，大震災や台風などの自然災害にも広げる考え方で対立がある（柴田 2009; 冨田 2012）。たしかに，社会的災害と自然災害は，危害の原因によって被る身体的・精神的・物質的危害（危害の結果）が共通しており，それゆえ，保護，救済，支援などの必要性や内容において共通する面が多い。しかし，社会的災害と自然災害は，保護，救済，支援などの法的根拠の考え方が根本的に異なるうえ，また，危害の原因（被害化の要因）に基づいた被害予防のあり方も異なる（ここでは，人間が被害を予防するために，自然をコントロールしようとすることへの限界や不可能性を想起してほしい）。そ

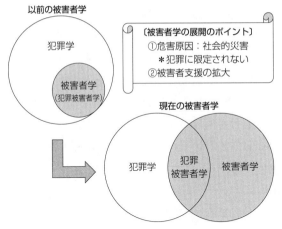

図 12-1　被害者学の展開

以前の被害者学

犯罪学

被害者学
（犯罪被害者学）

〔被害者学の展開のポイント〕
①危害原因：社会的災害
　＊犯罪に限定されない
②被害者支援の拡大

現在の被害者学

犯罪学

犯罪
被害者学

被害者学

（出所）　諸澤（1998），キルヒホッフ（2005）を元に作成。

れゆえ，被害者学が対象とする危害の原因は，社会的災害とするべきであり，被害者学は，違法行為（犯罪や不法行為など）によって権利利益の侵害を被った者を対象とした学際的かつ総合的学問と定義するのが一般的である（図 12-1 参照。たとえば，日本被害者学会 1992; 瀬川 1998: キルヒホッフ 2005; 柴田 2009）。

　被害者学において取り組まれているテーマは多岐にわたるが，以下では，本章のテーマである「犯罪被害者」に限定したうえで，それと関係する議論に焦点をあてて考えてみよう。次節では危害の原因論（被害化の要因論），第 3 節では犯罪被害調査，第 4 節では二次被害・三次被害，第 5 節では修復的司法プログラムについてみていく。

2　危害の原因論（被害化の要因論）

■ 被害者と加害者の相互関係

　被害者学が犯罪学にもたらしたもののひとつは，犯罪の原因が，危害を被る者（被害者）と危害を加える者（加害者）との相互関係（あるいは，現象上対立する存在）によって生じるという考え方である（Hentig 1948; Mendelsohn 1956; Schafer 1968）。従来の犯罪学が，犯罪者やそれを取り巻く環境の法則性の探求

により，犯罪の原因の解明を試みていたのに対して，被害者学は，相互関係の
もう一方の当事者である被害者に着目し，その特性やそれらを取り巻く環境，
被害の受容性や誘発性などの法則性の探求により，犯罪の原因の解明を試みる。

　たとえば，ヘンティッヒ（H. v. Hentig）は，年齢，性別，精神障害，社会的
地位などの一般的特性や，性格，心理状態などといった精神・心理的特性に
よって，被害を被る可能性が異なると指摘する。そして，生まれながらにして，
危害を被りやすい特性を備えている者（生来性被害者〈born victim〉）も存在する
と主張する（Hentig 1948）。メンデルソーン（B. Mendelsohn）は，被害者には危
害を被りやすい素質や環境（被害受容性）が備わっていると主張する
（Mendelsohn 1956）。エレンベルガー（H. F. Ellenberger）も，年齢，職業，精神
状態などによって危害を被る可能性が異なることを主張する。そして，被害者
のなかには，無意識に被害を誘発し，繰り返して被害者となる可能性がある者
（累被害者）も存在することを指摘する（Ellenberger 1954）。

■ 被害者の有責性論とその問題性

　相互関係のもう一方の当事者である被害者に注目し，その特性や被害の受容
性・誘発性などに着目することは犯罪原因論に多角的な視点をもたらした。だ
が他方で，被害者が犯罪の発生に寄与するということで，被害者学は被害者の
有責性論と結びつくことになる。

　メンデルソーンは，犯罪の責任を加害者だけではなく，被害者にも帰すべき
場合があるとして，被害者を，①理想的な被害者，②無知による被害者，③自
発的な被害者，④挑発的あるいは不注意による被害者，⑤攻撃的な被害者に分
類する。シェーファー（S. Schafer）も，犯罪の発生に関わる責任に応じて，被
害者を，①無関係の被害者，②挑発的な被害者，③誘発的な被害者，④生物学
的に欠陥のある被害者，⑤社会学的に欠陥のある被害者，⑥自ら被害をもたら
す被害者，⑦政治的被害者に分類する。

　しかし，犯罪の発生に関わる責任を想定し，それをもとに被害者を分類する
ことは，被害者バッシングを生じさせる危険性を有する。これは，刑事責任の
基本が，加害者（犯罪者）に対する非難であることに起因する。被害者が犯罪
の発生に寄与していると評価されれば，加害者への非難が弱められ，他方で，
被害者に対する非難が生じる可能性がある。つまり，危害の原因論が被害者の

有責性論と結びつくことは，危害の原因論が意図する本来の目的から離れてしまうのである。

　現在の危害の原因論には被害者の有責性論との結びつきはない。これは，現在の被害者学が被害者支援論を中心に展開されているからであるが，危害の原因論の基本的な考え方が初期の頃とは異なる展開を見せていることも関係する。

■一般市民のライフスタイルや日常生活に潜む犯罪被害のリスク

　現在の犯罪学は，一般市民を潜在的犯罪者であると仮定し，犯罪をする機会がある場合に犯罪を実行する者と，そうでない者が存在することに着目して，犯罪原因論を構築している。これと同様に，現在の被害者学における危害の原因論では，一般市民を潜在的被害者（犯罪の危害を被る危険性のある存在）と仮定し，犯罪被害のリスクを問題にして，犯罪の機会に遭いやすい者とそうでない者とを分類することが，基本的な考え方になっている。

　たとえば，ヒンデラング（M. Hindelang）と，ゴットフレッドソン（M. R. Gottfredson），ガロファロ（J. Garofalo）は，通勤や通学，労働，クラブ活動，家事，育児などのライフスタイル（生活様式）の差異が，犯罪被害者となるリスクの差異を生み出すと主張する（Hindelang et al. 1978）。ひとりで暮らすこと，深夜に外出すること，都市で生活することは，犯罪の危害を被りやすい（リスクの高い）ライフスタイルであるのに対して，結婚して生活すること，深夜の外出を控えること，都市部以外で生活することは，犯罪の危害を被りにくい（リスクが低い）ライフスタイルとなる。

　コーエン（L. E. Cohen）とフェルソン（M. Felson）は，犯罪が実行される機会は，日常生活において数多く存在しており，犯罪の標的が無防備に放置されている場合には犯罪が発生すると主張する（Cohen and Felson 1979。第6章参照）。犯罪は，動機を持った加害者の存在，適当な犯罪標的の存在，有能な監視者の不在という3つの要素が同時に存在した結果であり，犯罪被害を防ぐためには，夜間に外出しないこと，高価なものを身に付けないこと，監視体制を強化することなど，3つの要素のいずれかをなくすことが必要となる。コーエン，クリューゲル（J. R. Kluegel），ランド（K. C. Land）は，有能な監視者が存在しない状況で，潜在的被害者である一般市民の財産（適当な犯罪標的）と潜在的犯罪者（動機のある加害者）が直接結びつくような一般市民のライフスタイルや日常生

活が，犯罪被害のリスクを高めると主張する（Cohen et al. 1981）。

シュタインメッツ（C. H. D. Steinmetz）は，手に届きやすいところにあること（proximity），人目を引きつけること（attractiveness），人目に晒されていること（exposure）が，犯罪被害のリスクを高めると主張する（Steinmetz 1982）。

■ 危害の原因論と危害発生の予防

現在の危害の原因論は，一般市民を潜在的被害者ととらえ，ライフスタイルや日常生活において犯罪の機会に遭いにくくすること（犯罪被害のリスクを低下させること）で，実際に犯罪の被害に遭わないよう（危害が発生しないよう）予防することを目的としているといえよう。被害者学は，支援論だけでなく，対策論も主たる内容である。危害の結果（とくに，犯罪被害）は，完全な修復がめざされなければならないが，ただ多くの場合，被害前と同じ状態に戻すということが難しい（たとえば，特殊詐欺を例にして考えてみてほしい）。したがって，いかに危害の発生を予防するか（被害化を防止するか）が重要であり，危害の原因を探究することは，被害者学の最も重要なテーマのひとつなのである。

3 犯罪被害調査

一般市民を対象として，捜査機関に認知されていない犯罪被害（暗数）を含め，どのような犯罪が，実際どのくらい発生しているかといった実態を把握するために行なわれる量的な社会調査を，犯罪被害調査という。この調査では，犯罪被害者が被害後に置かれた状況，二次被害・三次被害（後述）の実態，潜在的被害者である一般市民の犯罪に対する不安感なども調査する。日本で近年行なわれた代表的な犯罪被害調査を紹介しよう。

■ 国際犯罪被害実態調査

国際犯罪被害実態調査は，全国から選んだ16歳以上の男女を対象として，警察などの公的機関に認知されていない犯罪が，いつ，どこで，どのような頻度で発生しているかについて，その実態を調査するものである。犯罪被害の国際比較を目的に，1989年から2005年までおおむね4年ごとに多数の国・地域

で標準化された質問紙を用いた調査が実施され，これまで78カ国・地域の30万人を超える人々が参加した（法務省法務総合研究所編 2019）。日本では，法務省法務総合研究所が，2000年にこのプロジェクトに参加して犯罪被害実態調査を実施した。その後，日本独自の実施も含めて，2012年までは4年おきに実施してきたが，7年ぶりとなる2019年に第5回調査を行った。

第5回調査（調査は，「安全・安心な社会づくりのための基礎調査」と題して行なわれた）では，層化二段無作為抽出法により全国から選んだ16歳以上の男女6000人を対象として，訪問調査員による聴き取り方式（なお，強制性交等，強制わいせつなどの性的事件については，調査対象者が自ら回答を記入する自計方式）で実施された（2019年1月〜2月実施）。この結果，①全犯罪の被害率が前回比10.5ポイント低下し，被害率が比較的高い自転車盗や自動車損壊も低下傾向にあること，②自動車損壊，不法侵入未遂，性的事件などでは，**被害申告率**（被害を捜査機関に申告した者の割合）が依然として3割を下回っていること，③日本の治安に関する認識については，過去3度の調査と比べ，「良い」とする者の比率が一貫して上昇し，「悪い」とする者の比率が一貫して低下している傾向が見られることなどが明らかになった（法務省法務総合研究所編 2019）。

■犯罪被害類型別継続調査

犯罪被害類型別継続調査は，被害類型別，被害者との関係別に，犯罪被害者（その家族などを含む）の置かれた状況について継続的な調査を実施し，時間の経過にともなう状況の変化を把握し，その要因を分析するものである。内閣府犯罪被害者等施策推進室が，2007年度から2009年度まで3年間継続して実施した。

たとえば，2009年度の調査の結果から，①犯罪被害者の精神健康状態は，時間の経過とともに少しずつ回復傾向が見られるものの，一般対象者に比べて相当深刻な状態にある人が多いこと，②事件によって被った危害から回復傾向にある犯罪被害者は，悪化傾向にある犯罪被害者に比べ，加害者の逮捕や刑事裁判を経験した割合が高く，他方で，悪化傾向にある犯罪被害者は，回復傾向にある犯罪被害者に比べ，加害者の釈放，示談金・賠償金の支払いなどを経験した割合が高いこと，③悪化傾向にある犯罪被害者は，事件後も関わり合いが続く機関や団体などから二次被害を受けていることなどが明らかになっている

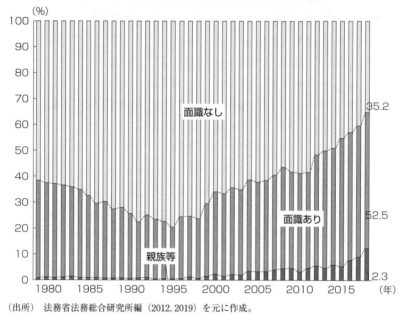

図 12 - 2　強制性交の被害者と被疑者の関係別構成比の推移

（出所）　法務省法務総合研究所編（2012, 2019）を元に作成。

（内閣府犯罪被害者等施策推進室　2010）。

■ 男女間における暴力に関する調査

　男女間における暴力に関する調査は，女性に対する暴力に関する国民の意識，被害の経験の態様，程度および被害の潜在化の程度，理由について把握し，被害者が必要としている援助の在り方を検討するために，1999 年度から 3 年おきに実施されているものである。夫婦間での暴力や暴言に対する DV の認識，配偶者や交際相手からの DV 被害の経験，異性から無理やりに性交された経験などについて調査されている。

　この調査は特に，強制性交（異性から無理やりに性交された経験）の暗数の大きさ（被害申告率の低さ）を示すものとして注目される。図 12 - 2 は，強制性交における検挙件数の被害者と被疑者の関係別構成比について，1979 年から2018 年まで経年変化を示したものである（法務省法務総合研究所編　2012, 2019）。2018 年に強制性交で捜査機関に検挙された事件の被害者・加害者関係を調べてみると，35.2％が面識のない者との間に生じており，面識のある者との間に

図 12-3　異性から無理やりに性交された経験のある者（女性のみ）と加害者との関係

(%)

凡例：
□ 無回答
▨ 面識なし
▩ 面識あり
■ 親族等

年度	親族等	面識あり	面識なし	無回答
2005	39.5	43.9	9.6	7.0
2008	35.8	39.0	13.8	11.4
2011	35.1	41.0	17.2	6.7
2014	28.2	59.8	11.1	0.9
2017	39.0	61.7	11.3	5.7

(M.T.=117.7)

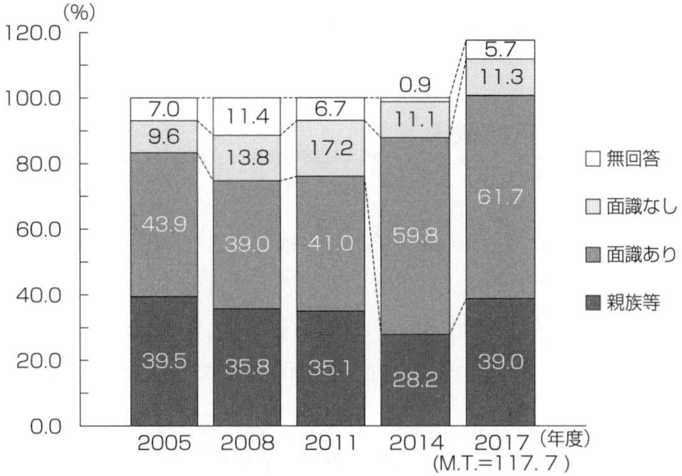

(注)　2017年度調査からは，質問の対象に性差をなくして「男性」も含むようになったが，本図ではそれ以前の調査結果との整合性をとるために「女性」に限定して計算した（なお，2017年度調査では，2人以上から被害にあった方については，すべての被害を回答する形になったため，回答数の合計が100.0％を超える）。補訂にあたり公式統計との比較をしやすくするために，データをもとに「よく知っている人」／「顔見知り程度の人」／「まったく知らない人」から，「親族等」／「面識あり」／「面識なし」に再構成した（「交際相手・元交際相手」は「面識あり」に含めた）。「無回答」に関しては，面識の有無に関するものと関係に関するものとを合算した。
(出所)　内閣府男女共同参画局（2006, 2009, 2012, 2015, 2018）を元に作成。

生じたものは 52.5％，親族等との間に生じたものは 12.3％であった。40 年間の経年変化を見ると，2012 年以降は，面識のある者や親族等からの被害の割合が上昇しているが，ただ，公式統計では，面識のない加害者からの被害である割合も比較的高い。

　しかし，男女間における暴力に関する調査では，それと異なる傾向を示す。図 12-3 は，異性から無理やりに性交された経験のある者（女性のみ）と加害者との関係を示したものである（内閣府男女共同参画局 2006, 2009, 2012, 2015, 2018）。5 度の調査結果に多少の違いはあるが，3 割から 4 割が「親族等」を挙げており，「面識なし」と回答したのは 1 割から 2 割弱にとどまっていることがわかる。

　このようなデータから推察されるのは，特に，親族等から無理やりに性交された場合には，捜査機関に被害を申告しない傾向があり，被害申告率が低いと

いうことである。潜在化する傾向のある性犯罪を顕在化させ，性犯罪被害者を
いかに保護するかが重要な課題であるといえよう。

4 二次被害・三次被害

　犯罪を引き起こした加害者との直接的あるいは間接的な作用によって引き起
こされて生じた危害の結果を一次被害という。危害の結果には，①生命，身体
などに対する侵害である身体的危害（PTSDなど精神的機能の障害を含む場合があ
る），②精神に対する侵害である精神的危害，③財産に対する侵害である物質
的危害がある。

　このうち，物質的危害については，危害原因に直接関係する侵害だけでなく，
財物の修理費用，医療費，休職や無職時の生活費，転居のための費用などの間
接的な危害も生ずる（United Nations Office for Drug Control and Crime Prevention
1999=2003）。また，これらは犯罪被害者本人だけでなく，その家族や周辺関係
者にも及ぶ。だが，被害者が被る危害は，一次被害だけにとどまらない。一次
被害の処理過程において引き起こされる被害もあることが明らかになっている。

■二次被害

　一次被害の処理過程において，刑事司法機関をはじめとする社会統制機関の
関係者，報道機関などをはじめとするインフォーマルな機関の関係者，被害者
の周辺関係者などとの関わりにより引き起こされる精神的かつ社会的な危害の
結果を二次被害という。これは，社会環境の対応によって引き起こされる危害
である。

　たとえば，裁判に参加する被害者に対して，被告人側の弁護人が執拗にその
落ち度を追及したり，報道関係者が取材で心ない質問をしたりすることは，二
次被害をもたらす。また，被害者の周辺で心ないうわさ話がなされることで，
二次被害が生ずる可能性もある。

　事件から時間が経過しても，加害者の関係者，刑事司法機関の職員，世間の
声（たとえば，インターネット掲示板への書き込みや無記名の投書）などによって，
実際に二次被害を受けていることが，犯罪被害類型別継続調査の結果から明ら

かになっている（内閣府犯罪被害者等施策推進室 2009）。

■三次被害

　また，三次被害もある。三次被害とは，一次被害あるいは二次被害のあとに，被害者自身の危機管理能力が低下することによって，憤怒，羞恥心，不信感，無力感，孤独感などの危機に対応できず，自己破壊的な状態に陥り，精神的不安定さが増幅することである。被害者は，ショックや許せない気持ちなどの悩みを抱えながら，誰にも相談できずに世間を恨んだりするが，こうした状況が長期化することによって，精神に変調をきたし，被害者自身が非社会的な存在になる場合がある（宮澤ほか編 1996）。これは，傷ついた被害者の自己破壊，被害者自身へ侵入する被害化といわれる。すべての被害者に三次被害が見られるわけでなく，被害の度合い，時間の長さ，危機の可視化の程度によって左右される（キルヒホッフ 2005）。

5　修復的司法プログラム

■修復的司法プログラムとは

　修復的司法プログラムとは，修復的手続を用いて，修復的結果の実現をめざすあらゆるプログラムのことである（United Nations Office on Drugs and Crime 2006）。修復的手続とは，ファシリテーター（後述）の援助を受けながら，被害者と加害者が中心となって双方のニーズに基づく紛争解決をしようとする当事者主体の能動的な手続きであり，その結果として成立した合意が修復的結果である。合意内容には，賠償，原状回復，社会奉仕などの対応やプログラムがある。これらは，被害者・加害者双方のニーズを満たし，双方が社会にふたたび統合されることを目的としたものと位置づけられる（柴田 2011a）。

　修復的司法プログラムには，主として，被害者・加害者メディエーション（victim-offender mediation），家族集団カンファレンス（family group conferencing），量刑サークル（circle sentencing）などの基本形態がある。これらは，プログラムの参加者や実施方法，付託する司法段階・機関，背景となる文化などに相違がある（表12-1）が，次のような点で共通する（図12-4）。

表 12-1　修復的司法プログラムの基本形態

	被害者・加害者メディエーション（被害者・加害者調停）	家族集団カンファレンス（コミュニティカンファレンス）	量刑サークル
プログラムの参加者	被害者，加害者（場合により，友人や支援者も参加することができる）	被害者，加害者，友人，家族警察官，検察官など（犯罪被害の修復に関係する場合には，地域住民も参加することができる）	被害者，加害者，家族，警察官，検察官，裁判官，被告弁護人，地域住民など
プログラムの調整・進行	メディエーター（ファシリテーター）	ファシリテーター	コミュニティ司法委員会（Community Justice Committee）の委員
プログラムの実施方法	被害者と加害者の直接的な対面・間接的な対面（ファシリテーターが被害者や加害者と別々に対面する）	参加者の直接的な対面	参加者の直接的な対面
付託する司法段階	あらゆる段階（起訴前，起訴後／公判前，刑の宣告手続前，刑の執行段階）	起訴前，起訴後／公判前	刑の宣告手続前
付託する司法機関	警察，検察官，裁判所，プロベーションオフィサー	警察，裁判所	裁判所
背景にある文化	さまざまな国の伝統	マオリ族（ニュージーランド先住民）の伝統	ファースト・ネーション（カナダ先住民）の伝統

（出所）　United Nations Office on Drugs and Crime（2006）を元に作成。

　まず，基本構造の中心には，被害者と加害者が存在する。被害者と加害者が中心となって双方のニーズに基づいて，主体的かつ能動的に犯罪解決を図っていく。もっとも，修復的司法プログラムにはファシリテーターが必要不可欠である。ファシリテーターとは，公正で偏りのない方法によって，修復的手続における当事者（被害者，加害者，犯罪による影響を受けたその他の者など）の参加を促進する役割を担う者のことである。ファシリテーターは，修復的司法プログラムの進行や被害者・加害者間の調整，被害回復の支援に関する被害者側の支援者の事前調整，被害弁償の手助けや改善更生・社会復帰の支援に関する加害者側の支援者の事前調整，また合意内容の履行に関するフォローアップなどの一連の過程をコーディネートする。ファシリテーターの能力は，プログラムの成否に関わってくる。

　また，被害者と加害者にはそれぞれ，支援者（たとえば，家族や親族のほか，親身に相談に乗ってくれたりする友人，知人，学校の先生など）が付き，プログラムにも参加することができる。被害者の支援者は，被害者の相談に乗ったり，被害回復の支援を行なう存在として，他方で，加害者の支援者は，被害弁償の手

図 12-4　修復的司法プログラムの共通構造

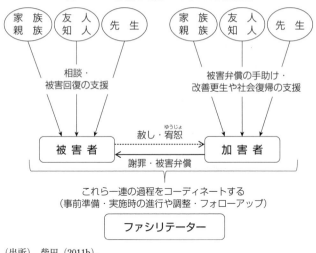

（出所）　柴田（2011b）。

助け（あるいは後押し）をしたり，改善更生や社会復帰の支援を行なう存在とし
て重要な役割を果たす。

■ 修復的司法プログラムが従来の刑事・少年司法システムにもたらすもの

　修復的司法というものの考え方には，その理論史をさかのぼると，従来の刑
事・少年司法システムを「応報的司法」[用] と特徴づけ，それと対置することで概
念が確立したという背景がある（Zehr［1990］1995＝2003）。それにより，従来の
システムを修復的司法プログラムにより代替する考え方までも理論的に包含さ
れることとなった。

　しかし，刑事・少年司法システムを修復的司法プログラムで置き換えること
は，現実的に不可能である。その理由は，ひとつには，加害者が罪責を否認し
た場合，修復的司法プログラムを活用できないゆえ，すべての事案で修復的司
法プログラムによる犯罪解決が期待できないからである。修復的司法プログラ
ムでは，被害者のニーズに基づく償い，加害者のニーズに基礎づけられた責任
の引き受けがなされる。謝罪や被害弁償はいずれも，犯罪事実に関する責任を
加害者が自ら引き受けることによってなされるものであるから（やってもいな
いことに謝罪したり，被害弁償したりすることはできないのであるから），犯罪事実に

ついて加害者が争う場合には，修復的司法プログラムを実施することができない。

2つには，実際に刑務所や少年院で修復的司法プログラムが実施されるなど，既存の刑事・少年司法システムによる犯罪解決か修復的司法プログラムによる犯罪解決かという択一的な選択や見方が，もはやできなくなっているからである。理念に基づくモデルは二項対立的にとらえることができても，実際には両者が互いに補完しあうことでシステムが成り立つのである（高橋 2003; 柴田 2007）。

修復的司法プログラムが既存の刑事・少年司法システムに導入されれば，危害の修復のための被害者の選択肢が多様化し，市民による社会的支援も促進されるものと考えられる。修復的司法プログラムは，被害者支援とも親和的であり，両者が連動することにより，被害者が危害の修復を目的としたニーズを追求することがこれまでよりも可能となる（柴田 2007）。日本では現在のところ，制度的な導入がなされていないが，司法改革のひとつとして，本格的に導入が検討されるべきであろう。

考えてみよう！　　　　　　　　*Thinking and Discussion*

🔍 犯罪の被害が生じた場合，被害前と同じ状態に戻すということは難しい。このように考えるならば，犯罪被害に遭わないようにすること（犯罪被害の予防）が，被害者学にあたえられた最も重要な役割ではないかとも考えられる。そこで犯罪被害の予防という観点から，これまでの被害者学理論をどのように評価することができるのかを考えてみよう。

🔍 犯罪被害の実態を知るには，犯罪の公式統計や白書とともに，犯罪被害調査が必要不可欠である。犯罪被害調査にどのような役割が期待できるのかについて，これまで行なわれた犯罪被害調査から明らかになったことを例に挙げながら，考えてみよう。

🔍 これまでの刑事裁判や少年審判とは異なる新たな司法制度として，諸外国で導入されている修復的司法プログラムはどのような制度であるか，調べてみよう。

Book Guide

▶ハワード・ゼア編『犯罪被害の体験をこえて──生きる意味の再発見』（西村春夫ほか監訳）現代人文社，2006年。

▶ハワード・ゼア編『終身刑を生きる──自己との対話』（西村春夫ほか監訳）現代人文社，2006年。

　前者（原著は2001年刊）は，修復的司法論の祖であるゼアが，42名の犯罪被害者に対して行なったインタビューと，彼が撮影した写真が収録されたものである（うち，3組が夫婦でインタビューを行なっているため，39のインタビューを収録）。後者（原著は1996年刊）は，終身刑受刑者58名に対して行なったインタビューと，著者が撮影した写真が収録されたものである。これらをあわせて読むことをおすすめしたい。

▶坂上香『癒しと和解への旅──犯罪被害者と死刑囚の家族たち』岩波書店，1999年。

　本書は，テレビ・ドキュメンタリー・ディレクターであった坂上が，アメリカ合衆国で行なわれている殺人事件被害者の遺族と死刑囚の家族がいっしょに旅をしながら死刑廃止を訴えるという活動（ジャーニー・オブ・ホープ）に密着して，参加者に丹念なインタビューをして書き上げたルポタージュである。各地の大学図書館に所蔵されている。

▶鮎川潤『再検証 犯罪被害者とその支援──私たちはもう泣かない。』昭和堂，2010年。

　マス・メディアによく取り上げられる犯罪被害者の遺族がいる一方で，ほとんど取り上げられることのない犯罪被害者の遺族もいる。本書は，後者のような遺族の行為や生活に着目し，その考え方に耳を傾け，犯罪被害者に対する支援のあり方を考えるものである。犯罪社会学者による犯罪被害者の研究論文が，比較的読みやすい形で提供されており，初学者にもおすすめできる良書である。

　批判的被害者学には諸説あるが，概して，貧困，栄養不良，ホームレス，家族の機能不全，慢性的かつ構造的な失業，薬物濫用など，日常生活を損なう根本的な不平等さに着目し，社会システムに存在する搾取的・抑圧的な関係から生じる危害を「被害」ととらえる（Karmen 2007）。たとえば，公害を生み出す企業，詐欺的な広告主，法執行機関の暴力，差別的な制度などによる危害がそれにあたる。したがって，批判的被害者学が想定する「被害者」というのは，違法行為（犯罪や不法行為など）によって権利利益の侵害を被った特定の個人ではなく，工場労働者，マイノリティ，消費者，近隣住民などの集団を指す。

　マイアーズ（D. Miers）は，象徴的相互作用論の観点から批判的被害者学を構想し，「誰にラベルを貼る権限があって，その決定にはどのようなことが考慮されているのか」を主な関心事とする（Miers 1990）。「被害者」という概念は，人々との社会的相互作用のなかから生じるものであって，その意味は加工され，修正を受けて発展していくものととらえる。「理想的な被害者（ideal victim）」（完全に責任のない被害者）像は，日々の解釈や社会の理解によって示されると指摘する。

　モービー（R. I. Mawby）とウォークレイト（S. Walklate）は，フェミニズムに影響を受けた批判的被害者学を提案する（Mawby and Walklate 1994）。フェミニズムは，そもそも被害者学に直接関連しているわけではないが，強姦，セクシャルハラスメント，ドメスティックバイオレンス（DV），児童虐待など，これまでまったく目を向けられてこなかった問題に着目し，被害者が存在することを明らかにした。フェミニズムは，近代的核家族や社会の男女関係のなかになお存在する男性優位主義の構造（家父長制）の問題性に着目し，社会階層，人種，ジェンダー（社会的・文化的に形成された性差・性別）などによる社会的な抑圧関係から生じる危害の過程や，それがパターン化されている実情を指摘してきたのである。

　批判的被害者学が意味するものは，被害の実情や被害者像を歴史的・文化的な文脈からとらえ直すことの必要性や重要性である。「被害者」や「被害化」という概念は，その定義自体が論争的である。すなわち，各時代や，その時代の人々の理解によって，その意味が変遷することから，普遍的なものとはいいがたい。批判的被害者学は，これまでアノミー論や非行サブカルチャー論が提起してきたような固定化された社会構造に起因する犯罪（加害）という視点から視座の転換を図り，固定化された社会構造から生じる危害やそれを被る人々（構造化されている被害）に注目することの意義を示唆しているのである。

第13章

「安全・安心」化とその増幅循環
不安と排除の現代社会論

🔍 **KEY WORDS**　▶治安悪化神話　▶液状近代　▶管理社会
　　　　　　　　　　▶排除社会　▶「コミュニティ」

　現代の日本社会では「安全・安心」という標語をあちこちで確認することができる。環境や食品の汚染，学校の荒廃，新種のウィルスの流行，インターネット世界の無秩序など，関連する現象は枚挙にいとまがない。

　こうした「事件」が取り上げられるたびに，「安全・安心」という言葉は持ち出され，それを契機に厳正な対処の必要性が叫ばれてきた。時にそうした「事件」の当事者や管理者に苛烈な批判が加えられ，従来の慣行からすれば過大な罰が与えられることも少なくない。「安全・安心」という言葉は，その使用を通して，私たちの生活が実は何かによって脅かされており，緊急の対策が必要だという一連の認識と行動を喚起する機能をもっているかのようだ。

　こうした機能を象徴するのが監視カメラである。犯罪や非行に関わるショッキングな映像がテレビを通して繰り返し流れ，それを契機に人々が「安全・安心」

について語り始める。さらにそのことが各地における防犯対策につながるという過程は，近年ではごく日常的に確認できるものだからだ。映画『LOOK』（2008 年公開）では，日常世界に散在する監視カメラがさまざまな人々の生活の表裏を切り取るとともに，その映像が再び日常世界に影響を与えるという一種の循環の過程が表現される。

　それでは，こうした循環を引き起こす社会の「安全・安心」化はなぜ進展するのだろうか。本章では，これまでの章で取り上げた理論に加えて，ここで初めて登場するさまざまな説明の枠組みにも触れながらこの問いを検討してみたい。

1　社会の「安全・安心」化と犯罪の増加論

　本章の冒頭で示した通り，「安全・安心」という言葉は実にさまざまな現象と関わるが，犯罪や非行との関係はとくに密接である。というのも，「安全・安心」という標語が社会的に広まるきっかけのひとつは，1990 年代からの「従来は考えられなかった」犯罪や非行にあったと言えるからだ。学校や塾，地域社会を舞台として，「キレる」13 歳や 17 歳の子どもが加害者に，その同級生や幼い子どもが被害者になる事件の後で，「安全・安心」は頻繁に用いられてきたのである。

　そして，こうした「安全・安心」と犯罪・非行の関係性を下支えしたのが犯罪認知件数の増加論である。第 3 章で詳述したが，犯罪認知件数は 1990 年代末から急増し，2002 年に戦後最多に達した。これを論拠として，「従来は考えられなかった」事件と「安全・安心」という言葉を結びつける説明が 2000 年代の日本社会では広がったのである。犯罪や非行の継続的な増加が人々を不安におとしいれ，その代表例とも言える突発的な凶悪犯罪や理解不能な非行の発生をきっかけに，各地で対策が始まるという説明がその典型例である。

　しかし，やはり第 3 章で述べた通り，この時期の犯罪認知件数の変化を額面通りに受け取る研究者は少ない。犯罪認知件数のあまりにも急速な増加は，実数の変化以外の要因が大きく影響を及ぼしたとみなす方が妥当だからだ。

　もちろん，こうした説明にさらに批判を加えることも不可能ではない。犯罪認知件数の変化がそのまま実数の変化を表さないとしても，いくらかは実数の

増加を反映しているという批判もたしかに存在する。その点で，犯罪増加の有無に関する論争はこれからも続くだろう。

　しかし，こうした批判の内容が表すように，やはり数値ほど急激に犯罪が増加したと単純に解釈するのは容易ではない。また，2000年代の中頃から犯罪認知件数が急減しても，なお「安全・安心」という言葉に社会的な関心が集まる現状を鑑みれば，単純な犯罪の増加論だけで社会の「安全・安心」化を説明し尽くせるとは言いがたいだろう。

　それでは，なぜこれほどまでに現代社会は，犯罪や非行を過度に恐れ，「安全・安心」という言葉に着目し続けてきたのか。この問いに対して，犯罪と非行の社会学は，犯罪の増加論以外にもいくつかの答えを示してきた。本章ではそれらを概観していこう。

2　「犯罪不安」の構築

■意味の現実化

　まず，認知件数や実数の有無に関する上記のような論争を迂回して，人々がいかに「犯罪不安」という現象を作り上げたかに着目する説明がある。

　すでに第10章で明らかにしたように，犯罪や非行は逸脱的な行為が実際に存在したか否かにかかわらず，それを受け取る側の**意味づけや状況の定義**によって成立することがある。いわば，通常は行為の担い手がその意味を産出し，それを受け手に伝えるというモデルが想定されるのに対して，ここでは因果が逆転し，受け手の解釈が担い手による行為の意味を（あるいはその行為の存在も含めて）決定してしまうということだ。

　「犯罪不安」に関しても同様の論理から分析することができる。犯罪増加の有無にかかわらず，人々の作り出す意味や定義が「犯罪不安」を現実のものにするという事態は十分に起こりうるからだ。

　関連するデータとして，社会安全研究財団（現・日工組社会安全財団）による「犯罪に対する不安感等に関する世論調査」を取り上げてみよう（社会安全研究財団 2002, 2005）。2002年と2005年の調査では，日本全体における犯罪に対する不安感と居住地域における不安感について質問しているが，結果を見るとそ

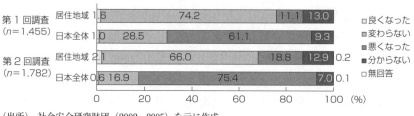

図 13-1　犯罪に対する不安感の比較

| | | | 良くなった | 変わらない | 悪くなった | 分からない | 無回答 |

第1回調査
(n=1,455)
居住地域　1.6　　74.2　　　11.1　13.0
日本全体　1.0　28.5　　　　61.1　　　9.3

第2回調査
(n=1,782)
居住地域　2.1　　66.0　　　18.8　12.9　0.2
日本全体　0.6　16.9　　　　75.4　　　7.0　0.1

0　　20　　40　　60　　80　　100　(%)

凡例：
□ 良くなった
■ 変わらない
■ 悪くなった
■ 分からない
□ 無回答

（出所）　社会安全研究財団（2002, 2005）を元に作成。

れらがまったく一致しないことがわかる（図13-1）。回答者は日本全体では治安が悪くなっていると考えながら，居住地ではそうでもないと感じている。このように，身の周りで実際に治安の悪化を感じるか否かにかかわらず，治安の悪化を現実視することはたしかにありうる。

　こうしたことは更生保護の実務に関わる人々にすら起こる。浜井は次のような印象的な会話を紹介している。

　　県下の受刑者が一度はすべて集まる首都圏の特大刑務所の刑務官，現場にいる彼らでさえ私にこう話していた。
　　「最近いやな事件が多いですね，日本はどうにかなってるんですかね」
　　「目の前の受刑者を見ていて，そう思う？」（……）
　　「あっそうですね，そういえば，年寄りと病人や外国人ばかりで，おかしいですね」（浜井・芹沢 2006: 7-8〈……は筆者による省略〉）

　同じ受刑者を見ていながら，この刑務官は2つの現実の間を瞬時に移動した。人々は面前で起こっていることすらも，自らの解釈の枠組みに引き寄せて理解してしまうことがある。そのことをこの挿話はよく表している。

■ 活動と発言の連鎖

　別の著作において，浜井（2011）は現代の日本で「治安悪化神話」が構築される過程を考察している。その際に浜井が援用するのが，ベスト（J. Best）の「鉄の四重奏」（iron quadrangle「鉄の四角形」）である（Best 1999）。
　鉄の四重奏とは，マス・メディア，活動家（市民団体や業界団体など），行政，

専門家の相互連関のことを指す。ベストはこの4つのセクターが絡まり合うことで「犯罪不安」が社会的な現実として固定され，この現実を基盤とした制度が設けられる（それがまた「犯罪不安」の存在を事実化する）過程を描き出した。浜井はこの枠組みを日本に応用し，4つのセクターの活動と発言が連鎖して「犯罪不安」が構築されたと分析する。

まず浜井は，1985年以降の犯罪事件報道から，犯罪の実態以上にマス・メディアが「犯罪の凶悪化」を取り上げてきたことを確認し，同時に1990年代に始まる市民団体，行政，専門家による被害者支援の動向に着目する。マス・メディアによって広められた「犯罪の凶悪化」という言葉は，被害者や遺族を支援する市民団体の活動と，それが求める罰則強化という要望を支え，またそれに応じる行政や政治家，被害者支援に関わる専門家が提示する証拠によって後押しされ，最終的には法律の改正が実現したのである。

さらに，この被害者支援の過程はひるがえって，マス・メディアのなかで「犯罪の凶悪化」報道が増加した理由の一端も明らかにする。被害者の声が大きくなることで，マス・メディアの事件報道にも被害者の視点に立つ情報の割合が増え，それが事件の凶悪性の側面を強調することになるからだ。また，事件の風化を恐れる支援団体の声によって，関連する情報が継続的に報道されるというのも，「犯罪の凶悪化」報道が増加する理由のひとつとなった。

このように，異なる動機をもつ4つのセクターの非連続的な連鎖によって，「治安悪化神話」が成立したのだと浜井は指摘する。

ここで重要なのは，マス・メディアの記事や報道，被害者・遺族・支援団体の語りや要望，議会における官僚の答弁や政治家の発言，専門家の提示する証拠，さらには改正された法律の条文などを通して，「犯罪不安」が成立する過程は言葉（書かれたもの，発話・表明され残されたもの）の連鎖として具体的に検証できるということだ。浜井はベストの枠組みを援用し，上記の過程を試験的に考察しているが，豊富に残る言葉を手がかりにして，それらがいかに接続されたのかを綿密に分析することも可能だろう。

こうした分析に際して，ベストが再構成した「社会問題の自然史モデル」は，有効な手がかりとなる（Best 2008）。ベストによれば，さまざまな社会問題が成立する過程を整理すると，それらはおおよそ6つの段階に分かれる。クレイム申し立て（第10章参照），メディア報道（第5章参照），大衆の反応，政策の

形成，社会問題ワーク（social problem work），政策の影響の6つがそれで，これらはもちろん時系列順に進展することもあるし，ときに各段階における発言や活動が相互に影響を与え合いながら，同時に進展したり，逆転したりすることもある。

　浜井の分析を振り返ると，おおよそこのモデルが当てはまるように思える。支援団体による被害者擁護というクレイム申し立てが，メディア報道に影響を与えながら「犯罪の凶悪化」という言葉を社会的に広め，それが「犯罪不安」という大衆の反応と行政による施策の実施を促したととらえることができるからだ。

　たとえば，内閣府による「治安に関する世論調査」を確認すると，こうした連鎖の一端を垣間見ることができる（図13-2）。この調査からは，回答者の95％以上がテレビ・ラジオを，80％以上が新聞を通して「犯罪不安」を実感したことがわかる（内閣府 2004，2006）。また，メディア報道に支えられたクレイム申し立ては，永山事件以降くすぶり続けていた少年法の改正という政策の形成や実施につながり，それ以降もさらなる改正を求める意見がメディア報道において提示され続けたという経緯も周知の通りだろう。

　事実化した「犯罪不安」は，その後の私たちの日常生活にも大きな影響を与えている。たとえば，防犯装置の普及がそのひとつの例だ。一部の学校では，子どもが特定の地点を通過するとランドセルに付けたICタグが反応し，家で待つ親にメールが配信されるシステムが構築され，また総合的学習の時間には不審者に出会ったときの適切な防犯ブザーの使い方を学ぶ実習が行なわれている。

　こうした装置の普及と並行して，住民やボランティアによる自主的な防犯活動も活発になった。PTAの保護者が自転車の前かごに「監視中」や「見守り隊」という表示をつける活動や，登下校時の通学路の警備，自治会などが中心となった防犯パトロールがその代表例だろう。住民以外にも防犯ボランティアによる繁華街の巡回や，住民と行政が協力する禁煙条例，街路の浄化運動などの活動も確認できる。こうした活動を行なう民間の防犯団体の数は，警察庁が確認するだけでも，2012年末に全国で4万6673団体に達しており，2003年の3056団体から約15倍も増加している（警察庁 2013）。

　さらに，装置の増加と活動の推進を支える知識も同時に広まった。2002年

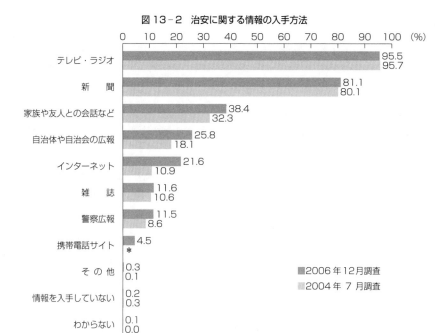

図13-2 治安に関する情報の入手方法

	2006年12月調査	2004年7月調査
テレビ・ラジオ	95.5	95.7
新聞	81.1	80.1
家族や友人との会話など	38.4	32.3
自治体や自治会の広報	25.8	18.1
インターネット	21.6	10.9
雑誌	11.6	10.6
警察広報	11.5	8.6
携帯電話サイト	4.5	＊
その他	0.3	0.1
情報を入手していない	0.2	0.3
わからない	0.1	0.0

(注) ＊は，調査がなされていない項目。
(出所) 内閣府（2004, 2006）を元に作成。

の『警察白書』では「割れ窓理論」に基づいた防犯活動が推奨され，以後はその普及が図られた。第6章で明らかにした通り，この理論はある場所で軽微な事犯を放置すると，さらなる犯罪の発生やその悪化を招く可能性が高くなると想定し，コミュニティによる日常的な監視の必要性を強調する（警察庁編 2002: 86）。

　このように，現在に続くさまざまな動向がいかなる過程を経て成立したかを跡付けるという意味でも，人々が「犯罪不安」を構築するという観点はひとつの有効な説明となりそうだ。

3 近代社会の深化

■ 不確実性と瞬間的な共同体

　ほかにも「安全・安心」化を，社会の質的な変容のなかに位置づけて説明する方法がある。

　バウマン（Z. Bauman）は，「液状近代（liquid modernity）」と「固体近代（solid modernity）」の対比から，こうした社会の変容をわかりやすく描写した（Bauman 2000=2001）。固体近代とは，従来型の近代社会を表す概念である。これは前近代社会と比べれば，社会移動や選択の自由が確保された点で大きな変化があったとはいえ，まだまだ個人が比較的固定的な組織や共同体との結びつきを保つような社会である。こうした社会の代表的な産物は，巨大な年功序列型官僚組織や，制度化され一生続く異性愛などである。

　それに対して液状近代とは，従来は「壊れない」と考えられていたものが次々と流動的になっていくような社会を指す。雇用や賃金に関する慣行の自由化や，収益に合わせて移動し，そのつど内部構成を変える柔軟な組織，あるいは多様な性役割や相互の愛情次第でいつでも解消されうるパートナーシップがその代表例である。こうした流動的な近代社会では，ひとつの組織や共同体のなかで一定の役割を取得しながら成長するといった社会的な主体はもはや必要とされず，むしろどのような選択でも自らの趣向で判断するような，むき出しの個人が人間像の中心となる。

　ただし，社会的な流動性の増大は，飛躍的に拡大する自由を個人に与えると同時に，選択の重荷を背負わせるという側面も持ちあわせている。従来の比較的固定した組織や関係性によって担保されていた安心感は消失し，自分が何者であるかを証明するために，個人は常に多様な諸基準から選択を続けるという不確実な日常を生き抜かなければならない。そのために液状化する近代社会では，個人がこの不確実性をどのように処理するかという問題が浮上する。

　バウマンによれば，この不確実性を一時的に処理する方法が，スケープゴートの創出である。大きな事件やスキャンダルを起こした「犯人」は，それを目撃するほとんどの個人にとって，自分とは異なる存在だと切り離して考えられ

る「他者」であり，こうした「他者」を観察する立場に身を置くことで，点在する個人は瞬間的にひとつの共同体を形成できる。

　この際，とりわけスケープゴートとして指定されやすいのは，「他者」として切り離しやすい社会的な少数者，すなわち貧困層や差別の対象者，あるいは移民や「犯罪者」などである。

　この機制の創出を，バウマンはコートを預ける「クローク」にたとえた。スケープゴートによって不安を瞬間的に棚上げする共同体は，コートを一時的に預けるクロークのようなものであり，その騒ぎがさめてしまえば，すぐに不要になるからだ。このように，社会的な流動性の増大を背景にして，瞬間的に凝集・散逸する共同体のことを「クローク型共同体」と呼ぶ。あるいは，この機制を祭りにたとえて「カーニバル型共同体」と呼ぶ。

　現代における不安の滞留，また犯罪や非行に対する急速な関心の高まりとその急激な沈静化という現象は，この枠組みを通してある程度理解することができる。「犯罪不安」もそれ自体が自立して存在するというよりは，社会的な不安のひとつの様式であり，犯罪や非行の発生から遡及して構成されるものと考えられるかもしれない。

■ 自由な管理と監視技術

　これに対して，ライアン（D. Lyon）は近代社会の深化が瞬間的な集合行動を発生させることよりも，断続的な監視技術の普及を要請する点に着目した（Lyon 2001=2002）。

　実際に，現代社会では新たな監視技術が急速に広がっている。たとえば，監視カメラは従来，金融機関などで限定的に設置されていたが，今や公共空間も含めたありとあらゆる場所に遍在する。また，生体認証による本人確認はさまざまな機関でごく日常的なものになっている。あるいは，街全体を高い壁で囲ってしまうゲーティッド・コミュニティも，建築設計により防犯性や監視性を高めることから，こうした技術に含めることができる。

　ライアンによれば，このような現代の監視技術には，予防を重視するという共通の特徴がある。「防犯カメラ」という名称が示す通り，それは空間に視線を確保することで犯罪・非行の発生を予防する目的がある。また，生体認証による鍵の開閉も，特定の領域への侵入を事前に制限するという意味で予防的な

措置だとみなすことができる。もちろん，街に入ること自体を制御するゲーティッド・コミュニティは典型的な予防の技術ということになる。

　こうした監視技術の特徴は，従来の監視とは大きく異なるものである。というのも，以前の監視はオーウェル（G. Orwell）の小説『1984年』の「テレスクリーン」のように，全体主義国家による市民の統制，あるいはフーコー（M. Foucault）のパノプティコンのように，個人を社会の中心的な価値に適応させることが主要な内容であり，いずれも人間の自由に制限をかけるものだったからだ（**Column 13** 参照）。

　それに対して，現代の監視技術は人々の自由をそれほど制限しないように思える。監視カメラは，たとえその視線がいくらか気になるとしても，街路を通行する自由を制限することはないし，生体認証はその判定作業自体に本人が気づかないかもしれない。また，ゲーティッド・コミュニティは一定の手続きさえ行なえば出入りが可能になる場合もあり，決して絶対的な統制が行なわれているわけではない。

　ただし，だからといって新たな監視技術がまったく自由の制限に関わらないというわけでもない。実のところそれは，人間の行為の選択肢を事前に奪うという点で秩序の安定化に寄与しているからだ。つまり「防犯カメラ」の視線は，ささいな逸脱くらいは許容されるという意識の表出を抑止するし，生体認証やゲーティッド・コミュニティは特定の領域に対する可視性を遮断し，個人がその領域に接近するという意思をもつ前に物理的に制限をかけてしまう。新たな監視技術はこうした意識の一歩手前の段階を制御することで，主観的な自由を損なうことなく，秩序の「中立的」な管理に成功している。

　第6章で取り上げた環境犯罪学の論理は，まさにこうした予防的措置に力点を置いたものだった。コミュニティによるパトロールは，地域に監視性を確保することで，通行人にささいな逸脱を行なわせないという抑止の機能をもっていたのである。このような管理の手法は，現代では随所で確認することができる。遠くからでも見通しのきくように下草が取り払われた公園や，座席を個別化した電車のシートはそうした例のひとつだろう。それらはいずれも逸脱や犯罪・非行を未然に防止する点で共通の機能をもつ。そのために，新たな監視技術の普及と環境犯罪学的な知識と活動の広がりは，同じ社会的な変化に根差した現象だととらえられている。

そして，こうした現象の背景になったと考えられるのが，現代における個人化の進展である。もちろん，個人化は近代社会とともに成立したが，現代ではさらにその重要性が高まり，社会の基盤をなす前提のひとつとしての地位を確保している。だが，そのことは逆に，個人間の自由の衝突をいかに回避するのかという問題を徐々に露呈させてきた。

　こうした流れは「規律社会」から「管理社会」➡用への変化として整理される。規律社会とは固体近代のように，主に従来型の近代社会のことを指し，その社会は中心的な価値を人間が自ら内面化することで維持される。よりフーコー自身の論旨に寄り添えば，一定の身体の構成を通して作動する権力とそれからなる社会とでも言えるかもしれない。

　典型的には，工場における労働，公的な学校制度，病院での入院治療がそれにあたる。それぞれの閉鎖施設では，中心的な価値や役割をどれだけ取得できるかが地位や待遇の改善と密接に関係する。そのために，一元的な価値を頂点としたヒエラルキー的な秩序が成立しやすかった。

　それに対して，現代社会では，従来以上に個人が自由であることに大きな意義が認められている。雇用の柔軟化，生涯教育，在宅治療という現象が表す通り，この社会では従来の中心的な価値がもつ束縛の側面（終身雇用や年功序列，学歴主義，施設収容）が批判の対象となり，その解体が進んでいったのである。

　ただし，そうした開放性は単純な自由の拡大を意味しない。ときに一方の自由の拡大は，他方における自由と衝突してしまうからだ。極端な例かもしれないが，受刑者の更生のための地域包摂というリベラルな措置は，地域住民が安心して暮らす自由と衝突してしまうことがある。このときに，いかに各人の自由の拡大を阻害せずに社会における共存を可能にするかという問いが浮上する。

　もちろん，そこで旧来の伝統や社会的に共有された価値を持ち出すことは難しい。個人化が進む現代においては，あくまで個人の自由が強調されるため，それを押さえつけ従わせるような上位概念は選好されない。いわば，現代社会で要請されるのは，従来の伝統や価値のような規範性をもたず，それでいて個人間の衝突を回避してくれるような「中立的」な秩序維持の手法なのである。

　そして，これに最もよくあてはまるのが監視技術だった。監視技術は逸脱行為に対する予防的なリスク管理を実現するものであり，主観的な自由を損なうことなく，開放性の高い社会でも秩序を成立させることができる。雇用の柔軟

化，生涯教育，在宅治療はそのただ中で生きる個人の意識とは関係なく，通信手段や環境の整備によってその行為を監視・制御できてしまう。東はこうした主観的な自由を担保しながら作動する物理的な管理のことを「アーキテクチャ」と呼んだ（東 2002-2003）。

この枠組みにしたがえば，近代社会はその深化により，自由と管理を共存させる仕組みを配備しつつあり，そうした社会の変化に合わせて，「安全・安心」という標語や監視技術，あるいは環境犯罪学的な知識と活動は広がってきたとみなすことができる。

以上のように，近代社会の変化を取り上げる議論は，いずれも個人の自由の発達が逆説的に過剰な不確実性を生み出すために，それを制御する機制が要請されるという枠組みを提示する。それにより，さまざまな現象の発生と社会の深層的な変化を関連づけて，現代における「安全・安心」化が成立する仕組みを説明することができる。

4 排除社会と空間の分断

■ 新自由主義と下層の廃棄

近代社会の深化に着目する説明と同様に，社会の質的変化が「安全・安心」化を引き起こすという枠組みを用いながら，その変化の主要因を社会的な不平等の拡大に求める説明もある。それが「排除社会論^{→用}」である。その特徴は，現代社会の変容をより具体的な政治経済構造や，それに付随する都市や空間の変容として検討した点にある。

たとえば酒井は，福祉国家の衰退にともなう社会の自己責任化という論点から排除社会の成立を説明する（酒井 2001）。酒井によれば，20 世紀後半の先進国においては，2 つの過程が同時に進行した。政治領域においては行財政改革の必要性から福祉予算の削減が始まり，それと同時に経済領域では生産の効率化のために労働の非正規化が進んだのである。

大生産拠点における集約的な生産が中心だった時代には，複数の作業工程に精通した熟練労働者が必要とされたが，生産過程がより柔軟で即時性を求められるポスト・フォーディズム的な生産様式が主流になると，断片的で単純な労働

を短期で担う非正規の労働者が世界各地で求められるようになった。この労働環境の変化は，当然賃金や消費の能力にも広く影響を及ぼすために，階級の上下差は急速に拡大することとなった。

　日本においてこの傾向が加速したのは1990年代以降だと言ってもいいだろう。この時期から急増した非正規雇用の労働者は，断片的な作業にしか従事せず，したがって取り換えがきく存在であるとみなされた。そのために，従来の熟練労働者のように長期の作業に耐えられるよう規律を内面化させる必要がない。こうして教育や福祉などの社会的な包摂に関わる施策は徐々に市場の論理に侵食された。社会的なコストを考慮すれば，規範から逸脱するような者は更生の対象ではなく，ただ廃棄すればいい存在だとみなされるようになったのである。こうして一度下層に組み込まれた市民は社会に再統合される機会をしだいに失うことになった。

　またそのことは，同時に成立する新自由主義的な言説によって補強された。効率を重視し，あらゆる現象を個人の選択の問題に還元していく新自由主義の^{➡用}言説は，「改革」や「時代にそぐわない」という名目の下に再分配の制度を撤廃し，規制緩和の利点だけを強調することで，労働の非正規雇用化を「自由な選択の結果」という自己責任の問題に還元したのである。こうして非正規雇用の不安定性にさいなまれ続けながら，それを自らの努力不足と理解してしまうような新たな貧困層，すなわち「アンダークラス」が誕生した。

　新たな貧困層が成立することも大きな問題だが，本章の論点にとって重要なのは，この層の成立がそれ以外の層との間に新たな「境界」を作り出すことにある。こうした境界が成立するのは，上層から見れば，貧困層が二重の意味で社会的なリスクであるからだ。

　まず新自由主義の言説は，貧困層を豊富にあるはずの選択肢や機会を生かす能力をもたないだけでなく，再分配という名目で税金をかすめ取る厄介者であるとみなす。そのために貧困層は，社会に貢献しない単純に無益な存在と理解されてしまう。

　さらに，こうした言説は生活保護の不正受給や貧困層による犯罪・非行を引き金に別の論点を浮かび上がらせる。貧困層が引き起こす事件は，そうした人々が自らの行ないを省みることもなく，自己の責任を社会に転嫁しがちであり，いつどこで再び暴発するかわからないという不安を流布させてしまうのだ。

それにより上層は，もはや貧困層を同じ社会を構成する「意味ある他者」とはみなさず，ただ自らの生活領域から排除すべき存在だと考え始める。こうして，犯罪・非行を引き起こす可能性が高い集団を自らの生活領域から隔離し，リスクを最小化するための監視や環境の管理が，「安全・安心」を叫ぶ地域社会や個人の手によって実行されることになる。その例が，地域全体を高い塀で囲うゲーティッド・コミュニティであり，生活領域をくまなく見張る監視カメラである。

■都市空間の分断

　これと同じく排除社会の登場に触れながら，さらに具体的な都市空間の再編に言及する研究もある。

　カステル（M. Castells）によれば，現代社会は「フロー」によって特徴づけられる。フローとは，固定的な領土をもたず流動的で自己準拠的な交換のネットワークであり，越境するグローバルな経済，柔軟で可変的な組織，文化の枠組みをこえるイメージ，それらを可能にする情報技術がその象徴である（Castells [1996] 2000）。

　フローが重要なのは，その独自のコードに準拠した動作が結果的に世界のさまざまな場所に影響を及ぼしてしまうからである。人々が実際に生活する場所には固有の権力機構や制度が存在するが，交換のネットワークであるフローはそこに接続されると，あくまで独自のコードにしたがい，それぞれの場所から必要な部分だけを切り取り，機能的に配列し直す。

　典型的な例は，新たな情報技術に支えられ，グローバルに展開する世界経済組織が，実際の生産を担う工場をさまざまな場所に建設しながら，巨大な生産過程を管理する中心的機能を都市の中枢に構築するというものだ。それにより，都市には中心的機能の担い手である上層と，それを下支えする低賃金労働者の生活領域が同時に成立する。都心部では上層の居住と消費のために大規模な再開発と高層化が進む一方で，その周辺には衰退した商店街と古いビルを改装した低賃料の賃貸住宅が並び，「社会解体」の起きたインナーシティを点在させる。

　デイヴィス（M. Davis）はロサンゼルスの事例から，こうした空間の再編と分断を明らかにした（Davis 1992=2001）。上層の住居は高層化と敷地を囲う塀に

よって他の地区から隔絶されるとともに，空中回廊や車，ヘリコプターなどの移動手段で直接ショッピングモールとつながる。それに対して，塀の外部には貧困と疾病の蔓延する空間が存在し，殺伐とした風景が広がる。そこには大量の移民が流れ込み，住居の不法占拠と非公式な商品売買が常態化する。また，行政的な管理の手も及ばないために基本的な生活設備も整備されず，上下水道すら十分に機能しない。

　当然のことながら，こうした空間的な都市の分断は，しばしば日常世界における不安や恐怖の蔓延という現象をともなう。都心部を再開発する事業者やその享受者である上層にとっては，快適な住居と消費の空間は，隣接した貧困地区から越境する外国人やドラッグの売人，あるいはホームレスによって常に脅かされているように見えるからだ。

　この不安に裏打ちされて，「安全・安心」には多大な社会的関心が集まるようになった。二重化した空間を固定するためには，出入りの管理が可能な門扉や警備員，そして監視カメラをはじめとする監視技術が常備される必要がある。

　もちろん，そこまで明瞭な管理が世界のあらゆる場所で進むわけではないが，よりソフトな形でも同質の現象は発生しうる。グローバル市場の要請にしたがう社会の格差化は，上層の都心回帰を引き起こすだけでなく，必ずといっていいほど都心部の消費空間化，すなわち「ジェントリフィケーション」をともなう。快適な居住と消費を約束するためには，従来の都市の猥雑さが流入して，上層が顔をしかめることのないように都心部を「浄化」する必要があるからだ。

　このように，排除社会論は新自由主義の拡大を取り上げながら，それがいかに政治経済構造，社会意識，都市の空間編成を抜本的に変えたのかを説明し，その中に「安全・安心」化や不安の発生を位置づけるという明瞭な枠組みを提示してくれる。

5　コミュニティの再編

　先述した『1984年』のなかでは，国家による恐怖の捏造が市民による相互監視の原因となっていたが，この枠組みがそのまま現代に当てはまると受け取る者は少ないだろう。しかし，国家プロジェクトの推進が結果的に「安全・安

心」化を促すという一種のねじれを考慮すれば，こうした想定にも一定の説得力が生まれるかもしれない。それどころか，排除社会論のように徹底した空間の分断という事態がそれほど顕著ではなく，グローバル社会のエリートが居住するわけでもない一般的な地域社会で，なぜ「犯罪不安」が成立するのかという説明として，この視点は有効でありうる。

　コールマン（R. Coleman）とシム（J. Sim）は，イギリスの事例からこのことを説明した。1991 年にさかのぼるが，この年に保守党政府は「City Challenge」計画の策定に着手した。その内容は，郊外型商業施設の増加によって衰退した都市部を再生するために，競争的資金を地域に分配するというものである。重要なのは，この資金を活用する主体として「コミュニティ」に大きな期待が寄せられたことにある（Coleman and Sim 2000）。

　よく知られていることだが，20 世紀末のイギリスでは，行政が補助金の用途を一元的に設定するのではなく，一定の方向づけは残しながらも地域の創意工夫を活用するために，競争的な補助金を分配する傾向が強まった。その結果，すでに社会的な関係性の維持が難しくなっていた既存の地域組織に代わって，競争的資金の受け手として，住民，経営者，行政，警察，都市開発の知識層が協力する「コミュニティ」が各地で成立した。

　それは従来の居住を志向した地域共同体とは異なり，住民の自発的な活動を市場の基準に適合させるような「コミュニティ」の創造であった。そして，この「コミュニティ」が獲得した補助金は，「顧客」の獲得のために地域における設備の向上，娯楽の充実，商業環境の整備に使用されるものとして期待され，結果的に浄化された都市が次第に姿を現していく。それは，徹底的な市場化がもたらす問題を逆手にとり，効率的で能動的な中間集団や（疑似）公共圏を再創造するという新自由主義のもうひとつの姿である。

　吉原は，これと同様の枠組みを用いて，住民たちが「犯罪不安」に目を向ける過程を描いている。産業の移転や人口の流出入により大きな変化を迎えつつある日本の地域社会では，住民の手による「まちづくり」が推奨されている。だが，そうした地域におけるまちづくり組織が，行政，警察，自治会，防犯団体と協力することで，結果的に自らの地域が抱える危険性を「発見」してしまうという事例を吉原は示す（吉原 2007）。

　現在，日本の各地で行なわれているまちづくり活動は，住民の自主性を尊重

するという建前があるとはいえ，実際には外部の関係者の介入によってはじめて成立したというものも少なくない。ただの生活者である住民には，どのような活動を行なうのか，住民の同意は得られるのか，資金はどうするのかといった問題に見通しは立てられず，たとえそれができたとしても，その実現には過大な労力が求められると映るからだ。

そこで，頻繁に行なわれるのが，行政が外郭団体を立ち上げるか，専門家組織に業務を委託し，自治会，商店会，NPO などの地域資源を寄せ集めるという手法である。こうした地域の多様な関係者からなる「コミュニティ」は，当然のことながらすでに成功した施策を模倣したり，住民の自発的な意見や活動のうち，「有用」なものを取り上げて促進したりすることでまちづくりを展開する。そのため，まちづくり活動は，実のところさまざまな段階で一定の方向性を与えられてしまう。一部の地域においては，地域に入り込む多数の関係者との折衝のなかで，防犯マップづくりなどの防犯活動に注目が集まり，その実施に向けてまちづくり活動が収斂していくことになる。

このように，コミュニティ再編論が示すのは，一見すると住民の自発性からなるまちづくり活動が，国家的プロジェクトを背景として創出され，またその活動内容もまちづくり組織を構成する関係者間の力学によって水路づけられてしまうという地域社会の現実である。いわば，コミュニティづくりという犯罪や非行と直接には関係しないように見える活動が，結果的に地域の「安全・安心」化に転じるようなねじれが日本の各地で起こっているのである。

6 「犯罪不安」と「安全・安心」の増幅循環

社会の「安全・安心」化を説明するいくつかの枠組みを概観したが，それらの示す結論には共通点がある。いずれも，「安全・安心」志向が新たなリスクを生み出すという副作用に懸念を表明しているという点だ。

複数のセクターの連鎖にせよ，個人化や格差の拡大，コミュニティ再編の過程に潜むねじれにせよ，それらは「犯罪不安」や「安全・安心」化がいかに現代社会でひとつの事実として流通しているかを明らかにしていた。

そうした不安な社会が向かう先についても，これらの説明はいくつかの論点

を提示してきた。もちろん，そのうちのひとつは「事件」を通して瞬間的に湧き上がる世論であり，それが要求する厳罰化である。少年法改正に関する議論などでもたびたび指摘される通り，犯罪・非行に対する不安が消えないのならば，それを防止するための強い抑止力を求めるというのは当然の成り行きなのだろう。

　もうひとつは，さまざまな管理手法の導入による不安の予防・制御である。上述した通り，犯罪・非行を未然に防ぐために，現代社会では軽微な逸脱を防止する活動，技術，知識が急速に配備されるようになった。それは自由の相克を調整するために，あるいは格差の広がる社会を制御するためにはどうしても必要なものなのかもしれない。

　しかし，こうした抑止の施策をいくら高めようとも，実際にはそれを上回って「事件」は起こってしまう。現時点で考えうる抑止の施策は，あくまで現在の視点から想定しうるものであり，それが将来にわたってあらゆる「事件」を制御できることを意味しないからだ（鈴木 2005）。

　そして，こうした「事件」が実際に起こってしまえば，当事者にはこれまでにないほどの憎悪が向けられる。社会全体で抑止策を配備したあとで，それをくぐり抜ける者は，その個人に問題があるとしか言いようのない存在として，「私たち」から切り離されてしまうからだ。そのために，犯罪・非行の徹底的な抑止の広まりは，逆説的にも完全に理解不能な「悪魔」を誕生させうる（Young 1999=2007）。

　実際に，この切り離し操作は，すでに社会のあちこちで頻繁に繰り返されているように思える。たとえば，本章の冒頭で示した写真のように，監視カメラが映す犯罪・非行の映像を見たとき，私たちは何を感じるだろうか。映像を見た後で，あの人物は本当に容疑者なのかと疑問を呈することができるだろうか。あるいは，容疑者には容疑者なりの理由があるなどと考えられるだろうか。とりわけ，日常のコミュニケーションの場において，それを言葉にすることはどれだけ可能だろうか。むしろ，監視カメラの印象的な映像は，他者を切り離して語る言葉とあまりにも親和的であり，そうした言葉は「犯罪不安」や「安全・安心」を日常の会話の中で再生産するための絶好の材料となっている。

　つまり，これらの言葉は一度成立してしまえば，一種の増幅循環する過程を生み出すということだ。徳岡はいじめの事例を取り上げて，こうした増幅循環

の過程を明らかにした（徳岡 1997）。いじめという概念は，社会的な関心が集まる以前には，遊びや暴力と区別のつかないものでしかなかったが，一度それが取り上げられると自立し，固有の意味内容と対象をもつ言葉として社会に定着する。そしてそれ以後は，この言葉を通して，社会の随所でいじめという現象が「発見」されるようになる。こうして，いじめという言葉と現象は相互参照しながら継続的に増加していくことになった。たとえ，わずかな期間，この循環が沈静化することがあったとしても，関連する「事件」が起こればそれは再び駆動を始める。

「犯罪不安」や「安全・安心」もこれと似ている。それどころか，必死に抑止しようとすることで新たな不安の芽を育ててしまうという点で，これらの言葉は自らこの循環を準備しているとすら言えるかもしれない。

しかし，前節までに紹介してきた各種の説明は，この循環が決して自然につくられたものではないことも明示してきた。各セクターの発言に対しては反論を加えたり，代替案をともに考えたりすることができるし，自由の相克は技術以外のものでも解決しうる。空間の分断を支える社会構造には批判的な見解も多く，生活する住民にとって必要なまちづくりは別のものでありうる。もちろん，増幅循環の過程はこうした反論を呑み込みながら進むものかもしれないが，本章が提示したいくつかの説明は，「安全・安心」化が人々や社会の影響から成り立ち，さまざまな地点で再考が可能であることも示している。そうした枠組みに基づいて日常世界を相対的に把握することができれば，現在のような「安全・安心」化は揺らいでいく可能性がある。

このように，「安全・安心」という現象ひとつを取り上げても，さまざまな立場があり，また複数の分析が行なわれている。それらをふまえながら，現代社会はどのようなものとしてとらえられるのかを，ぜひ考察してもらいたい。

考えてみよう！　　　　　　　　　　　　Thinking and Discussion

「治安の悪化」や「犯罪不安」という感覚は，日本全体を対象とした場合と，居住地域に限定した場合とで，本当に差が出るのだろうか。「日本社会は／住んでいるところは，以前に比べて治安が悪くなったと思うか」と複数の人に聞いて，

その反応を表にしてみよう。

🔍 身近な「安全・安心」に関わる現象を取り上げ，その概要をまとめてみよう。その際，どのような根拠が表明されているのかに注目し，その根拠が「客観的」なデータから検証できるかどうかを調べてみよう。

🔍 あなたの調べた「安全・安心」に関わる現象は，本文の説明で分析できるだろうか。あるいは，ほかに別の説明が必要だろうか。複数の角度から考えてみよう。

Book Guide

▶赤川学『社会問題の社会学（現代社会学ライブラリー9）』弘文堂，2012年。

　日本語で読める「社会問題の構築主義」の入門書。ジョエル・ベストの理論と後半の応用編は，読者が自ら分析を進める際に「使える」参照枠組みになるだろう。また，従来の犯罪・非行の社会学に関する入門書では手薄になりがちだったマートンからラベリング論を経て構築主義へと至る学説史の概要的な把握にも有効である。

▶東浩紀／大澤真幸『自由を考える――9・11以降の現代思想』NHKブックス，2003年。

　「現代社会とはどのような社会か」という問いをめぐっては「無縁社会」「排除型社会」「監視社会」「ポスト・フォーディズム」などさまざまなキーワードが挙げられるが，この書はそのうちのひとつである「環境管理」という言葉を広める端緒を築いた。犯罪・非行の社会学との関わりでいえば，環境犯罪学の普及がどのような社会の基層の変化と結びついているかを理解する手がかりとなる。

▶森達也『「A」撮影日誌――オウム施設で過ごした13カ月』現代書館，2000年。

　視点（カメラ）の位置を多数者から少数者の側に切り替えただけで「普通の人々」が異質なものに向けるまなざしの厳しさがはっきりと見えてくる。本書の元となる映像版ではとくにそれが明瞭である。こうした不安が生み出す敵視のまなざしは，現在のさまざまな現象にも引き継がれていると言えるだろう。同時にこの視点の切り替えは，少数者の意味世界を内在的に理解することの必要性と，多数者の世界との同一性を再確認させてくれる。

Column 13 パノプティコン

　パノプティコンとは，ベンサム（J. Bentham）などが構想した特殊な監獄に備わる仕組みのことである。これを備える監獄は，典型的にはコロッセオのように円形であり，その外周に沿って独房がいくつも設けられる。各独房は三面を壁で仕切られ，外部や隣の独房からは隔離されるが，監獄の中心部に向かう面は格子になっており，見通しがきくようになっている。

　この監獄の中心部には看守の駐在する監視台が設置される。ただし，監視台の窓を狭い格子にするか，天窓から射す太陽光や電灯の光量を調整することで，囚人からは看守の姿を見ることができない。それに対して，監視台にいる看守はその場から動くことなく，すべての囚人を一望できる。そのために，パノプティコンは一望監視装置とも訳される。博物館網走監獄などでその一端を垣間見ることができる。

　この特殊な仕組みは，囚人による自己監視を促すために企図された。囚人は独房のなかで看守のまなざしを意識し続け，ときに非常にささいな逸脱すらも発見・処罰される体験を重ねる。それにより，囚人は自らのあらゆる振る舞いを注意深く監視し，規範の遵守を習慣化する。こうして，囚人は自らのなかに看守のまなざしを内面化し，最終的には監視台のなかに看守がいようがいまいが，自発的に規範を遵守するようになる。このような主体的な自己の監視と統御を構成する権力のことを規律訓練と呼ぶ。

　中央からの一方的なまなざしと賞罰，他者との協調の困難，自己の反省に向かう身体の構成という監獄の特質は，精神病棟をはじめとする各種の閉鎖施設だけではなく，公的な学校教育や工場における労働管理などともよく似ていることから，パノプティコンは近代社会における統治の手法を最もよく表す技術として，さまざまな研究分野で援用される。

　ただし，近年では，こうした統治は現代社会の表象としては十分でないという指摘も数多くなされるようになった。多元化・流動化が進む現代社会では，中央からの一方的なまなざしは確認しづらく，また従来以上に束縛のない個人の自由が強調されるからだ。

　しかし，こうした社会において，まなざしの技術が衰退するかと言えばそうでもない。むしろ，新たなまなざしの技術が登場しつつあるという議論があり，その中で頻繁に言及されるのが監視カメラである。監視カメラはパノプティコンと異なり，複数が開放空間に散在し，その存在を撮影対象者に意識させず，また自己の監視と統御を強く求めることもない。それでいながら犯罪や非行を時間的に遡及して映し出し，視聴者の感情に訴えかけて秩序の強化を誘発する。その点で，監視カメラは現代社会における新たな主体像と秩序維持の手法を表すと言えるかもしれない。

『BOY A』（税込￥3990）
シネカノン／ミッドシップ
より発売（情報は 2009 年
4 月発売当時）

第 **14** 章

犯罪・非行からの「立ち直り」？
社会構想への接続

🔍 KEY WORDS	▶リスク・ニード・応答性モデル　▶長所基盤モデル
	▶社会的包摂モデル　▶「立ち直り」の社会構想

　犯罪・非行からの「立ち直り」とは何だろうか。「簡単なこと。二度と罪を犯さないことだ」そう答える人もいるだろう。しかし、「再犯・再非行しないこと」が「立ち直り」を意味するのであれば、極端な話、罪を犯した人を一生塀の中に閉じ込めてひとりで反省させておくのがよい、ということにもなりかねない。けれど、私たちはそれを犯罪・非行からの「立ち直り」とは呼ばないはずだ。

　非行・犯罪からの「立ち直り」が果たされるのは、私たちが住むこの社会においてであるということ、そして、「立ち直り」は罪を犯した人自身だけでなく、私たち社会とその人の双方が関わる協働的プロセスであること――。つい忘れがちなこの 2 つの事実を考えるうえで、2007 年公開のイギリス映画『BOY A』は興味深い作品である。

　主人公のジャックは、かつて未成年ながら殺人の罪を犯し、長く矯正施設に収

容された「元犯罪者」である。出所時にすでに24歳になっていた彼は，ソーシャルワーカーであるテリーの親身のバックアップにも助けられ，少しずつ社会での一歩を踏み出していく。安定した仕事にも就き，仲間にも恵まれ，愛する恋人もできた。しかし，順調そうに見えたジャックの「立ち直り」は，ある事件がきっかけで思いもよらない展開を見せていく……。

　ジャックのその後については本章の最後でもう一度触れるとして，この映画が興味深いのは，社会の中で「立ち直り」を果たそうとするジャックの側ではなく，ジャックの「立ち直り」過程に関わる周りの人たち，つまり私たち「社会」の側にスポットをあてていることだ。イギリス公開時のポスターに踊る挑発的なフレーズ——"Who decides who gets a second chance?（誰がセカンドチャンスを得るか，誰が決めるの？）"，この問いは他でもない，私たちに向けられたものなのだ。

　本章では，犯罪・非行からの「立ち直り」について社会学の観点から議論していくが，その営みは私たち自身のあり方，社会の仕組みや成り立ちを考える営みでもある。その意味で，「立ち直り」の社会学とは，「社会とは何か？」という社会学の伝統的な問いに真正面から取り組む研究分野なのである。

1 犯罪・非行からの「立ち直り」と現代日本社会

　犯罪・非行からの「立ち直り」と聞いて，どんなイメージを思い浮かべるだろうか。「再び罪を犯さないこと」「社会の役に立つ，真っ当な人間に生まれ変わること」「被害者に向き合い，真摯に反省すること」……，人によってさまざまに異なる意見が聞こえてきそうだ。とはいえ，この言葉にネガティブなイメージを持つ人は少ないだろう。人類史とは言わないまでも，日本の近代史を通して，人が「立ち直る」ことはその人にとっても，そして社会にとっても望ましいものだと考える心性が私たちの中に存在してきた。

　しかし，この言葉が日本社会において特に注目を集めるようになってきたのは，実はここ最近のことでもある。

　第一に，「再犯（防止）」に対する政策的注目の上昇が指摘できる（政策的背景）。ここ数年の『犯罪白書』では，再犯防止に関する特集が頻繁に組まれているが，特に「再犯者の実態と対策」について特集された2007年の『犯罪白

書』では，犯罪者全体の約3割の再犯者によって，約6割の犯罪がなされていることが報告され，社会に大きなインパクトを与えた（法務省法務総合研究所編2007）。実際に，複数の再犯事件をきっかけに発出された「再犯防止のための緊急的対策」（2005年），更生保護制度改革のきっかけとなった「更生保護のあり方を考える有識者会議」（2005年）や「更生保護法」（2007年）の成立，犯罪対策閣僚会議のもとに設置された「再犯防止対策ワーキングチーム」（2011年）による「刑務所出所者等の再犯防止に向けた当面の取組」（2011年）の策定，同閣僚会議による今後10年間の総合的な再犯防止対策としての「再犯防止に向けた総合対策」（2012年）の策定など，再犯防止にかかる重点施策が次々と打ち出されている。藤本が述べるように，「我が国の刑事政策における緊縛の課題が再犯防止にあることは今更改めて指摘するまでもないだろう」（藤本 2012: 18）といった情勢なのだ。

　第二に，「社会的排除」に対する社会的注目の上昇も重要である（社会的背景）。1990年代以降，グローバルな規模での社会変動が生起し，「ポスト福祉国家」「ポストモダン」「ポストフォーディズム」といった"その後（ポスト）"を冠した社会記述がなされるようになった。日本においても，家族（晩婚化・少子高齢化の進行と性別役割分業を前提とした近代家族の変容），労働（非正規雇用の増大と日本型雇用慣行の変容），地域（地域間格差の増大とコミュニティの変容）といった各領域での構造変動を受け，それまでには見られなかったさまざまな社会的リスクが可視化されるとともに，それを受けとめきれなくなった社会福祉システムの問題が「格差社会」や「貧困」の社会問題化といったかたちで表面化するようになった（そしてそれは東日本大震災後さらに深刻化している）。犯罪・非行もこうした問題と無関係ではいられない。浜井は，刑務所の受刑者たちの中に高齢，障害，病気，貧困，孤立といった社会的ハンディキャップを有した人たちが多く見られること（「刑事施設の福祉施設化」）に注目し，刑務所は，社会内に居場所のない社会的弱者の多くが，行き場をなくしてたどり着く「福祉の最後の砦」（浜井 2006: 18）となっていることを指摘している。

　以上のような政策的・社会的背景のなかで注目を集めつつある犯罪・非行からの「立ち直り」について，本章では社会学の立場からいくつかの検討を行なう。まず，犯罪社会学の学説史のなかで，現代から振り返って重要だと思われる「立ち直り」研究を簡潔に紹介し（第2〜3節），それらの研究群の射程を敷

衍しながら現代日本において「立ち直り」が展開されるフィールド——「立ち
直り」の社会学の研究対象——を素描する（第4節）。その後，近年この分野
に興味深い知見を提供している犯罪学における「立ち直り」研究を概観し（第
5節），そこでの議論をふまえながら「立ち直り」の社会学の課題と展望につ
いてまとめる（第6節）。

2 犯罪社会学における「立ち直り」研究

古くて新しいテーマ

■ 犯罪・非行の原因論と社会復帰

　犯罪社会学は，伝統的に，「人はなぜ犯罪・非行に至るのか？」ないし「人
はなぜ犯罪・非行に至らないのか？」といった問いを立てて犯罪・非行の原因
を説明しようとする理論的志向性を有していた（本書第Ⅱ部の各章も，多くがこ
の原因論についての解説である）。こうした犯罪・非行の原因論は，「立ち直り」
の説明理論とは別種のものであるように思える（河野 2011; 白井ほか 2006）。し
かしながら，それらは必ずしも「立ち直り」と全く無関係に展開されてきたわ
けではない。

　マートン（R. K. Merton）の「緊張理論」（第7章参照）を例にとってみよう。
マートンが犯罪・非行の原因として注目したのは，金銭的成功に代表される文
化的目標と，そのための合法的な機会（制度化された手段）との間の「緊張」
（高い目標は抱いているものの，それを達成する機会に恵まれないゆえに，非合法な手
段〈犯罪・非行〉を通じて目標を達成しようとする）であった。ただし，彼は「緊
張」を逸脱の原因としてただ指摘しただけではない。

> 　「文化的目標と社会的に制限された目標達成の機会との外見上（または実際
> 上）の矛盾から起るひずみを最小限にくい止める」統制機構を確かめること
> が是非とも必要である。（Merton [1949] 1957=1961: 166）

　ここでマートンは，「犯罪・非行の原因論」を「犯罪・非行の対策論」とし
て活かそうとしている。すなわち，原因と目される要因（この場合は目標と機会
の矛盾＝緊張）を「食い止める」ことによる犯罪・非行への対策が提案されて

いるのである。

　実は，マートンが活躍した 1950 ～ 60 年代のアメリカは「偉大な社会（great society)」に代表されるような福祉国家的政策が民主党政権のもとで展開され，刑事政策においても「社会復帰」や犯罪者・非行少年の「矯正」に力点を置いた改革が進行していた時代だった（伊藤 1991)。ヤング（J. Young）は，この時代を「包摂型社会（inclusive society)」と呼んでいる。「包摂型社会とは，他者を憎んだり，外部の敵とみなしたりするのではなく，他者が『われわれ』と同じ人間になるまで，かれらの社会化・更生・治療に励むような社会をいう」（Young 1999=2007: 26)。犯罪・非行の原因を突き止め，それを除去・解消することで社会復帰させる。包摂型社会の社会復帰は，犯罪・非行の原因論と密接な関係にあったのである。

3　「立ち直り」の原因論・過程論・統制論

　もちろん，マートンと同じく緊張理論に分類されることも多い「非行サブカルチャー論」（第 7 章参照）の主唱者であるコーエン（A. K. Cohen）が注意を促していたように（Cohen 1966=1978)，犯罪社会学の原因論者たちは，犯罪・非行の原因を説明することと「立ち直り」を説明することを完全に同一視していたわけではない。事実，犯罪・非行の原因論ほどは目立たないが，犯罪社会学の歴史をひも解くと，「立ち直り」過程により直接的にフォーカスする業績群が別途存在してきたように思われる。ここでは，便宜的にそれらを「立ち直り」の原因論，過程論，統制論として概括的に論じてみよう。

■ 原 因 論

　「立ち直り」の原因論は，犯罪・非行の原因論とは異なり，「人はなぜ立ち直るのか？」という問いにより直接的に答えを与えようとするものである。その古典的業績は，なんといっても，グリュック夫妻（S. Glueck and E. Glueck）の研究とそれを現代によみがえらせたサンプソン（R. J. Sampson）とラウブ（J. H. Laub）の研究だろう。

　サンプソンとラウブは，グリュック夫妻によって 1940 年から実施された非

行少年および一般少年に対する計3回にわたる追跡調査（1940年, 49年, 65年）に基づく縦断的データの再分析を通して，少年期の非行から成人期以降に立ち直った者に共通する要因として，幼少期の経験とは独立に「仕事」と「結婚」が重要であることを見出した（Sampson and Laub 1993）。サンプソンとラウブの研究の特徴は，上記の知見を量的研究と質的研究の双方を用いて実証した点にある。彼らはまず量的研究によって，安定した雇用と幸せな結婚を経験する者ほど成人期における「立ち直り」を達成していることを統計的に導いた。そして，限られたケースに関する質的研究によって，①ライフコース上で安定した仕事と結婚を経験しなかった者は，学校中退・再逮捕歴・軍隊からの不名誉除隊などの構造的不利益が積み重なることで犯罪・非行から離脱できずにいること，②ライフコース上で安定した仕事と結婚を経験した者であっても，アルコール依存などの問題を抱える者は犯罪・非行を継続する傾向にあること，といったより拡張された説明モデルを提出したのである。

■ 過 程 論

「立ち直り」の原因論が「人はなぜ立ち直るのか？」という問いに一般的な解を与えようとするものであるならば，「立ち直り」の過程論は，「人はいかにして立ち直るのか？」「『立ち直り』のメカニズムとはいかなるものか？」といった問いを携え，「立ち直り」の個別具体的なプロセス（過程）を詳細に明らかにしようとする点に特徴がある。

その好例がショウ（C. R. Shaw）による非行少年の生活史（ライフヒストリー）分析であろう（Shaw〔1930〕1966=1998。第2章参照）。ショウは「ジャック・ローラー」（現代風に言えば「オヤジ狩りをする非行少年」）であるスタンレー少年が矯正施設を出院する頃に書いた「自分自身の物語（own story）」を素材として，彼の非行開始から「立ち直り」に至る過程の分析を行なっている。ショウの知見は多岐にわたるが，「立ち直り」に関連して興味深いのは，スタンレーの「立ち直り」にとって重要な役割を果たしたのが，サンプソンとラウブが指摘したのと同じ「仕事」と「結婚」であった，という点だろう。スタンレーにとって仕事と結婚は，いかにして「立ち直り」を促進するものとなりえたのだろうか。ショウ自身ははっきりとは述べてはいないが，スタンレーの生活史からうかがえるのは，彼が，幾度の離職を経て定着したセールスという仕事に独

立心と自尊心を感じることができた点，そして，愛する恋人や彼を支援してくれる人に対して「人間としての敬意を持って接してくれる」と感じていた点である。スタンレーの「立ち直り」にとって"周りから認められている"という意味づけが大きな役割を果たしていたのである。

■ 統 制 論

本章の冒頭でも述べたように，そしてサンプソンとラウブや，ショウの知見からも明らかなように，罪を犯した人の「立ち直り」は，加齢によって自然となされるわけでもなければ，その人独りの努力によって果たされるわけでもない。ラベリング論（第10章参照）が逸脱化の過程で果たす反作用の役割を重視していたように，「立ち直り」の過程においても，その人を矯正したり，治療したり，福祉的援助を行なったりする，幾多の反作用が存在する。こうした「立ち直り」過程における反作用の役割に注目する議論を，「統制論」としてまとめておこう（ここでの「統制」という言葉の使い方は，第9章で登場するハーシの「統制〈コントロール〉」概念とは異なっている点に注意が必要である）。

サイクス（G. M. Sykes）の研究は，1950年代のアメリカの重警備刑務所における施設内処遇を対象としたものであるが，反作用（統制）が必ずしも「立ち直り」を促進するとは限らないことをわれわれに教えてくれる（Sykes 1958＝1964）。刑務所は，受刑者の「立ち直り」にむけた「改善矯正」だけでなく，「秩序維持」や「刑罰の実施」「施設運営」（受刑者に刑務作業をしてもらわないと，刑務所が動かない！）などに至るまで，多様な（ときに互いに矛盾しあう）諸機能の充足を期待されている。たとえば，サイクスによれば，刑務所では男らしさを美徳としながら施設側の支配に粛々（しゅくしゅく）と耐えるような「ほんとの男（real man）」が受刑者間の名声を勝ち得るが，彼らの存在は，施設の「秩序維持」という観点からは大変に都合がよい半面，「改善矯正」に向けて機能的であるとは限らない（職員の前で従順な「ほんとの男」は，処遇を"やり過ごし"ているだけかもしれない）。サイクスは，「刑務所のこの社会組織を無視した刑務所改良——したがって犯罪者矯正——の努力は，シジフォスの労働のように無駄骨折りに終るだろう」（Sykes 1958＝1964: 210-211）と述べている。

むろん「立ち直り」の反作用は，罪を犯した人が施設を出た後も（というよりその後にこそ多様な広がりを持って）存在する。その詳細は次節で述べるが，こ

うした社会内の多様な反作用のあり方を考えるうえで有益なのが，コンラッド（P. Conrad）とシュナイダー（J. W. Schneider）による「逸脱の医療化」の研究であろう（Conrad and Schneider 1992=2003）。彼らはある行為や現象が「病気」とみなされていく反作用過程——「医療化」のプロセスを，精神病，麻薬，同性愛などを事例としながら論じたが，ある行為を逸脱と認定する過程は政治的なものであり，逸脱は常に「医療化」されるわけではない。たとえば「立ち直り」をめざす薬物事犯者が「病人（依存者）」とみなされて医療化されるか，それとも「犯罪者」とみなされ続けるかによって，その人の「立ち直り」過程における相互作用はかなり異なったものとなるだろう。

　「立ち直り」の統制論は，原因論や過程論ほどは明示的に展開されてきたわけではない。先述した2つの研究も，「立ち直り」研究に分類するのは違和感があるかもしれない。しかし，重要なのは「分類」ではなく「可能性」のほうであろう。サイクスや，コンラッドとシュナイダーなどの研究を「立ち直り」の視点からまなざすとき，いかにしてそれらの研究に対する新たな理解可能性が開けるか——。古くて新しい研究分野である「立ち直り」の社会学は，そうした挑戦へとわれわれをいざなうものでもある。

4　「立ち直り」の社会学の研究対象
現代日本の処遇システム

　図14-1に示したように，前節で述べた犯罪社会学における「立ち直り」研究がその射程に収めていたのは，犯罪・非行からの「立ち直り」が展開される現場＝ある行為が「犯罪・非行」とみなされる時点からはじまる行為者と反作用のあいだの相互作用の総体であったといえる。もちろん，ある行為が社会的に「犯罪・非行」と定義された直後から，誰もが「立ち直り」の道を歩みはじめるわけではないかもしれない（そのような人が少なくないこともまた，強調しておくべきであるが）。しかし実際には後述のように，ある人に有罪判決が下されれば，ないしはそれ以前の段階において，すでにさまざまな「立ち直り」を期待した反作用が開始されることになる。

　本節では，そうした点に留意しつつ，「立ち直り」の相互作用が展開される主要なフィールド——「立ち直り」の社会学の研究対象——を，さしあたって

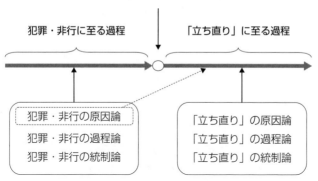

図14-1 「立ち直り」研究の射程
ある行為が「犯罪・非行」とみなされる時点

(注) 破線部は,「犯罪・非行の原因論」を「対策論」として活用しようと
いう議論(第2節で紹介したマートンの例など)。

フォーマルな処遇システムに限定して論ずる。ただし,本節の議論は,近年の日本における主要な動向をかいつまんで紹介するものに過ぎない。いうまでもなく「立ち直り」の相互作用は国,地域,時代が異なれば多様である。本節の議論を出発点として,興味ある読者はぜひ詳細な制度分析や国際比較,歴史研究へと進んでほしい。

■フォーマルな処遇システム

フォーマルな処遇システムとしては,刑事司法システムの一環としての**施設内処遇**(刑務所,少年院等での処遇),**社会内処遇**(更生保護制度に基づく処遇)が重要である(第4章参照)。ただし,フォーマルな処遇システムはそれだけではない。処遇段階に先立つ警察段階,検察段階,裁判段階でのさまざまな猶予制度なども,「立ち直り」にかかわる処遇機能を有している(前田 2007)。

■施設内処遇

およそ1世紀ぶりに実現した監獄法改正により,刑務所をはじめとする刑事施設における処遇は大きく変化した(第4章参照)。犯罪・非行からの「立ち直り」に関していえば,従来の刑務作業に加え,教育的処遇としての「教科指導」と「改善指導」が制度化されるなど,「教育化」というべき傾向がみられる。特に「改善指導」のうち,薬物依存,性犯罪など特別のニーズを持つ受刑

者を対象に行なわれる「特別改善指導」では，外部専門家等の処遇参加や認知行動療法[用]等の最新の心理療法を取り入れた処遇が展開されている（平井 2013）。

　刑罰の執行ではなく，教育を授ける施設として規定されている少年院は，24時間体制のなかでさまざま教育的仕掛けが施され，職員と少年との間で「立ち直り」に向けた濃密な相互作用が交わされる「矯正教育共同体」（広田・平井 2012）である。その意味では少年院処遇全体が「立ち直り」の社会学の研究対象にほかならないが，とくに院内での職業補導，製造業や福祉施設等の事業所に通勤して行なう院外委嘱職業補導，就労支援スタッフの配置などの就労支援対策，そして 2012 年より薬物非行に関して開始された「矯正教育プログラム」（現在ではより拡大された「特定生活指導」）などの特別処遇の試みが注目される。

■ 社会内処遇

　社会内処遇において犯罪・非行からの「立ち直り」に強く関わるのが，更生保護制度の枠組みに基づくさまざまな処遇である。

　なかでも，仮釈放者・少年院仮退院者・保護観察付執行猶予者・保護観察少年などを対象とする保護観察は重要である。とくに近年では，性犯罪や覚せい剤，飲酒運転，といった特定の傾向を有する保護観察対象者に対する，認知行動療法に基づく「専門的処遇プログラム」が実施されているほか，特定暴力対象者に対する処遇，「しょく罪指導プログラム」，社会貢献活動といったさまざまな処遇が行なわれている。そのほかにも，仮釈放者等に対して矯正施設入所中から継続して出所後の帰住地等の確保を図る「生活環境の調整」や，保護観察対象者に対する「応急の救護」とそれ以外の者に対する「更生緊急保護」（両者とも，適切な医療，住居，食事等を欠く状況で改善更生が困難な者に対して，宿泊場所の提供を含む緊急の保護を行なう）も，「立ち直り」にとって欠かせない制度であろう。

　「立ち直り」のメインフィールドのひとつといえる更生保護制度は，伝統的に公的機関以外の民間の協力者が多く関わる領域である。重ねて，「立ち直り」の舞台が社会においてよりほかないとするならば，地域社会の人々がそこに関与するのは自然なことだといえよう。とくに重要なのが，保護観察官と協働して保護観察を担当する保護司をはじめ，「更生保護ボランティア[用]」と呼ばれる民間の組織・個人である。"女性・母親" の視点から「立ち直り」を援助する

「更生保護女性会」や，"姉や兄" のような存在として非行少年の相談や援助を行なう「BBS（Big Brothers and Sisters Movement）会」などが挙げられる。とくに，以下でも述べる就労支援の重要性の高まりのなかで，犯罪・非行などの前歴を理解したうえで保護観察・更生緊急保護対象者を雇用する民間の事業主である協力雇用主や，その活動を支える「就労支援者事業機構」および個々の民間企業へ注目が集まっている。

■ 近年の「立ち直り」支援——就労・住居確保支援の動向

　近年においては，本章冒頭でも述べた再犯防止への機運の高まりから，施設内処遇と社会内処遇を連携させた新しい「立ち直り」のための処遇がはじまっている（図14−2）。とくに重要なのは，社会内での生活再建に向けた就労支援と住居確保支援の2つの福祉的支援の取り組みであろう（法務省法務総合研究所編 2012b）。

　就労支援に関しては，法務省と厚生労働省との連携のもとで2006年から「刑務所出所者等総合的就労支援対策」が実施されている。施設内処遇においては，雇用情勢に応じた職業訓練や，先述した「特別改善指導」のひとつとして就労支援指導が実施されているほか，刑事施設・少年院ともにキャリアコンサルタントなどの就労支援スタッフが配置されるようになっている（以上，法務省による取り組み）。また，同対策においては支援対象者に対する個別支援が重視されているが，ハローワークの職員が矯正施設を訪問し，支援対象者などに対して職業相談・職業講話，求職活動ガイドブックの配布などがなされている（以上，厚生労働省による取り組み）。社会内処遇に関しては，従来の更生保護制度に基づく介入（指導監督としての就労指導や，補導援護としての就労支援など）に加えて，職場体験講習，セミナー・事業所見学会，トライアル雇用（ただちに常用雇用が見込めない場合の試行的な雇用）と身元保証制度（身元保証人のいない支援対象者の保証制度）など，新たな取り組みがはじまっている。また，刑務所出所者等の就職状況が依然厳しい情勢を受け，一部の保護観察所においては「更生保護就労支援モデル事業」が2011年から開始されており，雇用に関するノウハウや企業ネットワークなどを有する民間団体が国から委託を受けて「更生保護就労支援事業所」を設置し，当該事業所に配置された就労支援員によって就職活動，定住支援から職場定着までの継続的支援が実施されている。

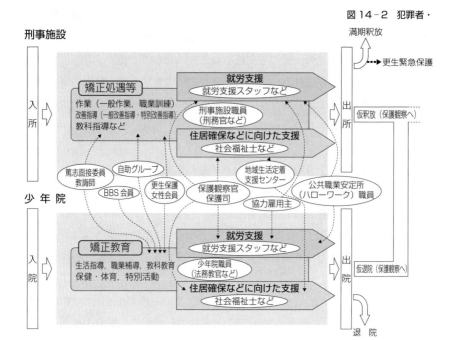

図14-2 犯罪者・

刑事施設

満期釈放 ┄▶ 更生緊急保護

出所 ⇨ 仮釈放（保護観察へ）

矯正処遇等
作業（一般作業，職業訓練）
改善指導（一般改善指導・特別改善指導）
教科指導など

就労支援
就労支援スタッフなど

刑事施設職員
（刑務官など）

住居確保などに向けた支援
社会福祉士など

篤志面接委員
教誨師

自助グループ

BBS会員

更生保護
女性会員

保護観察官
保護司

地域生活定着
支援センター

協力雇用主

公共職業安定所
（ハローワーク）職員

少 年 院

矯正教育
生活指導，職業補導，教科教育
保健・体育，特別活動

就労支援
就労支援スタッフなど

少年院職員
（法務教官など）

住居確保などに向けた支援
社会福祉士など

出院 ⇨ 仮退院（保護観察へ）

退 院

（出所）　法務省法務総合研究所編（2012b）を元に簡略化して作成。

　住居確保支援については，おもに社会内処遇の領域において活発な介入がは
じまっている。矯正施設から出た後に身寄りのない者を保護し，社会復帰を手
助けする施設として従来より存在してきた更生保護施設を拡充するほか，近年
では「自立更生促進センター」と呼ばれる充実した保護観察処遇を特徴とする
国立の更生保護施設や「緊急的住居確保・自立支援対策」（2011）に基づく
「自立準備ホーム」，高齢または障害を抱え，かつ適当な帰住先のない矯正施設
被収容者に対する住居確保や福祉的支援を橋渡しするための「地域生活定着支
援センター」など，新たな施設設置が進んでいる。そのほか，矯正施設や更生
保護施設への社会福祉士・精神保健福祉士といった専門家の配置も進んでおり，
福祉領域や医療領域へのコーディネート機能を果たしている。
　ここまでで見てきたように，フォーマルな処遇システムにおいては，特に
2000年代以降の法制度改革をふまえて，きわめて多くの新施策が打ち出され
ている。しかし，社会学の観点からこれらを分析しようとする試みは今のとこ
ろ非常に少ない。刑事司法システムに外部の社会学者がアクセスするのはきわ

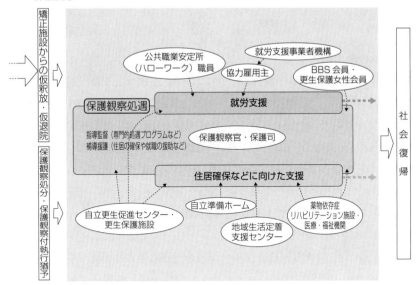

保護観察

非行少年の処遇システム

めて困難である，というのが理由のひとつであるが，それだけ未開拓で，チャレンジしがいのある研究対象ということでもある。

　とはいえ，「立ち直り」の相互作用が観察される場は，刑事司法システムをはじめとしたフォーマルな処遇だけではない。本章冒頭の言葉を思い出そう。「立ち直り」に関わるのは社会の特定の成員だけではない。理屈としては，社会のすべての成員が「立ち直り」をめざす人にインフォーマルなかたちで何らかの影響を与えているはずなのである。その意味で，「立ち直り」の社会学は，本節で紹介したフォーマルな処遇システムだけでなく，インフォーマルな処遇システム（Column 14参照）をも研究対象とすることに注意を促しておきたい。

5 　犯罪学における「立ち直り」研究

前節で見たように，広範囲にわたる「立ち直り」のフィールドやそこでの相

互作用に対し，社会学はどのような説明が可能なのだろうか。そのことを考えるために，本節では社会学ともかかわりの深い犯罪学における「立ち直り」の議論を概観する。

■ 社会復帰のルネサンス

第2節で1950～60年代のアメリカに即して述べたように，福祉国家全盛の時代においては，犯罪者・非行少年の社会復帰を肯定的に支持する社会的合意が成立していた。しかし，70年代以降の社会変動の中で福祉国家が揺らぎを見せ始めるにしたがい，ヤングのいう包摂型社会の犯罪統制は，社会復帰のための矯正や保護よりも厳罰化や長期間の拘禁を好む「**排除型社会**（exclusive society）」のそれへと変化していった（Young 1999 = 2007）。

こうした動向にある種の科学的根拠を与えたのが，「Nothing works.（有効な社会復帰プログラムは何もない）」というキーワードで知られるマーティンソン（R. Martinson）らによる，社会復帰のための処遇の効果に疑問符をつける諸研究の蓄積であった。しかし，（とくにアメリカにおける）厳罰化にともなう過剰収容や，社会内での黒人やヒスパニック系をはじめとするマイノリティの差別や再犯の問題が顕在化するにともない，正反対の処遇効果（「Something work.〈有効な社会復帰プログラムは存在する〉」）を主張する犯罪学の実証研究が注目されるようになる。「**科学的根拠に基づく実践**（evidence-based practice）」を重視するこの潮流は，自然科学に類似の実験的手法と，大量の実験結果を比較解析する厳密な統計的手続きにのっとり，1990年代後半以降「『立ち直り』に向けた効果のある処遇とはいかなるものか？」というべき問いに取り組む研究を大量に蓄積することになった。まさに社会復帰のルネサンスというべき状況が作り出されたのである。

■ リスク・ニード・応答性モデル

「科学的根拠に基づく実践」に最も忠実に構築され，かつ，その成果を最もよく反映している「立ち直り」の説明理論がリスク・ニード・応答性モデルである。このモデルは，アンドリューズ（D. A. Andrews）とボンタ（J. Bonta）による『犯罪行動の心理学』（初版は1994年に出版。現在は第5版〈Andrews and Bonta 2010〉）の出版以来，世界的な注目を浴びるようになり，幾度のマイナー

チェンジを経て，現在でも有力な地位を保持している。主唱者のひとりである
ボンタによれば，このモデルは社会的学習理論に基づき，以下の３つの原則に
基づく処遇を支持している（Bonta 2012＝2012）。

・リスク原則：保険数理的（actuarial）なリスク評価基準により（つまり，職員
　の経験的判断によらず）測定された再犯リスクに従い，高リスクの犯罪者に高
　密度の処遇を実施しなければならない。
・ニード原則：再犯リスクは静的リスク（変化しない，経歴に関連するリスク。
　例：犯罪歴，幼少期の問題，年齢）と動的リスク（変化可能，介入可能なリスク。
　例：認知，人間関係，失業，薬物使用）に分けられるが，処遇は，動的リスク＝
　犯罪誘発要因（criminogenic needs）の低減を目標に行なわれなければならな
　い。
・応答性原則：犯罪者への処遇は，認知行動療法により実施されることを基本
　とし（一般応答性），さらに個々の犯罪者の長所，学習能力，動機づけなどに
　配慮した個別的処遇（特別応答性）によってその効果が最大化されなければ
　ならない。

　リスク・ニード・応答性モデルの特筆すべき特徴は，科学的根拠への信頼と，
上記三原則への忠実性である。このモデルに基づく処遇は，上記三原則になる
べく忠実に従うことが求められる。なぜなら三原則に従う処遇（たとえば，適
切なリスクアセスメントを経て，動的リスクにフォーカスする，認知行動療法を用いた
処遇）は，そうでない処遇と比較してより高い再犯防止効果が得られるとの統
計分析結果（科学的根拠）が存在するからである。そもそも犯罪者の動的リス
ク＝犯罪誘発要因や認知行動療法の効果も，厳密な実証的研究の結果によって
見出されたものであり，その意味で本モデルは文字通り科学的根拠に基づくも
のであるといえる。

■長所基盤モデル

　津富（2011）によれば，長所基盤モデルは，「立ち直り」を端的に不可能と
する厳罰モデルと，科学的根拠に支えられたリスク・ニード・応答性モデルの
いずれの立場とも異なる新たなパラダイムである。代表的論者であるワード

（T. Ward）によれば，リスク・ニード・応答性モデルが動的リスク＝犯罪誘発要因を特定し，それを低減することをめざすのに対して，長所基盤モデルはそれと同時に，個々の犯罪者の関心や長所を活かした主体的な能力開発を志向している（Ward 2012=2012）。いわば犯罪者のネガティブな要素を取り去ろうとするのがリスク・ニード・応答性モデルであるのに対して，長所基盤モデルは，犯罪者がポジティブな要素を自ら伸ばすことを支援する，またはそのための環境を整えることに力点を置いているのである。

ワードや，同じく長所基盤モデルの主唱者であるマルーナ（S. Maruna）らも強調していることだが，このモデルにおいては，犯罪者を含むあらゆる人間は，健康で機能的な生活，知識，卓越性，心の平穏，友情，コミュニティ，スピリチュアリティ，幸福，創造性といった「人間の基本財（primary human goods）」を追い求めると想定されており，そのための具体的方法や手順を含む「善い人生のためのプラン（good lives plan）」を明示的，非明示的に策定すると仮定されている。したがって，「立ち直り」のための介入の要諦は，犯罪者が主体的に設定する積極的目標を実現するための社会的に望ましい手段を犯罪者とともに考え，その実現に向けた環境整備と機会提供を行なっていくことにある。犯罪者自身の「社会に恩返しをしたいという気持ち」（Maruna 2001）を後押しすることで「立ち直り」へとつなげていく，長所基盤モデルにはそうした「善き当事者」像を想定する側面がある。

■ 社会的包摂モデル

本章冒頭でも触れたように，1990年代以降から続くグローバルな規模での社会構造変動のなかで従来の福祉国家的社会保障制度が機能不全に陥り，犯罪・非行を含むさまざまな「新しい社会的リスク」を抱える者の「社会的排除」が問題となっている。「社会的排除」は多義的な概念であるが，おおよそ，①社会的・政治的・経済的・文化的資源の不平等な配分構造やアクセス状況のなかで生じる多元的・複合的な（時に当事者だけでなく親や子どもにまで及ぶ長期の）周縁化の過程全体を射程に入れており，②住居，教育，保健医療，人間関係をはじめとする所得（雇用）次元に限らない広範囲の周縁化を問題視しながら，③「社会的包摂」というかたちでそれを解決していこうとする政策志向性の強い概念であると理解できる（福原 2007）。

そこでの社会的包摂は，先述したヤングの「包摂型社会」における矯正・社会復帰を支持する側面があるものの，福祉国家の問題性をふまえて提出されている点で厳密にはそれとは異なる。一方的な社会からの扶助は支援される側の「依存」を生み出す点で望ましくなく，社会的包摂モデルはむしろ，社会的弱者としての犯罪者・非行少年の多方面での「自立」（就労，人間関係の回復，コミュニティへの参加）をエンパワーする方向性を支持していると考えられよう。

　社会的包摂モデルはその政策志向性ゆえに，犯罪者処遇実践の場に積極的に応用されている。イギリスでは，ブレア労働党政権下の内務省によって策定された『再犯の減少に関する行動計画』（2004年）によって社会的包摂モデルが採用されたが，そこでは①住宅，②教育・職業訓練・雇用，③身体的・精神的健康，④薬物とアルコール問題，⑤家族と子育て，⑥収入・社会保障給付金・負債，⑦態度・思考・行動の「7つの経路」に沿った社会的包摂がめざされた。狭義の刑事司法を超えた社会政策全般に及ぶ介入がそこでの特徴であるが（葛野 2009; 小長井 2011），こうした傾向は，前節でも概観した日本での近年の刑事制度改革のなかにも就労支援や住居確保支援などを通して少しずつ現れはじめている。

■相互批判と統合に向けて

　リスク・ニード・応答性モデル，長所基盤モデル，社会的包摂モデルは，現代を代表する「立ち直り」の理論的モデルとして，対照的なものに映る。たとえば，リスク・ニード・応答性モデルからは，長所基盤モデルの科学的根拠の希薄さが指摘されてきたし，その逆に長所基盤モデルからは犯罪者の主体性の軽視が，リスク・ニード・応答性モデルに対して指摘されてきた。また，リスク・ニード・応答性モデルや長所基盤モデルが犯罪者個人の変容を重視しているのに対して，社会的包摂モデルは文字通り社会の側からの支援を相対的に重視する点にその特徴がある。

　しかし，注目すべきなのは，近年においては相互の陣営から，互いの特徴を組み込んで理論的射程を拡大させようとする「統合」への動きがみられることである。

　たとえば，リスク・ニード・応答性モデルからは，先に言及した「特別応答性」の概念を導入することで，犯罪者の長所や学習スタイル，生活環境など，

長所基盤モデルが重視する要素を必要に応じて処遇に加えていくことが提案されている（染田 2012）。また，長所基盤モデルは，科学的根拠に乏しいという批判を「的外れ」（Ward 2012=2012: 91）としつつも，長所基盤モデルに基づく処遇プログラムの効果測定とそれによってもたらされる科学的根拠の蓄積の重要性は認めている。そして，実際に性犯や粗暴犯を対象に，リスク管理と長所基盤アプローチを組み合わせた処遇プログラムの再犯防止効果が実証研究によって報告されつつある（Ward 2012=2012; Ward and Maruna 2007）。社会的包摂モデルに関しても，先述したイギリスの「7つの経路」は実証研究によって導かれた動的リスク＝犯罪誘発要因であるし，コミュニティへの積極的参加は長所基盤モデルと共通する目標である（小長井 2011）。リスク・ニード・応答性モデルと長所基盤モデルにおいても，個人の変容に力点を置きつつ，社会的支援の必要性を必ずしも軽視していないことは，見てきた通りである。

　重ねて，犯罪学における「立ち直り」研究は近年極めて活発かつ広範な展開を見せており，本節で紹介した3つのモデル以外にも，さまざまな理論的，実証的試みが（時に葛藤しあいつつ）存在している。しかしながら同時に，そこには「立ち直りの理論的発展と成長に向けた協働」（Ward and Maruna 2007: xi）ともいうべき共通性を見出すことも不可能ではない。

6 「立ち直り」の社会学の課題と展望
「社会の『立ち直り』」に向けて

■『BOY A』と「立ち直り」の社会学

　本章の冒頭で紹介した映画『BOY A』の主人公であるジャックの「立ち直り」は，その後どうなったのだろうか。結論からいえば，ジャックの「立ち直り」はうまくいかなかった。物語の核心に触れることは避けるが，ジャックはある事件に巻きこまれるなかで，自ら死を選んでしまうのだ。タブロイド紙の1面に「元犯罪者」としての自分への写真入り暴露記事が掲載されたことをきっかけに，彼は仕事も恋人も失い，逃亡先で非業の死を遂げる。冒頭でも紹介した映画公開時のコピー——"Who decides who gets a second chance?（誰がセカンドチャンスを得るか，誰が決めるの？）"に暗示されているように，ジャックは「社会」から「セカンドチャンス」＝「立ち直り」を拒絶されてしまったの

である。

　だとすると，『BOY A』から「立ち直り」の社会学が引き受けるべき課題とは，「どうしたら個人の『立ち直り』が社会に受け入れられるのか？」を正面から問うこと，であるようにも思える。論理的には2つの方法が思い浮かぶ。ひとつは犯罪者・非行少年自らが変わること，もうひとつは社会がそれを承認し，彼らを支援することだ。このことは本章で見てきたさまざまな「立ち直り」研究の成果・知見によっても支持されている。個人が再犯リスクを避けるスキルを身につけ，「善き人生」へと踏み出すこと。そしてそれと同時に，社会がそのプロセスを支援し，もう一度社会に包摂すること。個人がどんなに更生しても，社会がそれを受け入れず，後ろ指を差し続けるのであれば「立ち直り」はうまくいかない。

　しかし，はたしてそれで十分なのだろうか。特に気になるのは，上記2つの方法は，「個人が変わること」だけでなく，「社会が変わらないこと」をも自明の前提としている点である。

　矯正施設から社会に帰ってきたジャックは，再犯につながりうるさまざまな「リスク」（薬物使用，不良交友，失業……）を徹底して避けつつ（もしかすると施設内で認知行動療法に基づく処遇を受けたかもしれない），仕事場の同僚やソーシャルワーカーのテリーをはじめ周りの人の支援によって少しずつ社会に居場所を見つけていく。事故に巻き込まれた幼女を助け（「善き人生」の実践！），新聞にまで載った彼に，恋人は「ヒーロー。あなたは私の誇りなの」と微笑みかける。しかしながら，そこでは社会内の不平等，差別，制度的価値観は何ひとつ変わっていない。ジャックは「善き人生」を歩む限りにおいて，承認や支援や包摂の対象となったにすぎない。本当はジャックも陰で泥酔したり（仕事は相当にハードなトラック運転手だ），監視カメラにおびえながら，仕事中に悪友と遊園地に忍び込んだり（遊園地に行く時間も，お金もない），恋人に自分の過去を打ち明けられずに悩んだりする（恋人にとってのジャックは「ヒーロー」であって「元殺人者」であってはならない），小さな過ちや悩みや弱さを抱きしめながら生きる私たちと同じ生活者なのだ。

　だがしかし，ジャックが（「社会の恩返しをしたいという気持ち」ではなく）そうした人間的側面を露わにするならば，社会は断固として彼の「立ち直り」を拒むだろう。長所基盤モデルを支持するマルーナは，「社会に恩返しをする」と

いう社会適応の段階を「立ち直り」の2マイル目と位置づけるが，そこでの社会は，犯罪者が適応すれば許す（逆にいえば，適応しなければ許さない）という「門番役」に過ぎない。「再参入や社会的包摂に関する議論においては，再統合のプロセスとは『悪い』個人を取り上げて『善い』社会に再統合することであるという前提が基本的に存在している」（Maruna and Lebel 2009=2011: 122）。社会が犯罪者に差し出す承認と支援は条件付きのものに留まるのである。

　そんなことは当たり前じゃないか，と思うかもしれない。罪を犯した「悪い」個人こそが被害を与えた社会や特定の被害者に対して償うために「変わる」べきであり，「善い」社会には何ら「変わる」責任はない，と。しかし，本当にそうだろうか。

■ 社会の「立ち直り」という要請

　浜井は，刑務所被収容者の多くが高齢・障害・病気・貧困・孤立といった社会的ハンディキャップを抱えているという経験的事実から出発し，その背景に社会内の不平等が存在していることを鋭く指摘している（浜井 2009）。そこでは2円相当の窃盗で刑務所に収容された高齢犯罪者の事例が紹介されているが，「貧困や失業，孤立ゆえに窃盗をしてでも（社会と比べてまだ居心地のよい）刑務所に戻りたかった」という「動機」に加え，こうした事例で注目すべきは，裁判のプロセスで示談金が支払えず（貧困），裁判官の前でうまく反省の態度を示せず（コミュニケーション障害），社会内での更生可能性が低いと判断された（身寄りがなく社会的に孤立した）犯罪者ほど，刑務所に収容されやすいという「セレクティブ・サンクション」（第10章参照）の「過程」を社会が支えているという事実であろう（第11章で見た「批判的犯罪学」の議論も，われわれにそうした社会の「加害性」を気づかせてくれる）。

　社会が特定の社会的弱者を恣意的に選抜し，犯罪者に仕立てる動機や過程に関わっているのであれば，彼らの「立ち直り」に際して，社会の側も経済構造や司法構造，差別や偏見などを是正する補償責任を要請されるのではないだろうか。マルーナは「社会が人にやり方を変えることを要請するのであれば，社会もまた変わることが必要だろう」と指摘しつつ，犯罪者の「立ち直り」には，先述した2マイル目に続けて「犯罪者自らが社会変革に乗り出す」という3マイル目が存在すると述べるが（Maruna and Lebel 2009=2011: 122），これまで論じ

てきたように，社会を「変える」責任を負うのは「犯罪者」でなくてもよく，それ以外の社会（に暮らす私たち）の側にこそ要請されてよいものだろう。

　もちろん，（犯罪者の多くは懲役刑その他の受刑生活の中で刑事責任を果たして社会に戻るとはいえ）損害を与えた被害者等への贖罪や関係性の修復（第12章参照）をめぐる責任は，「立ち直り」の過程において避けることのできないものである。しかし，そこにおいても社会が果たすべき役割は少なくない。犯罪被害者のなかには，加害者の「立ち直り」を認めず，厳罰を要求する者も多く，その心情は重く受け止めなければならないが，加害者が「立ち直り」を遂げることによって贖罪を果たしてほしいと願う被害者も同時に少なくはない（斎藤 2010; セカンドチャンス！編 2011）。そうだとすれば，社会がすべきことは，特定の被害者の心情に同一化して犯罪者の「加害性」のみを断罪したり，彼らの「立ち直り」に条件付けをすることではなく，被害者との修復を果たすための資源が犯罪者の側に欠けていないかを絶えず注視し，さまざまなサポートを率先して提供することだろう。犯罪者が「（被害者に対する）加害者としての修復責任」を要請されるのであれば，社会はその修復過程を支援し，そこに犯罪者とともに参加する「（犯罪者に対する）加害者としての修復責任」を同様に要請されるはずだ。

　「立ち直り」の社会学は，犯罪者の「立ち直り」だけでなく，**社会の「立ち直り」**──犯罪者に対する「加害者としての修復責任」を果たす2マイル目と，われわれ自らが社会を変革していく3マイル目──を求め，その方途を展望することができる。それは社会をどのようなものとして構想するのか，という観点からの規範的考察であり，もはや非行・犯罪からの「立ち直り」の研究に求められるものでもなければ，「立ち直り」の相互作用を経験的に研究する社会学の仕事でもない，と言われるかもしれない。しかし，おそらくそうではない。

　社会学者であり，世界的な犯罪研究者でもあるクリスティ（N. Christie）は，「刑事政策の選択は文化の問題である。本能的な行動ではなく，深い道徳的な考慮を必要とする問題である」（Christie 2004=2006: 124）と述べ，「立ち直り」に関わる政策的議論が不可避的に「価値」について論じる規範的議論とならざるをえないことを指摘している。「立ち直り」にどの程度の条件を付け，どの程度の社会的支援を行なうかを判断するにあたっても，「われわれはどのような社会に暮らすことを望むのか」という規範的問いかけを迂回して答えを出すこ

とは不可能である。また，浜井がまさにとらえていたような，犯罪・非行から
の「立ち直り」を経験的に注視するからこそ見えてくる社会的矛盾がある。
「立ち直り」の現場に徹底してこだわる社会学だからこそ，狭義の非行・犯罪
やその「立ち直り」を超えた広範な社会問題を問いうるポテンシャルを持つの
ではないだろうか。

■「立ち直り」の社会構想へ

　近年において，犯罪・非行からの「立ち直り」への社会的注目が高まるなか，
「立ち直り」の相互作用を広範囲にわたってカバーする「『立ち直り』の社会
学」に対する期待は大きい。本章でも見てきたように，「立ち直り」に関する
社会学的研究の蓄積は（特に日本では）それほど多くないとはいえ，伝統的な
犯罪社会学研究のなかにそのエッセンスを見ることができる。加えて，近年の
犯罪学的研究のなかに社会学的要素を見てとることも不可能ではない。たとえ
ば長所基盤モデルは「ポジティブ心理学（positive psychology）」をその源流として
しているが，第3節でも扱ったサンプソンとラウブの研究やコントロール理論
（第9章参照），ブレイスウェイト（J. Braithwaite）の再統合的恥付け理論やラベ
リング論（第10章参照），マツエダ（R. L. Matsueda）らの犯罪の象徴的相互作用
論等の社会学的理論から多くのヒントを得ている（津富・尾山 2009; Ward
2012=2012）。「立ち直り」の社会学は，こうした研究蓄積を土台として，「立ち
直り」のあらゆる相互作用を対象とした社会学的考察を多角的に行なっていく
ことができる。その際の研究方法については本章では検討しなかったが，本書
第2章・第3章で論じられた質的方法，量的方法に加え，国際比較や歴史研
究など，あらゆる方法を総動員して事に当たる必要があるだろう。
　「立ち直り」の社会学は長い「逆風の時代」を抜け，犯罪学や心理学の諸議
論と連動しながらさまざまな方向に議論を展開しうる「追い風の時代」に入り
つつある。今後，リスク・ニード・応答性モデルに比肩できるような科学的根
拠に基づく社会学的議論の蓄積や，長所基盤モデルに基づく実践に対する社会
学的分析の活性化など，多様な研究展開が望まれよう。しかし，本節では，そ
うした研究の重要性を認識したうえで，あえてそれらとは異なる研究展開（社
会の「立ち直り」）を展望した。「追い風」が吹く今だからこそ，向かう風下に
どのような「社会」が待ち受けているのかを立ち止まって考察する意義がある。

犯罪・非行からの「立ち直り」のあり方を，社会構想も視野に入れながら徹底して考え抜く——風に乗るのではなく，風を創り出すような，そんな社会学的思考の強度と可能性が試されている。

考えてみよう！   *Thinking and Discussion*

本章で論じなかったインフォーマルな処遇システムにおいて，具体的に「立ち直り」の社会学の研究対象となりうるフィールドとしてどのようなものがあるか考えてみよう。**Column 14** を参考にしてもよい。

第 6 節で述べた社会の「立ち直り」を進めるためには，具体的にどのような社会学的考察や，（自分自身も含めた）社会成員によるいかなる具体的活動が求められるか，周りの人たちと意見交換をしてみよう。

Book Guide

▶ 日本犯罪社会学会編『犯罪者の立ち直りと犯罪者処遇のパラダイムシフト』現代人文社，2011 年。

    犯罪学における「立ち直り」研究，特に長所基盤モデルを支持する内外の研究者たちによる最新の論文集。近年における「社会復帰のルネサンス」の展開を理解するうえでも必読の書といえる。

▶ 日本犯罪社会学会編『犯罪からの社会復帰とソーシャル・インクルージョン』現代人文社，2009 年。

    現代日本において「立ち直り」に関心を持つ研究者や実務家たちが，「社会的包摂」をキーワードにして論じている。施設内処遇，社会内処遇からフォーマルな処遇システムまで，「立ち直り」の相互作用過程総体をカバーしたつくりになっている。Amazon でオンデマンド版を入手できる。

▶ セカンドチャンス！編『セカンドチャンス！ ——人生が変わった少年院出院者たち』新科学出版社，2011 年。

    Column 14 で紹介した非行少年の「立ち直り」を支援する「セカンドチャンス！」によって編まれた書。団体設立の経緯や活動記録，支援者たちの論考のほか，少年院出院者自身による「当事者」の語りが多く収録されており興味深い。

Column14　インフォーマルな処遇システム

　犯罪・非行に対するフォーマルな処遇は，インフォーマルな処遇に補完されて効果的なものとなると考えられる（宝月 2004）。広義には，学校，労働，家族，近隣・友人関係，あらゆる社会集団やそこでの相互作用がインフォーマルな処遇システムを構成するといってよいが，ここでは近年注目されている2つのフィールドに絞って紹介しておく。

　①ダルク（DARC: Drug Addiction Rehabilitation Center）
　ダルクは，1985年に東京日暮里に設立されて以来，日本ではほぼ唯一の民間薬物依存リハビリ施設として活動を続けてきた。スタッフを含めほぼ当事者のみの共同生活のなかで，アルコール依存の領域で生まれた12ステップのプログラムを用いながら薬物依存からの「回復」≒「立ち直り」をめざすダルクには，「犯罪者」「非行少年」として刑事司法システムと関わりを持った者も多く集まっている（近藤 2000）。特に近年では，「刑の一部執行猶予制度」の導入を受けて，保護観察時の受け皿（委託先）としてダルクへの期待が強まっている。

　②セカンドチャンス！
　「セカンドチャンス！」は，2009年に少年院入院経験のある当事者と支援者である複数の専門家が中心となって設立された。元法務教官の大学教員である津富宏が代表となり，自分の講義を受講していた元少年院生である才門辰史に声をかけてはじまった「セカンドチャンス！」は，メンバーによる少年院での講話活動，出院生を集めて各地で開催される交流会，社会一般への啓発活動などを通して，少年院出院者の社会での「立ち直り」を支援することを目的としている（セカンドチャンス！編 2011）。ダルクとは設立の経緯や組織構成が大きく異なるが，同様に当事者間の共助を重視している点が注目される。

　ここで紹介した2例はあくまで刑事司法システムを取り巻くインフォーマルな処遇システムである。本章でも述べたが，「立ち直り」の社会学の研究対象はあらかじめ定められているわけではない。まだ研究蓄積の少ない「立ち直り」の社会学にとっては，まずは「立ち直り」をめざす人たちに寄り添い，その過程に影響を及ぼすさまざまな相互作用を研究対象として発見していくことも重要な任務であるといえよう。

犯罪・非行に関する公式統計および研究に関わる主要ウェブサイト

（2020 年 8 月現在）

● 各省庁の刊行する白書
法務省『犯罪白書』
http://www.moj.go.jp/housouken/houso_hakusho2.html
法務省『再犯防止推進白書』
http://www.moj.go.jp/hisho/saihanboushi/hisho04_00009.html
警察庁『警察白書』・『犯罪被害者白書』
http://www.npa.go.jp/publications/whitepaper/
内閣府『子供・若者白書』（旧『青少年白書』）
https://www8.cao.go.jp/youth/suisin/hakusho.html
●警察統計（警察庁）
http://www.npa.go.jp/publications/statistics/
●検察統計・矯正統計・少年矯正統計・保護統計（法務省）
http://www.moj.go.jp/housei/toukei/toukei_index2.html
●司法統計（裁判所）
http://www.courts.go.jp/app/sihotokei_jp/search
●人口動態統計（厚生労働省）
http://www.mhlw.go.jp/toukei/list/81-1.html
●各種資料検索サービス
国会会議録検索システム
http://kokkai.ndl.go.jp/
国立国会図書館オンラインサービス一覧
http://www.ndl.go.jp/jp/service/online_service.html
国立情報学研究所 CiNii（学術情報データベース）
http://ci.nii.ac.jp/
●学会関連
日本犯罪社会学会
http://hansha.daishodai.ac.jp/
日本犯罪社会学会倫理綱領
http://hansha.daishodai.ac.jp/code_of_ethical_practice/
日本犯罪社会学会機関誌『犯罪社会学研究』
http://www.jstage.jst.go.jp/browse/jjscrim/-char/ja
日本社会病理学会
http://socproblem.sakura.ne.jp/
日本社会学会
http://jss-sociology.org/
日本社会学会倫理綱領
http://jss-sociology.org/about/ethicalcodes/
日本社会学会倫理綱領にもとづく研究指針
http://jss-sociology.org/about/researchpolicy/

用語解説

「いきなり型」非行

　これまで非行歴がない少年が，結果的にいきなり重大な犯罪や非行を犯した場合，こう呼ばれる。非行歴のない「普通の」少年とはどのような少年を指すのか，また「いきなり」とはどの起点からの変化を指すのかなど，その基準は曖昧であり，いきなり型非行を近年の非行の特徴であるとする見解は，その他の補完的なデータから再考しなければならない。(S. S.)

応報的司法

　修復的司法に対置されるものとして，従来の刑事・少年司法システムを特徴づけるために修復的司法論者が形成した概念である。応報的司法では，犯罪は国家に対する侵害と定義され，法違反を犯した加害者に対し，体系的な規則に従って責任を決定し，苦痛（刑罰）を科すという特徴がある。(M. S.)

大宅壮一文庫

　評論家・大宅壮一が残した約20万冊の蔵書を中心に，現在は通俗的な雑誌を含め約80万冊を所蔵している雑誌専門の図書館である。大宅壮一文庫の雑誌記事検索データベースは，1つの雑誌記事に付与されているキーワードの数が多く，タイトル中に検索キーワードがなくても検索できる。また「大宅式分類法」というオリジナルの分類法を採用していることも特徴である。(Y. N.)

オペラント条件づけ

　心理学者のスキナーは，空腹のネズミを実験装置に閉じ込めて，その反応の変化を観察した。ネズミは，えさの獲得のために，レバー押しや他の反応を，オペラント（自発的に行われる反応や行動）として試す。ネズミは試行錯誤の結果，レバーを押すという反応をするとえさを得られることを学習する一方，えさの獲得にとって無駄な反応をしなくなる。これらの学習の原理はオペラント条件づけと呼ばれ，人間の行動の説明にも応用される。(T. S.)

開放的処遇

　開放的処遇は，自由の拘束度を段階的に緩和し，原則として居室，食堂，工場および教室には施錠をしないといった環境下で行なわれる処遇である。日本では交通犯罪などによって受刑した者に対して行なわれることが多い。

　施設内事故と保安の観点から，矯正施設ではさまざまな規律が重視される。そのため開放的処遇の実施には困難が伴うが，社会から隔離された施設で「社会復帰」をめざすという矛盾があるために，施設でも，より実生活に近い自由度での処遇の必要性が指摘

されている。(Y. M.)

科学的根拠に基づく犯罪予防
犯罪を予防するための政策・実務を科学的根拠に基づいて決定すべきだとする考え方。犯罪を予防するためのプログラム（家庭，学校，労働市場，場所，警察活動，地域社会，矯正施設という7つの分野から抽出）の科学的な妥当性について，600件以上の研究を概観して評価した，シャーマン，ファーリントンらの『エビデンスに基づく犯罪予防』（Sherman et al. 2002=2008）が有名である。なお，「科学的根拠」は evidence の訳語であり，この概念における「科学的根拠」が意味するのは，通常，計量的な方法に基づくものに限られる。「科学的根拠に基づく実践」は，犯罪予防のほかに医療や教育などの諸実践を包含する上位概念である。(T. S.)

管 理 社 会
この語は多義的だが，第13章の文脈においては，ドゥルーズの用法が基盤となる。その要点は，個人の選択肢を事前に制御することで，主観的な自由を制限せずに秩序を維持する社会が成立しつつある，というものである。人間は保持する選択肢を制限されれば抑圧を感じるが，選択肢に気づく以前に制限をかけられても不自由だとは感じない。現代社会は，建築設計や監視技術を通して，こうした選択肢の予防的制御を充実させつつある。(Y. A.)

軽 犯 罪 法
文字通り軽微な犯罪を取り締まる法律である。34項目の罪が定められており，そのなかで検察への送致件数が多いのは，「田畑等侵入の罪」「凶器携帯の罪」などである（『平成30年の犯罪』による）。しかし，定められている項目のほとんどは，事実上取締りの対象になっていない。つまり非犯罪化されている。もっとも，摘発するか否かが取締り機関の裁量に大きく依存する側面があることには，注意を要する。(T. O.)

ゲーティッド・コミュニティ
区画全体を塀で囲み，門にセキュリティシステムや警備員を配備して出入管理を徹底した住宅地のこと。主な居住者は中産階級以上の富裕層であり，犯罪が発生しにくい住環境を求めて入居することが多い。アメリカやブラジルなどの貧富の格差が大きな国を中心に1980年代頃からみられるようになり，少数ながら日本にも存在する。塀を設けずに，セキュリティシステムや警備員の巡回に重点を置く方式については，タウンセキュリティという。(T. T.)

検 挙 率
検挙件数を認知件数で割った値を百分率で示した値を検挙率という。警察の捜査活動によって，事件が掘り起こされるような種類の犯罪は，一般に検挙率が高い。たとえば，盗品を譲り受けたり運んだりする行為は，刑法第256条に触れる犯罪であるが，この犯

罪の検挙率は9割を超える。その理由は，この犯罪のほとんどが警察による職務質問や取調べを端緒に，警察に認知されるからである。検挙を伴わず認知だけがなされるケースはまれだから，検挙率は高いのである。(T. O.)

厳 罰 化

広義には同じ違法行為に対する刑事上の処理や処遇のあり方が厳格化する刑罰変動一般をさす。必ずしも明確なコンセンサスがあるわけではないが，厳罰化の指標としては，罰則の強化，死刑・無期懲役刑の判決や執行の増加，執行猶予率の低下と実刑率の上昇，刑事施設の拘禁率の上昇と過剰収容の進行などがある。(H. H.)

更生保護ボランティア

保護観察や犯罪予防などの更生保護諸活動には，保護観察所をはじめとする公的機関だけでなく，「更生保護ボランティア」と呼ばれる民間有志が多くかかわっている。無給の非常勤国家公務員である保護司をはじめ，更生保護女性会，BBS会，協力雇用主などが挙げられるが，更生保護法第2条に規定されているように，理念的にはすべての国民がその地位と能力に応じて更生保護諸活動に寄与することが求められている。(H. H.)

合理的選択理論

18世紀のベッカリーアやベンサムを起源とする古典派理論の流れを汲み，人間は合理的に行動を選択しているという考え方から影響を受け，犯罪者は，犯罪から得られる利益と，犯罪が発覚した時の損失を考慮に入れて行動していると仮定する理論。狭義の合理的選択理論では刑罰による損失の認知のみに焦点が当てられ，認知的抑止理論とも呼ばれる。(M. U.)

社会問題の構築主義

社会問題の社会学の領域でキツセが提唱したアプローチ。構築主義は分析の対象を，従来の研究が扱ってきた「客観的な」社会の状態ではなく，社会の状態を問題だと定義してクレイムする個人や集団の活動（クレイム申し立て活動）へと移し替える。このアプローチはアメリカを中心に，言説研究や歴史研究，フィールドワークなどの豊富な経験的研究を生み出し，日本でも多くの研究が行なわれている。(T. Y.)

縦断的研究

一定の間隔を空けて，複数回の調査を実施する方法を用いた研究のこと。一時点での調査のみに基づく横断的研究に対してこう呼ばれる。なかでもパネル調査法（同一の個々人を対象に調査を繰り返す手法）は，個人内の変化（就業状態など）の過程を分析したり，因果関係（「失業が犯罪に結びつく」など）を厳密に検証したりするのに有用である。(T. O.)

象徴的相互作用論

ミードをルーツとして，ブルーマーがこの名称をつけて発展した社会学の一派。人々が言語を中心としたシンボルを媒介にして，相互作用によって社会を作り上げるありさまを探究する。意味が生み出され解釈される動的な過程を強調し，人間の主体性や社会の変容を視野に収めた議論を展開した。現象学的社会学やエスノメソドロジーとともに，社会学における「解釈的アプローチ」の一翼を担う。(T. Y.)

少年鑑別所

家庭裁判所は，人を傷つけるような重大な非行があった場合や，少年が非行を繰り返している場合などに，少年を観護措置に付すことがある。観護措置とは，心理学・社会学などの側面から，専門の職員が少年のことを詳しく調べる措置のことであり，少年を収容してそれを行なう施設が，少年鑑別所である。期間は多くの場合，少年審判が開かれるまでの2～4週間である。混同しやすいが，矯正教育を授ける少年院とはまったく異なる施設である。(T. O.)

少 年 法

少年法は，少年の成長発達権に基づく健全育成などを前提とする。その対象は，20歳未満の少年であるが，刑事責任能力が問われる14歳との関係で，次のように分類される。14歳から20歳未満の刑罰法令に触れる行為を行なった犯罪少年。14歳未満で刑罰法令に触れる行為を行なった触法少年。そして，将来に刑罰法令に触れる行為をする虞（おそれ）などがある虞犯（ぐはん）少年である。刑事法だけでなく，教育法の観点，福祉法の観点から刑罰ではなく健全育成がめざされる。(Y. M.)

新自由主義

狭義にはケインズ主義的な福祉国家政策を批判し，自由競争とイノベーションを阻害する経済市場への国家介入や再分配政策を忌避するところに登場した政治経済哲学をさす。レーガン（米）やサッチャー（英），小泉（日）政権下で積極的に採用されたとされるが，広義には市場原理主義的なリバタリアニズムから国家介入も重視する社会的市場までを包含する広範（かつ曖昧）な概念としても使用される。「ネオ・リベラリズム」とも呼ばれる。(H. H.)

生 活 史（ライフヒストリー）

個人の生活，あるいは一生の記録のこと。過去から現在に至る時系列的な記述に特徴があり，インタビューの記録だけではなく，自伝，日記，手紙などの個人的な記録なども資料として用いる。(Y. N.)

性犯罪被害者

性犯罪被害者とは，強制性交や強制わいせつなどによって性的な危害を被った者のことである。性犯罪は身体的危害だけでなく，精神的な危害も大きく，特に強制性交は「魂

の殺人」と言われている。現在，性犯罪被害者に対する施策として，ワンストップ支援センターの設置促進，被害者の心情に配慮した事情聴取などの推進，診断・治療などに関する支援，専門家の養成などが進められている。(M. S.)

ゼロ・トレランス政策

1990年代半ばにニューヨークで実施された治安政策のこと。「寛容」(tolerance)が「ない」(zero)ことから「不寛容」を意味している。軽微な違反を見逃さずに厳しく取り締まることで，都市全体の治安回復を意図している。教育分野でも，アメリカは同時期にゼロ・トレランス政策を本格的に導入し，学校内における暴力行為やドラッグ使用などの問題解決を意図して，遅刻や課題未提出などの軽微な違反を容認せずに懲罰の対象とした。(T. T.)

遷移地帯

大都市の都心周辺に位置し，主に移民や貧困層の人々が集まる一帯のこと。住環境が悪く，犯罪や非行とみなされる社会現象が発生しやすい。1900年代から1930年代にかけて遷移地帯に居住する民族の構成が変化したにもかかわらず，遷移地帯の非行率は変化していない。また，民族ごとの非行率は市の中心部から周辺部へ向かうほど低くなる。これにより，非行率の高さは民族的特質ではなく，遷移地帯の地域的特質であることが証明されている。(T. T.)

ダイバージョン

ダイバージョン (diversion) とは，「わきへ逸らすこと，進路の変更」といった意味を持つ。刑事政策の分野では，逮捕，勾留，起訴，裁判，拘禁，釈放，更生保護などの刑事司法手続から，わきへ逸らせるという意味で用いられる（藤本編 1991）。

ダイバージョン構想が取り上げられたのは，1967年にアメリカで提言された「刑事司法の運営に関する大統領諮問委員会」の報告書である。少年非行の対策として従前の刑事手続から「わきへ逸らせる」さまざまな取組みが制度化された。(Y. M.)

中和の技術

少年が非行を行なう際に，自らの行為を正当化し，罪悪感や不安を低減する方法のこと。その具体的な内容としては，自分のせいではないと主張する「責任の否定」，実害を与えていないと主張する「加害の否定」，被害者の落ち度を責める「被害者の否定」，自分の非行を非難する大人への非難を行う「非難者への非難」，非行は自分の所属するグループのための行為であると主張する「より高い忠誠心への訴え」が挙げられている。(M. U.)

当 事 者

広義には，特定の問題意識や問題経験を共有する人，ないしその問題から派生する何らかの「ニーズ」を有する人を，その問題の「当事者」と呼ぶ。専門家支配のもとで自

己決定が制約されてきた障がい者，女性，高齢者，患者らのマイノリティによる権利回復運動やセルフヘルプグループ活動として，日本では特に2000年代以降「当事者」の視点が大きな注目を浴びている。(H. H.)

認知行動療法

問題に対する歪んだ認知（もののとらえ方）の修正と，問題改善のための適切な行動スキルの伝達により，クライアントが問題行動に至るリスクを未然に回避できるようなライフスタイルの構築/維持をめざす心理療法。当初は比較的軽度のうつ病性障害の治療法として注目を浴びたが，近年では矯正や保護といった犯罪者処遇の現場でも，科学的根拠のある技法として積極的に導入されつつある。(H. H.)

排 除 社 会

福祉社会や社会的包摂と対をなす概念であり，市場原理主義にもとづく効率性の追求とそのための能動性の喚起という価値を全面化する社会のことを指す。そこでは，生産・消費の効率を上げるために格差の拡大が許容され，競争の敗者はそれに応じる能動性が欠けていたと意味づけられる。さらに，能動性の欠如した者に対する公的扶助は効率的ではないと判断されるために，一度落伍した者は生活困難を深め，再浮上の道を閉ざされる。(Y. A.)

被害申告率

被害申告率とは，被害に遭った世帯または個人のうち，被害（同一の被害態様で複数回の被害がある場合は，直近のもの）を捜査機関に届け出た比率のことである。一般的に，自動車・バイクの窃盗，車上荒らし，不法侵入，強盗などでは，被害申告率が高くなる傾向があるが，性的事件，自動車損壊，暴行・脅迫，インターネットオークション詐欺，消費者詐欺などでは，被害申告率が低くなる傾向がある。(M. S.)

非 行 集 団

非行を行なうことを共通の目標に掲げた集団のこと。日本で典型的な非行集団といえば暴走族が挙げられるが，その構成員数は1990年代前半以降，減少してきている。また，小規模化の傾向もみられる。非行サブカルチャー論など，非行集団を対象とする研究から生まれた犯罪・非行の理論は多い。また，非行集団に所属していることが，個人の非行行動を促進する効果を持つことが，海外の研究で明らかになっている。(T. O.)

「非行の一般化」論

非行が特定の社会階層に集中して生じるのではなく，すべての社会階層で等しく生じうるとする考え方。1970年刊行の『犯罪白書』に，少年犯罪が一般化しているという記述がある。遅くとも1970年代後半には，非行に携わる実務家の間にこの考え方は広がっていたと思われるが，実際には現代でもなお，非行は特定の階層出身の少年に偏って生じており，「非行の一般化」論の妥当性は低いと考えられる。(T. O.)

漂 流 理 論

　非行少年は伝統的世界（社会の伝統的な規範・価値観に従うことをよしとする世界）と非行的世界との間を漂流しているととらえるマッツァの理論。非行のない少年と同様に，非行少年もほとんどの時間は伝統的世界に生きており，長いスパンで考えても，一生犯罪をし続ける者はほとんどいない。マッツァは，従来の理論をハードな決定論であると批判し，非行に走るか否かは環境により完全に決定されるわけではなく，本人の意志も重要な要素であると考えた。マッツァはこの理論をソフトな決定論と呼んでいる。(T. O.)

フィールドノーツ

　フィールドで観察した内容を記録したもの。「ノート」に手書きで書き記したものだけではなく，たとえば，目の前にあったコースターや箸袋の裏に書き留めたものや，テキストファイルなど電子情報で記録したものも含む。(Y. N.)

福 祉 国 家

　国家の役割を安全保障や治安維持などに限定するのではなく，教育・保育・労働・住宅・保健医療・公衆衛生・介護などを含む広義の社会保障制度の整備を通じて国民の生活保障を図る国家制度のこと。第二次世界大戦後の経済成長のなかで全世界的に広まったが，1970年代以降に持続可能性や効率性といった諸点において行き詰まりをみせた。犯罪政策でいえば，犯罪者の社会復帰に力を入れる「矯正主義」と親和的である。国や地域ごとのさまざまなパターン（福祉レジーム）に分岐していくことになった。(H. H.)

文化的逸脱理論

　人々が犯罪や非行を行なうのは，彼らが犯罪や非行を是認するサブカルチャーを学習し，それに同調するからだと主張する理論。第8章で紹介されているサザランドの分化的接触理論は，この理論の代表とされることが多い。しかし，エイカーズはこれに異を唱えている。文化的逸脱理論は逸脱的な文化を犯罪・非行の唯一の原因であると仮定しているはずなのに，サザランドの理論はこの仮定に反し，逸脱的な文化と同時に個人レベルでの学習がなければ逸脱は生じないとしていると，エイカーズは主張している。(M. U.)

メディア・リテラシー

　メディアを客観的にとらえ，批判的に検討し，そこから得られる意味を摂取して，他者に伝える基本的な能力のこと。インターネットの普及によって，一方的に報道されるメディアの情報に対して自ら調べ吟味することが容易になってきた。このような情報環境のもとでは，自律的な情報の取り込みと理解力が受け手に求められる。(S. S.)

模 倣 説

　タルドが唱えた模倣説は，①よく会う人たちほどお互いのまねをする，②人はより上

の立場にある人（年長者，有名人，お金持ちなど）のまねをする，③新しい慣習が古い慣習に取って代わる（たとえば犯罪者が用いる凶器の場合，後から登場した銃器が刃物よりも支持される）などの要素から成る。個人間の模倣の相互作用によって社会が成立しており，模倣によって行動や考え方や技術の流行が起こったり急速な革新が生じたりする可能性を，模倣説は示唆する。(T. S.)

モラル・パニック

　モラル・パニックとは，凶悪な犯罪事件がマス・メディアなどを通じて報道され，不安や恐怖が世論や集団において共有されることで体感治安が急速に高まり，パニック状態に陥るなどの過剰な反応が引き起こされた状態を指す。(S. S.)

予言の自己成就

　マートンは，シカゴ学派のトマスの着想を発展させて「状況についての誤った定義が新しい行動を引き起こし，その行動が当初の誤った考えを現実のものにする」ことを自己成就的予言と名付けた。たとえば「銀行が破たんしそうだ」という間違った噂を信じて人々が預金を引き出しに殺到すると，健全な銀行でも本当に破たんしてしまう。つまり，「破たんする」という予言が成就したことになる。幅広い現象に適用可能な概念である。(T. Y.)

◎引用文献◎

Adler, F., 1975, *Sisters in Crime: The Rise of the New Female Criminal*, McGraw-Hill.

赤川学，2012，『社会問題の社会学』弘文堂.

赤羽由起夫，2010，「『リスク』としての少年犯罪とモラル・パニック――『普通の子』の凶悪犯罪報道に着目して」『犯罪社会学研究』35，pp.100-114.

Andrews, D. A. and J. Bonta, 2010, *The Psychology of Criminal Conduct*, 5th ed., Lexis Nexis.

鮎川潤，2001，『少年犯罪――ほんとうに多発化・凶悪化しているのか』平凡社.

鮎川潤，2006，『〔新訂〕逸脱行動論』放送大学教育振興会.

東浩紀，2002-2003，「情報自由論」①-⑭『中央公論』117(7)-118(10)，（2013年10月31日取得，http://www.hajou.org/infoliberalism/）.

Bauman, Z., 2000, *Liquid Modernity*, Polity Press.（＝2001，森田典正訳『リキッド・モダニティ』大月書店.）

Becker, H. S., [1963] 1973, *Outsiders: Studies in the Sociology of Deviance*, The Free Press.（＝2011，村上直之訳『〔完訳〕アウトサイダーズ――ラベリング理論再考』現代人文社.）

Best, J., 1999, *Random Violence*, University of California Press.

Best, J., 2008, *Social Problems*, Norton.

Bonta, J., 2012, "The RNR Model of Offender Treatment," *Japanese Journal of Offenders Rehabilitation*, 1, pp.29-42.（＝2012，染田恵訳「日本の犯罪者の社会内処遇制度におけるRNRモデルの有効性」『更生保護学研究』1，pp.43-56.）

Braithwaite, J., 1981 "The Myth of Social Class and Criminality Reconsidered," *American Sociological Review*, 46(1), pp.36-57.

Braithwaite, J., 1989, *Crime, Shame and Reintegration*, Cambridge University Press.

Brantingham, P. J. and P. L. Brantingham, 1981, *Enviromental Criminology*, Sage.

Brown, P., 2013a, "U.S. Voters Say Snowden is Whistle-blower, Not Traitor, Quinnipiac University National Poll Finds; Big Shift on Civil Liberties vs. Counter-terrorism," Quinnipiac University Polling Institute, (Retrieved July 10, 2013, http://www.quinnipiac.edu/images/polling/us/us07102013.pdf/).

Brown, P., 2013b, "Snowden is Whistle-blower, Not Traitor, U.S. Voters Tell Quinnipiac University National Poll," Quinnipiac University Polling Institute, (Retrieved August 1, 2013, http://www.quinnipiac.edu/images/polling/us/us08012013.pdf/).

Cantril, H. et al., 1940, *The Invasion from Mars: A Study in the Psychology of Panic*, Princeton University Press.（＝1971，斎藤耕二・菊池章夫訳『火星からの侵入――パニックの社会心理学』川島書店.）

Carlen, P., 2002, "Critical Criminology?: In Praise of an Oxymoron and Its Enemies," K. Carrington and R. Hogg eds., *Critical Criminology*, Routledge, pp.243-250.

Castells, M., [1996] 2000, *The Rise of the Network Society*, (The Informaition Age:

Economy, Society and Culture Vol. 1), Blackwell.

Christie, N., 2004, *En Passende Mengde Kriminalitet*, Universitetsforlaget.（＝2006，平松毅・寺澤比奈子訳『人が人を裁くとき——裁判員のための修復的司法入門』有信堂高文社.）

中門弘，2013，「刑法犯検挙率向上のための課題」『警察政策』15，pp.137-172.

Cohen, A. K., 1955, *Delinquent Boys: The Culture of the Gang*, The Free Press.

Cohen, A. K., 1966, *Deviance and Control*, Prentice-Hall.（＝1978，細井洋子訳『逸脱と統制』至誠堂.）

Cohen, L. E. and M. Felson, 1979, "Social Change and Crime Rate Trends: A Routine Activity Approach," *American Sociological Review*, 44(4), pp.588-608.

Cohen, L. E., J. R. Kluegel and K. C. Land, 1981, "Social Inequality and Predatory Criminal Victimization: An Exposition and Test of a Formal Theory," *American Sociological Review*, 46(5), pp.505-524.

Coleman, R. and J. Sim, 2000, "You'll Never Walk Alone: CCTV Surveillance, Order and Neo-liberal Rule in Liverpool City Centre," *The British Journal of Sociology*, 51(4), pp.623-639.

Conrad, P. and J. W. Schneider, 1992, *Deviance and Medicalization: From Badness to Sickness*, expanded ed., Temple University Press.（＝2003，進藤雄三監訳『逸脱と医療化——悪から病いへ』ミネルヴァ書房.）

Cooley, C. H., 1909, *Social Organization: A Study of the Larger Mind*, Charles Scribner's sons.（＝1970，大橋幸・菊池美代志訳『現代社会学大系4　社会組織論——拡大する意識の研究』青木書店.）

Currie, E., 1985, *Confronting Crime: An American Challenge*, Pantheon.

Davis, A., 2003, *Are Prisons Obsolete?*, Seven Stories Press.（＝2008，上杉忍訳『監獄ビジネス——グローバリズムと産獄複合体』岩波書店.）

Davis, M., 1992, *City of Quartz: Excavating the Future in Los Angeles*, Verso.（＝2001，村山敏勝・日比野啓訳『要塞都市 LA』青土社.）

DeKeseredy, W., 2011, *Contemporary Critical Criminology*, Routledge.

土井隆義，2003，『非行少年の消滅——個性神話と少年犯罪』信山社.

Durkheim, É., [1893] 1960, *De la division du travail social: étude sur l'organisation des sociétés supérieures*, PUF.（＝1971，田原音和訳『社会分業論』青木書店.）

Durkheim, É., 1895, *Les règles de la méthode sociologique*, Félix Alcan.（＝1978，宮島喬訳『社会学的方法の規準』岩波書店.）

Ellenberger, H. F., 1954, "Relations psychologiques entre le criminel et la victim", *Revue internationale de criminologie et de police technique*, 8(2), pp.103-121.

Elliott, M. A. and F. E. Merrill, 1934, *Social Disorganization*, Harper and Brothers.

Elliott, D. S., D. Huizinga and S. S. Ageton, 1985, *Explaining Delinquency and Drug Use*, Sage.

Faris, R. E. L., 1955, *Social Disorganization*, 2nd ed., Ronald Press.

Felson, M., 2002, *Crime and Everyday Life*, 3rd ed., Pine Forge, Inc.（＝2005，守山正監訳

『日常生活の犯罪学』日本評論社.）

Ferrell, J., 2010, "Cultural Criminology," F. T. Cullen and P. Wilcox eds., *Encyclopedia of Criminological Theory*, Sage, pp.249-253.

Ferrell, J., D. Milovanovic and J. Young, 2001, "Edgework, Media Practices, and the Elongation of Meaning," *Theoretical Criminology*, 5(2), pp.177-202.

Festinger, L., 1957, *A Theory of Cognitive Dissonance*, Stanford University Press.（＝1965, 末永俊郎監訳『認知的不協和の理論——社会心理学序説』誠信書房.）

Ford, J., 1939, *Social Deviation*, Macmillan.

藤木英雄, 1971, 『刑法』弘文堂.

藤本哲也, 2012, 「犯罪者処遇における更生保護の役割」『更生保護学研究』1, pp.18-28.

藤本哲也編, 1991, 『現代アメリカ犯罪学事典』勁草書房.

福田雅章, 2004, 「アメリカの死刑執行に関するモラトリアム運動の意味（上）」『山梨学院大学法学論集』51, pp.285-341.

福田雅章, 2005, 「アメリカの死刑執行に関するモラトリアム運動の意味（下）」『山梨学院大学法学論集』54, pp.125-174.

福原宏幸, 2007, 「社会的排除／包摂論の現在と展望」福原宏幸編『社会的排除／包摂と社会政策』法律文化社, pp.11-39.

Galtung, J. and M. H. Ruge, 1970, "The Structure of Foreign News," J. Tunstall ed., *Media Sociology: A Reader*, Constable, pp.259-278.

Gerbner, G. and L. Gross, 1976, "Living with Television: The Violence Profile," *Journal of Communication*, 26, pp.173-199.

後藤弘子, 2012, 「女性と犯罪」ジェンダー法学会編『暴力からの解放（講座ジェンダーと法 3)』日本加除出版, pp.75-90.

Gottfredson, M. R. and T. Hirschi, 1990, *A General Theory of Crime*, Stanford University Press.（＝2018, 大渕憲一訳『犯罪の一般理論——低自己統制シンドローム』丸善出版.）

浜井浩一, 2001, 「増加する刑務所人口と犯罪不安」『犯罪と非行』131, pp.56-91.

浜井浩一, 2004, 「日本の治安悪化神話はいかに作られたか——治安悪化の実態と背景要因（モラル・パニックを超えて)」『犯罪社会学研究』29, pp.10-26.

浜井浩一, 2006, 『刑務所の風景——社会を見つめる刑務所モノグラフ』日本評論社.

浜井浩一, 2009, 『2 円で刑務所, 5 億で執行猶予』光文社.

浜井浩一, 2011, 『実証的刑事政策論——真に有効な犯罪対策へ』岩波書店.

Hamai, K. and T. Ellis, 2008, "Genbatsuka: Growing Penal Populism and the Changing Role of Public Prosecutors in Japan?," *Japanese Journal of Sociological Criminology*, 33, pp.67-92.（＝2009, 浜井浩一訳「日本における厳罰化とポピュリズム」日本犯罪社会学会編『グローバル化する厳罰化とポピュリズム』現代人文社, pp.90-127.）

浜井浩一・芹沢一也, 2006, 『犯罪不安社会——誰もが「不審者」？』光文社.

春木豊, 2001, 「社会的学習」山内光哉・春木豊編『グラフィック学習心理学——行動と認知』サイエンス社, pp.125-148.

林眞琴・北村篤・名取俊也，2017，『逐条解説 刑事収容施設法〔第3版〕』有斐閣．

Hayward, K. J., 2010, "Jock Young," K. J. Hayward, S. Maruna and J. Mooney eds., *Fifty Key Thinkers in Criminology*, Routledge, pp.260-266.

Hentig, H. v., 1948, *The Criminal and His Victim*, Yale University Press.

Hindelang, M., M. R. Gottfredson and J. Garofalo, 1978, *Victim of Personal Crime: An Empirical Foundation for a Theory of Personal Victimization*, Ballinger.

平井秀幸，2013，「施設内成人薬物処遇実践における認知行動療法の上昇――近年の展開をめぐる比較歴史社会学的分析」『四天王寺大学紀要』55，pp.1-36.

広田照幸，2001，『教育言説の歴史社会学』名古屋大学出版会．

広田照幸・平井秀幸，2012，「少年院教育の可能性と限界」広田照幸・古賀正義・伊藤茂樹編『現代日本の少年院教育――質的調査を通して』名古屋大学出版会，pp.343-362.

Hirschi, T., 1969, *Causes of Delinquency*, University of California Press.（＝1995，森田洋司・清水新二監訳『非行の原因――家庭・学校・社会へのつながりを求めて』文化書房博文社.）

Hirschi, T., 2004, "Self-Control and Crime," R. F. Baumeister and K. Vohs eds. *Handbook of Self-Regulation: Research, Theory, and Applications*, The Guilford Press, pp.537-552.

星野周弘・増田周二，1975，「犯罪現象の社会史的研究――社会関係としての犯罪定義の試み」『犯罪と非行』24，pp.111-132.

宝月誠，1990，『逸脱論の研究』恒星社厚生閣．

宝月誠，2004，『逸脱とコントロールの社会学――社会病理学を超えて』有斐閣．

法務省法務総合研究所編，2007，『〔平成19年版〕犯罪白書――再犯者の実態と対策』佐伯印刷．

法務省法務総合研究所編，2012，『〔平成24年版〕犯罪白書――刑務所出所者等の社会復帰支援』日経印刷．

法務省法務総合研究所編，2013，『〔平成25年版〕犯罪白書――女子の犯罪・非行／グローバル化と刑事政策』日経印刷．

法務省法務総合研究所編，2019，『〔令和元年版〕犯罪白書――平成の刑事政策』昭和情報プロセス．

石塚伸一，2008，「戦後監獄法改正史と被収容者処遇法――改革の到達点としての受刑者の主体性」『法律時報』80(9)，pp.53-57.

石塚伸一，2011，「宗教教誨における一宗派・強制主義について――プロイセン監獄学の日本監獄学への影響史の一断面」浅田和茂ほか編『人権の刑事法学――村井敏邦先生古稀記念論文集』日本評論社，pp.871-895.

伊藤康一郎，1991，「医療モデル」藤本哲也編『現代アメリカ犯罪学辞典』勁草書房，pp.279-284.

岩井弘融ほか編，1969，『日本の犯罪学1（原因1)』東京大学出版会．

岩井宜子，2004，「フェミニスト犯罪学と刑事司法」原ひろ子ほか編『ジェンダー問題と学術研究』ドメス出版，pp.120-130.

岩井宜子，2005，「刑事法とジェンダー」辻村みよ子・山元一編『ジェンダー法学・政

治学の可能性——東北大学 COE 国際シンポジウム・日本学術会議シンポジウム』東北大学出版会, pp.235-244.

Jacobs, J., 1961, *The Death and Life of Great American Cities*, Vintage Books.（＝2010, 山形浩生訳『アメリカ大都市の死と生』鹿島出版会.）

Jeffery, C. R., 1971, *Crime Prevention through Enviromental Design*, Sage.

Karmen, A., 2007, *Crime Victims: An Introduction to Victimology*, 6th ed., Wadsworth.

柏熊岬二・松浦孝作, 1958, 『東京都における非行少年の生態学的研究』法曹会.

Katz, E. and P. F. Lazarsfeld, 1955, *Personal Influence: The Part Played by People in the Flow of Mass Communications*, Free Press.（＝1965, 竹内郁郎訳『パーソナル・インフルエンス——オピニオン・リーダーと人びとの意思決定』培風館.）

川出敏裕, 2005, 「監獄法改正の意義と今後の課題」『ジュリスト』1298, pp.25-34.

河合幹雄, 2004, 『安全神話崩壊のパラドックス——治安の法社会学』岩波書店.

刑事立法研究会編, 2003, 『21 世紀の刑事施設——グローバル・スタンダードと市民参加』日本評論社.

刑事立法研究会編, 2012, 『非拘禁的措置と社会内処遇の課題と展望』現代人文社.

警察庁編, 2002, 『〔平成 14 年版〕警察白書——我が国の治安回復に向けて 厳しさを増す犯罪情勢への取組み』財務省印刷局.

警察庁編, 2008, 『〔平成 20 年版〕警察白書——特集：変革を続ける刑事警察』ぎょうせい.

警察庁, 2013, 「自主防犯活動を行う地域住民・ボランティア団体の活動状況について」警察庁ウェブサイト,（2013 年 7 月 24 日取得, http://www.npa.go.jp/safetylife/seianki/seianki20130321_1.pdf）.

Kelling, G. L. and C. M. Coles, 1998, *Fixing Broken Windows: Restoring Order and Reducing Crime in Our Communities*, Free Press.（＝2004, 小宮信夫監訳『割れ窓理論による犯罪防止——コミュニティの安全をどう確保するか』文化書房博文社.）

見城武秀, 2010, 「メディア・リテラシー」日本社会学会社会学事典刊行委員会編『社会学事典』丸善, pp.516-517.

木村裕, 2001, 「オペラント条件づけの基礎」山内光哉・春木豊編『グラフィック 学習心理学——行動と認知』サイエンス社, pp.43-92.

キルヒホッフ, ゲルド・フェルディナンド（常磐大学国際被害者学研究所編）, 2005, 『被害者学とは何か』成文堂.

Kitsuse, J. I., 1980, "Coming Out All Over: Deviants and the Politics of Social Problems," *Social Problems*, 28(1), pp.1-13.

Kitsuse, J. I. and A. V. Cicourel, 1963, "A Note on the Uses of Official Statistics," *Social Problems*, 11(2), pp.131-139.

Klein, D. 1973, "The Etiology of Female Crime: A Review of the Literature," *Issues in Criminology*, 8(2), pp.3-30.

小林美佳, 2008, 『性犯罪被害にあうということ』朝日新聞出版.

小宮信夫, 2001, 『NPO によるセミフォーマルな犯罪統制——ボランティア・コミュニティ・コモンズ』立花書房.

小長井賀與, 2011, 「犯罪者の立ち直りと地域のパートナーシップ——犯罪者処遇の『第三の道』」日本犯罪社会学会編『犯罪者の立ち直りと犯罪者処遇のパラダイムシフト』現代人文社, pp.149-178.

近藤日出夫, 2010, 「少年鑑別所・少年院入院者から見た日本の少年非行対策——戦後少年非行の『第四の波』とは何だったのか」浜井浩一編『刑事司法統計入門——日本の犯罪者処遇を読み解く』日本評論社, pp.159-198.

近藤恒夫, 2000, 『薬物依存を越えて——回復と再生のプログラム』海拓舎.

河野荘子, 2011, 「非行からの離脱とレジリエンス——心理面接過程をベースとした離脱にいたるプロセスモデルの提案」日本犯罪社会学会編『犯罪者の立ち直りと犯罪者処遇のパラダイムシフト』現代人文社, pp.41-61.

葛野尋之, 2009, 「社会復帰とソーシャル・インクルージョン——本書の目的とイギリスにおける展開」日本犯罪社会学会編『犯罪からの社会復帰とソーシャル・インクルージョン』現代人文社, pp.14-30.

Lazarsfeld, P. F. and R. K. Merton, [1948] 1960, "Mass Communication, Popular Taste and Organized Social Action," W. L. Schramm ed., *Mass Communications*, University of Illinois Press, pp.492-512. (＝1968, 犬養康彦訳「マス・コミュニケーション, 大衆の趣味, 組織的な社会的行動」学習院大学社会学研究室訳『〔新版〕マス・コミュニケーション——マス・メディアの総合的研究』東京創元社, pp.270-295.)

Lea, J. and J. Young, 1984, *What Is To Be Done about Law and Order?*, Penguin.

Lemert, E. M., 1951, *Social Pathology: A Systematic Approach to the Theory of Sociopathic Behavior*, McGraw-Hill.

Lippmann, W., 1922, *Public Opinion*, Harcourt. (＝1987, 掛川トミ子訳『世論』岩波書店.)

Lyon, D., 2001, *Surveillance Society: Monitoring Everyday Life*, Open University Press. (＝2002, 河村一郎訳『監視社会』青土社.)

前田忠弘, 2007, 「犯罪者の社会復帰のための処遇」前野育三ほか編『刑事政策のすすめ——法学的犯罪学〔第2版〕』法律文化社, pp.74-102.

牧野智和, 2006, 「少年犯罪報道に見る『不安』——『朝日新聞』報道を例にして」『教育社会学研究』78, pp.129-146.

Maruna, S., 2001, *Making Good: How Ex-Convicts Reform and Rebuild Their lives*, American Psychological Association.

Maruna, S. and T. P. LeBel, 2009, "Strengths-Based Approaches to Reentry: Extra Mileage toward Reintegration and Destigmatization," *Japanese Journal of Sociological Criminology*, 34, pp.59-81. (＝2011, 平井秀幸訳〈津富宏監訳〉「再参入に向けた長所基盤のアプローチ——再統合と脱スティグマ化への更なるマイル」日本犯罪社会学会編『犯罪者の立ち直りと犯罪者処遇のパラダイムシフト』現代人文社, pp.102-130.)

Mawby, R. I. and S. Walklate, 1994, *Critical Victimology: International Perspectives*, Sage.

McLuhan, M., 1964, *Understanding Media: The Extensions of Man*, Mcgraw-Hill. (＝1987, 栗原裕・河本仲聖訳『メディア論——人間の拡張の諸相』みすず書房.)

Mendelsohn, B., 1956, "A New Branch of Bio-Psychological Science: La Victimology,"

Revue Internationales de Criminologie et de Police Technique, 10, pp.782-789.

Mendos, L. R., 2019, *State-Sponsored Homophobia 2019: Global Legislation Overview Update*, ILGA, (Retrieved March 24, 2020, https://ilga.org/downloads/ILGA_World_State_Sponsored_Homophobia_report_global_legislation_overview_update_December_2019.pdf)

Merriam, S. B., 1997, *Qualitative Research and Case Study Applications in Education: Revised and Expanded from Case Study Research in Education*, Jossey-Bass. (＝2004，堀薫夫・久保真人・成島美弥訳『質的調査法入門——教育における調査法とケース・スタディ〈叢書・現代社会のフロンティア〉』ミネルヴァ書房.)

Merton, R. K., [1949] 1957, *Social Theory and Social Structure: Toward the Codification of Theory and Research*, Free Press. (＝1961，森東吾ほか訳『社会理論と社会構造』みすず書房.)

Miers, D., 1990 "Positivist Victimology: A Critique Part 2: Critical Victimology," *International Review of Victimology*, 1(3), pp.219-230.

Mills, C. W., 1943, "The Professional Ideology of Social Pathologists," *American Journal of Sociology*, 49(2), pp.165-180. (＝1971，青井和夫訳「社会病理学者の職業的イデオロギー」青井和夫・本間康平監訳『権力・政治・民衆』みすず書房，pp.407-425.)

Mills, C. W., 1959, *The Sociological Imagination*, Oxford University Press. (＝1995，鈴木広訳『社会学的想像力〔新装版〕』紀伊國屋書店.)

Mills, C. W., (I. L. Horowitz ed.), 1963, *Power, Politics and People*, Oxford University Press. (＝1971，青井和夫・本間康平監訳『権力・政治・民衆』みすず書房.)

宮澤浩一・田口守一・高橋則夫編，1996，『犯罪被害者の研究』成文堂.

Mobley, A., 2011, "Garbage in, Garbage out?: Convict Criminology, the Convict Code, and Participatory Prison Reform," M. Maguire and D. Okada eds., *Critical Issues in Crime and Justice*, Sage, pp.333-349.

守山正・安部哲夫編，2017，『ビギナーズ刑事政策〔第3版〕』成文堂.

守山正・後藤弘子編，2017，『ビギナーズ少年法〔第3版〕』成文堂.

Mowrer, E. R., 1927, *Family Disorganization: An Introduction to a Sociological Analysis*, University of Chicago Press.

諸澤英道，1998，『〔新版〕被害者学入門』成文堂.

村上直之，1999，「マス・メディアと逸脱」宝月誠編『講座社会学10 逸脱』東京大学出版会，pp.217-234.

内閣府，2004，「治安に関する世論調査」内閣府ウェブサイト，(2013年4月12日取得，http://www8.cao.go.jp/survey/h16/h16-chian/).

内閣府，2006，「治安に関する世論調査」内閣府ウェブサイト，(2013年4月12日取得，http://www8.cao.go.jp/survey/h18/h18-chian/).

内閣府男女共同参画局，2006，『男女間における暴力に関する調査報告書』.

内閣府男女共同参画局，2009，『男女間における暴力に関する調査報告書』.

内閣府男女共同参画局，2012，『男女間における暴力に関する調査報告書』.

内閣府男女共同参画局，2015，『男女間における暴力に関する調査報告書』.

内閣府男女共同参画局，2018，『男女間における暴力に関する調査報告書』．

内閣府犯罪被害者等施策推進室，2009，『平成20年度犯罪被害類型別継続調査 調査結果報告書』．

内閣府犯罪被害者等施策推進室，2010，『平成21年度犯罪被害類型別継続調査 調査結果報告書』．

中河伸俊，1999，『社会問題の社会学——構築主義アプローチの新展開』世界思想社．

名取俊也，2005，「刑事施設及び受刑者の処遇等に関する法律の概要」『ジュリスト』1298，pp.11-24.

Newbold, G., J. L. Ross and S. C. Richards, 2010, "Convict Criminology," F. T. Cullen and P. Wilcox eds., *Encyclopedia of Criminological Theory*, Sage, pp.207-212.

Newman, O., 1972, *Defensible Space: Crime Prevention through Urban Design*, Macmillan. (＝1976，湯川利和・湯川聡子訳『まもりやすい住空間——都市設計による犯罪防止』鹿島出版会．)

日本犯罪社会学会編，2009，『グローバル化する厳罰化とポピュリズム』現代人文社．

日本被害者学会，1992，「日本被害者学会設立の趣旨」『被害者学研究』創刊号，pp.69-72.

西村春夫，1997，「高校生非行に対する計量的説明のための統合理論の有効性——英米非行理論の検証」『比較法制研究』20，pp.159-192.

Noelle-Neumann, E., 1984, *The Spiral of Silence: Public Opinion, Our Social Skin*, University of Chicago Press. (＝2013，池田謙一・安野智子訳『沈黙の螺旋理論——世論形成過程の社会心理学〔改訂復刻版〕』北大路書房．)

野口裕二，2002，『物語としてのケア——ナラティヴ・アプローチの世界へ』医学書院．

野口裕二編，2009，『ナラティヴ・アプローチ』勁草書房．

Nye, F. I., 1958, *Family Relationships and Delinquent Behavior*, Wiley.

大庭絵里，2010，「メディア言説における『非行少年』観の変化」『神奈川大学国際経営論集』39，pp.155-164.

岡邊健，2013，『現代日本の少年非行——その発生態様と関連要因に関する実証的研究』現代人文社．

大村英昭，1980，『非行の社会学』世界思想社．

大村英昭・宝月誠，1979，『逸脱の社会学——烙印の構図とアノミー』新曜社．

大谷信介ほか編，2013，『新・社会調査へのアプローチ——論理と方法』ミネルヴァ書房．

Park, R. E. 1916, "The City: Suggestions for the Investigation of Human Behavior in the Urban Environment," *American Journal of Sociology*, 20(5), pp.577-612. (＝1978，笹森秀雄訳「都市——都市環境における人間行動研究のための若干の示唆」鈴木広編『都市化の社会学〔増補〕』誠信書房，pp.57-96.)

Park, R. E. and E. W. Burgess, 1925, *The City*, The University of Chicago Press. (＝1972，大道安次郎・倉田和四生訳『都市——人間生態学とコミュニティ論』鹿島出版会．)

Pepinsky, H. and R. Quinney eds., 1991, *Criminology as Peacemaking*, Indiana University Press.

Pollak, O., 1950, *The Criminality of Women*, University of Pennsylvania Press.（＝1960，広瀬勝世訳『女性の犯罪』文光堂.）

Quinney, R., 1991, "The Way of Peace: On Crime, Suffering, and Service," H. Pepinsky and R. Quinney eds., *Criminology as Peacemaking*, Indiana University Press, pp.3-13.

Reckless, W. C., 1961, "A New Theory of Delinquency and Crime," *Federal Probation*, 25, pp.42-46

Reiss, A. J. Jr., 1951, "Delinquency as the Failure of Personal and Social Controls," *American Journal of Socialogy*, 16, pp.196-207.

Roberts, A. and G. LaFree, 2004, "Explaining Japan's Postwar Violent Crime Trends," *Criminology*, 42(1), pp.179-210.

斎藤充功，2010，『ルポ 出所者の現実』平凡社.

斉藤知範，2003，「女子非行の発生要因に関する実証的研究——分化的強化理論と社会的コントロール理論の検証」『東京大学大学院教育学研究科紀要』42，pp.131-137.

酒井隆史，2001，『自由論——現在性の系譜学』青土社.

Sampson, R. J. and J. H. Laub, 1993, *Crime in the Making: Pathways and Turning Points through Life*, Harvard University Press.

佐藤郁哉，1984，『暴走族のエスノグラフィー——モードの叛乱と文化の呪縛』新曜社.

佐藤恵，1996，「ポジティブ・レイベリング」『ソシオロゴス』20，pp.115-127.

佐藤卓己，2006，『メディア社会——現代を読み解く視点』岩波書店.

Schafer, S. 1968, *The Victim and His Criminal: A Study into Functional Responsibility*, Random House.

Schur, E. M., 1980, *The Politics of Deviance: Stigma Contests and the Uses of Power*, Prentice-Hall.

瀬川晃，1998，『犯罪学』成文堂.

セカンドチャンス！編，2011，『セカンドチャンス！——人生が変わった少年院出院者たち』新科学出版社.

先端社会研究編集委員会編，2007，『先端社会研究』6（特集：調査倫理），関西学院大学出版会.

社会安全研究財団（日工組社会安全財団）2002，「犯罪に対する不安感等に関する世論調査（第1回調査報告書）」日工組社会安全財団ウェブサイト，（2013年4月10日取得，http://www.syaanken.or.jp/?p=336）.

社会安全研究財団（日工組社会安全財団）2005，「犯罪に対する不安感等に関する調査研究（第2回調査報告書）」日工組社会安全財団ウェブサイト，（2013年4月10日取得，http://www.syaanken.or.jp/?p=420）.

Shaw, C. R, [1930] 1966, *The Jack-Roller: A Delinquent Boy's Own Story*, The University of Chicago Press.（＝1998，玉井眞理子・池田寛訳『ジャック・ローラー——ある非行少年自身の物語』東洋館出版社.）

Sherman, L. W. et al., 2002, *Evidence-Based Crime Prevention*, Routledge.（＝2008，津富宏・小林寿一監訳『エビデンスに基づく犯罪予防』社会安全研究財団.）

柴田守，2007，「少年犯罪被害者と修復的司法」『被害者学研究』17，pp.22-32.

柴田守，2009，「被害者という概念」被害者法令ハンドブック編纂委員会編『被害者法令ハンドブック』中央法規出版，pp.4-12.

柴田守，2011a，「修復的司法プログラムによる少年犯罪の解決」『青少年問題』641，pp.20-25.

柴田守，2011b，「ドメスティック・バイオレンス対策システムにおける修復的司法プログラム導入の効果と政策的意義」町野朔ほか編『刑法・刑事政策と福祉——岩井宜子先生古稀祝賀論文集』尚学社，pp.226-239.

白井利明ほか，2006，「なぜ非行から立ち直ることができるのか——立ち直りに関係する力と援助者との出会い」『犯罪心理学研究』44（特別号），pp.204-214.

Smart, C., 1977, *Women, Crime and Criminology: A Feminist Critique*, Routledge and Kegan Paul.

染田恵，2012，「犯罪者の社会内処遇における最善の実務を求めて」『更生保護学研究』1，pp.123-147.

Spector, M and J. I. Kitsuse, 1977, *Constructing Social Problems*, Cummings Publishing Company.（＝1990，村上直之ほか訳『社会問題の構築——ラベリング理論をこえて』マルジュ社.）

Sutherland, E. H. and D. R. Cressey, 1960, *Principles of Criminology*, 6th ed., J. B. Lippincott Company.（＝1964，平野龍一・所一彦訳『犯罪の原因——刑事学原論I』有信堂.）

Steinmetz, C. H. D., 1982, "A First Step towards Victimological Risk Analysis: A Conceptual Model for the Prevention of 'Petty' Crime," E. Kühlhorn and B. Svensson eds., *Crime Prevention*, National Swedish Council for Crime Prevention, Research and Development Division, pp.55-85.

鈴木謙介，2005，「監視批判はなぜ困難か——再帰的近代におけるリスク処理の形式としての監視」『社会学評論』55（4），pp.499-513.

Sykes, G. M., 1958, *The Society of Captives*, Princeton University Press.（＝1964，長谷川永・岩井敬介訳『囚人社会』日本評論社.）

Sykes, G. M. and D. Matza, 1957, "Techniques of Neutralization: A Theory of Delinquency," *American Sociological Review*, 22（6），pp.664-670.

橘木俊詔・浦川邦夫，2006，『日本の貧困研究』東京大学出版会.

高原正興，2001，「非行統計の社会的構成と統制側の処遇——万引きに対する社会的反作用の実証研究から」『福祉社会研究』2，pp.1-14.

高橋則夫，2003，『修復的司法の探求』成文堂.

田中智仁，2009，『警備業の社会学——「安全神話崩壊」の不安とリスクに対するコントロール』明石書店.

谷岡一郎，1996，「社会的コントロール理論の有効性に関する比較実証研究——自己申告方式による非行調査における日米の地域社会特性の差異について」『法学研究』69（2），pp.401-423.

谷岡一郎，2008，「日本の犯罪・非行研究があまり進まない4つの理由」『犯罪と非行』158，pp.1-4.

Tannenbaum, F., [1938] 1951, *Crime and the Community*, Columbia University Press.

Tarde, G., [1890] 1895, *Les lois de l'imitation: étude sociologique*, Félix Alcan. (＝2016，池田祥英・村澤真保呂訳『模倣の法則〔新装版〕』河出書房新社.）

Taylor, I., P. Walton and J. Young, 1973, *The New Criminology: For a Social Theory of Deviance*, Routledge and Kegan Paul.

Thrasher, F., 1927, *The Gang: A Study of 1,313 Gangs in Chicago*, University of Chicago Press.

Thomas, W. I., 1923, *The Unadjusted Girl: With Cases and Standpoint for Behaviour Analysis*, Little Brown and Company.

Thomas, W. I. and F. Znaniecki, 1918-1920, *The Polish Peasant in Europe and America*, Reprinted Dover. (＝1983，桜井厚訳『生活史の社会学——ヨーロッパとアメリカにおけるポーランド農民』御茶ノ水書房〈原著の部分訳〉.）

Toby, J., 1957, "Social Disorganization and Stake in Conformify: Complementary Factors in the Predatory Behavior of Hoodlums," *Journal of Criminal Law, Criminology and Police Science*, 48, pp.12-17.

徳岡秀雄，1987，『社会病理の分析視角——ラベリング論・再考』東京大学出版会.

徳岡秀雄，1997，『社会病理を考える』世界思想社.

冨田信穂，2012，「日本被害者学会における『被害および被害者』の定義について」『被害者学研究』22，pp.1-3.

外山美樹，2010，「学習と学習形態」外山紀子・外山美樹『やさしい発達と学習』有斐閣，pp.179-204.

津富宏，2011，「犯罪者処遇のパラダイムシフト——長所基盤モデルに向けて」日本犯罪社会学会編『犯罪者の立ち直りと犯罪者処遇のパラダイムシフト』現代人文社，pp.62-77.

津富宏・尾山滋，2009，「犯罪者の社会的包摂——市民としてのアイデンティティ形成支援」日本犯罪社会学会編『犯罪からの社会復帰とソーシャル・インクルージョン』現代人文社，pp.152-166.

Tuchman, G., 1978, *Making News: A Study in the Construction of Reality*, Free Press. (＝1991，鶴木眞・櫻内篤子訳『ニュース社会学』三嶺書房.）

上田光明，2006，「犯罪学におけるコントロール理論の学説史的展開」『現代の社会病理』21，pp.47-58.

上田光明，2007，「犯罪学におけるコントロール理論の最近の展開と主な論争点の検討」『犯罪社会学研究』32，pp.134-145.

上田光明・尾山滋・津富宏，2009，「General Theory of Crime におけるセルフコントロールの尺度化——ボンド理論との整合性は確保できるか」『犯罪社会学研究』34，pp.116-133.

上野千鶴子編，2005，『脱アイデンティティ』勁草書房.

United Nations Office for Drug Control and Crime Preventation, 1999, *Handbook on Justice for Victim*. (＝2003，諸澤英道訳『被害者のための正義——国連被害者人権宣言関連ドキュメント』成文堂.）

United Nations Office on Drugs and Crime, 2006, *Handbook on Restorative Justice Programmes*, United Nations.

浦河べてるの家，2005，『べてるの家の「当事者研究」（シリーズ ケアをひらく）』医学書院.

Vold, G. B. and T. J. Bernard, 1986, *Theoretical Criminology*, 3rd ed., Oxford University Press.（＝1990，平野龍一・岩井弘融監訳『犯罪学――理論的考察』東京大学出版会.）

Ward, T., 2012, "The Rehabilitation of Offenders," *Japanese Journal of Offenders Rehabilitation*, 1, pp.57-76.（＝2012，小長井賀與訳「犯罪者の更生」『更生保護学研究』1，pp.77-95.）

Ward, T. and S. Maruna, 2007, *Rehabilitation*, Routledge.

Whyte, W. F., [1943] 1993, *Street Corner Society: The Social Structure of Italian Slum*, The University of Chicago Press.（＝2000，奥田道大・有里典三訳『ストリート・コーナー・ソサエティ』有斐閣.）

Willis, P. E., 1977, *Learning to Labour: How Working Class Kids Get Working Class Jobs*, Ashgate Publishing Limited.（＝1996，熊沢誠・山田潤訳『ハマータウンの野郎ども』筑摩書房.）

矢島正見，1991，「犯罪報道の社会学的分析」『犯罪と非行』90，pp.38-55.

山本譲司，2009，「刑事司法と社会福祉――出所者支援活動の実践から」日本犯罪社会学会編『犯罪からの社会復帰とソーシャル・インクルージョン』現代人文社，pp.31-49.

米川茂信，1995，『学歴アノミーと少年非行』学文社.

吉原直樹，2007，『開いて守る――安全・安心のコミュニティづくりのために』岩波書店.

Young, J., 1999, *The Exclusive Society: Social Exclusion, Crime and Difference in Late Modernity*, Sage.（＝2007，青木秀男ほか訳『排除型社会――後期近代における犯罪・雇用・差異』洛北出版.）

Zehr, H., [1990] 1995, *Changing Lenses: A New Focus for Crime and Justice*, Herald Press.（＝2003，西村春夫・細井洋子・高橋則夫監訳『修復的司法とは何か――応報から関係修復へ』新泉社.）

Zorbaugh, H. W., 1929, *The Gold Coast and the Slum: A Sociological Study of Chicago's Near North Side*, University of Chicago Press.（＝1997，吉原直樹ほか訳『ゴールド・コーストとスラム』ハーベスト社.）

■事項索引

❀ 編者紹介

岡邊 健（おかべ たけし）

京都大学大学院教育学研究科教授

犯罪・非行の社会学〔補訂版〕
——常識をとらえなおす視座
Understanding Crime and Delinquency:
Sociological Perspectives 2nd Edition 〈有斐閣ブックス〉

2014 年 3 月 30 日	初版第 1 刷発行
2020 年 9 月 15 日	補訂版第 1 刷発行
2024 年 3 月 5 日	補訂版第 2 刷発行

編 者	岡 邊 　 健
発 行 者	江 草 貞 治
発 行 所	株式会社 有 斐 閣

郵便番号 101-0051
東京都千代田区神田神保町 2-17
https://www.yuhikaku.co.jp/

印刷・萩原印刷株式会社／製本・大口製本印刷株式会社